新時代を切り拓く大学評価
日本とイギリス

秦 由美子
Yumiko Hada
編著

東信堂

献　辞

リチャード・サイクス
（インペリアル・カレッジ・ロンドン）

　イギリス高等教育は過去15年以上にもわたり、研究・教育両面において厳しい評価を経験してきた。従ってイギリス高等教育の質に関して申せば、高等教育全般において質は向上したと、はっきりと証明できるものと思われる。しかしながら、この間、イギリス国内においてもまた世界的にも競争的環境が増大したことも事実である。大学は、公的・私的機関からの補助金等の援助を求めて競争する。大学は大学自ら学生獲得のために、また優秀な教職員獲得のために競争する。そういった競争にとっては、第三者機関による透明性が確保され、かつまた多くの情報量を含む教育と研究の質の評価は不可欠であり、あらゆる高等教育関係者の経済的関与を決定する際の指標となるのである。

　何者からも独立し、かつ客観的な指標が、補助金配分の優先順位の決定の際に適用されること、また望ましい目標に向かって前進しているかどうかを測る方法に適用されることは非常に重要なことである。しかしながら、アカデミックな仕事はまさしくその性質ゆえに、完璧な評価システムは今だかつて存在しなかったのであり、また今後も存在しえないことを理解しておくことも重要である。それゆえ、不利益を被っていると感じる者が存在していることも紛れもない事実なのである。

　イギリスにおける大学評価の研究が、日本の大学評価に先例としていかに役立つかに関しては計り知れないものがあるが、最適化されたプロセスを確立する際には、どのような結果が求められているかについての合意があること、そしてそういった教訓は他からの経験から学ばれることも真実である。

本書は、"Excellence"という観点から眺めた場合に日本の大学の世界的レベルを考慮しなければならない任にある人々や、大学の進展を願って評価問題を研究、分析、調査、そして最終的には公表する責任のある人々にとって非常に貴重な文献となるであろう。

序　文

秦　由美子

　現在、日本において大学評価は、認証評価制度による第三者評価機関の枠組み設定へと大きく移行しつつあるが、その内容に関してはいまだ未知数である。しかし、日本の高等教育のグランドデザインの中で評価の果たすべき役割は大きく、今後もその進む方向性を我々はしっかり見守る必要があろう。日本におけるそのような過渡的状況の中で、本書がわずかなりとも大学評価を研究する方々の参考例となれば筆者一同その役割を果たせたことと思われる。

　本書は、過去から現在に至るイギリスの研究・教育評価の流れを辿ることで、イギリスの大学評価を包括的に理解し、さらには、そのイギリスの先行例を日本の新たな大学評価への動きと連動させながら俯瞰することによって、より理想的な評価制度を考える際の参考になることを願って編まれた。また、それと同時に、大学評価そのものの在り方、評価の根底にある教育の目的、及び今後の日本の大学の進むべき方向性を根本から考え直す契機になれば、とも思っている。

　本書は、一名の英国人研究者の論題に対して、一名の日本人研究者を対置させ、同じ題目について論じてもらうという形式をとった。

　第1章及び2章においては、クラークと川島が、「政府の観点からの大学評価総論」を行う。日本における大学評価システムの形成には、大学や高等教育改革の論理だけではなく、さまざまなベクトルが交錯＝「合力」して今日の具体的制度として結実したという事情がある。それはイギリスにおいても同様で、クラークは、OECDやEUの流れも組み込みながら、現在のイギリスの大

学評価を論じている。

　川島の論文は、90年代以降における大学評価システムの構築を中心とする高等教育政策の展開を、経済社会の改革文脈の流れの中でその相貌を描き直し、大学評価システムの制度枠組みや運用が複合的な性格を抱えつつ展開してきたことを振り返り、そのことのもつ意味や今後の展望を探ることを意図したものである。

　第3章及び4章では、マクネイと塚原が、イギリスと日本両国における「研究評価」の評価を行う。マクネイの批判は、氏の率いる研究チームが独自に集めた膨大なデータ・資料に基づくものであることからもかなりの説得力を持つ。

　また塚原の論文においては、イギリスとの対比において、日本の研究評価が本格的に始まったばかりであること、いくつかの目的によって複合的に行われつつあること、おそらくそれとも関連して、研究評価に関する研究が複数の学会等にまたがって行われていることが論じられている。

　第5章及び6章においては、バーネットと米澤が、哲学的・社会学的観点から「評価」の意義と課題を論じている。バーネットの論文は、教育評価における根本問題を提起し、その問題の解決可能性を探るための指針を我々に提示する。氏の次の言葉はしっかりと記憶に留め、大学評価を論ずる各人が再考すべきものといえよう。

　「クオリティはシステムに根付いているものではない。……独自の専門家のグループによって確立されたルールや規範があったとしても、最終的には、クオリティはそうしたルールや規範に従うものではない。……クオリティとは個人の問題であり、各個人が自分自身をどう理解するか、そして同僚や学生との関係をどう理解するかが問題となる。すなわち、学生の可能性をどう捉え、そうした可能性を実現するためにどういった努力を行うかといったことが問題になるのだ。クオリティとは人の成長や存在の問題である。よって、クオリティとは存在論的なプロジェクトなのである」。

　米澤の論文においては、日本が漸く質についての議論を始める条件が整い始めているということ、他方で、評価について内在的な論理での発展が乏し

く、外圧に頼りすぎている在り方についてどのように考えるか、という問題が提起された。また同時に、「第三者」という、システム的にはとても危うい在り方が、我々が評価の経験を重ねる中で、評価者がその役割をどのように担えばいいのか、次第に理解できてきたのではないかということも、氏の論文の中で描き出されている。

　第7章及び8章では、キンモンスと清成が、「研究評価」と「第三者機関の在り方」を批判する議論を展開しているが、キンモンスの研究評価(RAE)批判は非常に厳しいもので、ありとあらゆる例証を引きながら、RAE というシステムそのものの無意味さを読者の眼前に炙りだそうとしているかのようである。清成も今後は等閑視しておられない評価問題について、私立大学の総長という立場から、また大学基準協会会長という立場から重要な指摘を我々に伝えている。

　第9章及び10章では、「評価」と大学との在り方、大学の存続につながる統合問題等を中心にアスピノールと寺﨑が論じている。アスピノールの論文は、イギリスにおける現地調査を基に書かれているが、その中では、氏の父親であるデビッド・アスピノール教授がまさに統合の対象となったマンチェスター工科大学の前学部長であることが氏の関心をさらに高めたようである。

　寺﨑は豊富な実例をもとに考察された素晴らしい手腕による FD 問題の論文においても著名であるが、本章では、大学評価問題を取り扱っていただいた。氏の高い見識が、緻密な論文の中で縦横無尽に描き出されている。多くの大学そして研究者が、氏の大学評価に対する論考から多くの事柄を学ぶはずである。

　第11章及び12章では、ロバーツと秦が、イギリスの「研究評価」と「教育評価」の方向性についてそれぞれの主張を論文に託して展開している。ロバーツの論文では、キンモンスと対照的に「研究評価」の重要性、長所を知ることになる。ロバーツとキンモンスの両論文を読了することによって、我々は「研究評価」の正しい姿をバランスよく認識することができることと思われる。

　補章では篠原が、イギリスの大学評価を簡潔に総括した。

　各論者は大学評価について支持の立場や、また、反対の立場を取るが、立

場の違いを超えたところで全員が一致している。即ち、高等教育そのものを高めようとする点においてである。

日本人の論者は編者を除くと全員著名な方々であるが、簡単に紹介させていただく。
1) 川島啓二氏は、現在は国立教育政策研究所高等教育研究部総括研究官で、数多くのセミナー、シンポジウムを企画・運営すると同時に、グループを組織し、さまざまな研究を精力的に押し進めている。生粋の大阪人で、氏の笑いの取り方には真似の出来ない独特のものがあり、その笑いを通してメンバーの研究者は、一致団結し、数多くの仕事を遣り遂げていくようである。
2) 塚原修一氏は現在、国立教育政策研究所高等教育研究部長であり学会の重鎮でもある。氏の専門は、高等教育政策、科学技術・学術政策である。氏に高等教育に関する事柄について質問すればすぐに分かることだが、その造詣の深さ、知識の豊富さには驚くべきものがある。「生き字引」である。書籍で埋もれた氏の研究室は、一見の価値がある。
3) 米澤彰純氏は、大学学位授与評価機構・評価研究部助教授で、専門は教育社会学である。特に高等教育分野を中心に研究しており、現在主な対象としているのは、高等教育の評価システムに関する国際比較研究、高等教育政策、私立高等教育機関、高等教育の国際性に関する分析で、さらには、高等教育の大衆化と社会階層の問題にアプローチしている。氏は、研究活動の範囲が広く、昨日海外、今日日本と、非常に多忙な状況の中で着実に自らの研究を進めている。非常に責任感が強く、信頼すべき研究者である。
4) 清成忠男氏は、法政大学総長で、かつまた財団法人大学基準協会会長である。法政大学の前身である東京法学社は、1880年4月に設立され、1920年に大学令により財団法人法政大学が認可された。氏は大学間競争の激化を憂う一方、「国立大学に存在意義があるのか」という重い問いを我々に投げかける。しかし、氏は他者批判に専従するのではなく、同時

にその問いかけをとおして、1994年には「21世紀の法政大学」審議会を発足し、私立大学自らの立脚点を問い直しているのである。
5) 寺﨑昌男氏は、日本の大学史研究の第一人者であり、歴史的視点から大学教育の問題を問い続け、大学改革は、大学人自身の手により企画され、進められなければならないとする。深刻な少子化やリストラへの危機感からではなく、大学の教育と研究に責任を持つ主体としての自己変革を模索することこそ、大学の名にふさわしい教育改革の本道であるとする。
6) 篠原康正氏とのお付き合いは、いつ始まったか覚えていない程にかなり長い。何かイギリスに関する質問を氏からいただいたのがきっかけだったようにも思うが、今となっては質問する側にまわったのが残念である。氏のイギリスに関する情報量・知識量は、他の追随を許さず、氏の指摘はいつも的確である。

イギリス人論者についても、少し解説を加える。
1) トニー・クラーク氏は、1999年に滋賀において国際教育シンポジウムを開催したおりにシンポジストとして参加し、当時の教育雇用省の高等教育部長としての見解を披瀝した。英国の高等教育システムの中で大学は、学問及び財政面において政府から大きな自治権を委ねられている点に特色がある。
2) イアン・マクネイ氏は、グリニッジ大学名誉教授であるが、元来教育ジャーナリストとして活動してきた経験から、教育に関する幅広い知識・知見を持っており、教育外の分野にも精通している。イギリスの研究評価に関しては、かなり批判的な立場をとっている。
3) ロナルド・バーネット氏は、ロンドン大学・教育研究所・前部長で、モットーは、「自らの言葉で思考し、自らの言葉で文章を編み上げ、自らの言葉で人に語れ」で、氏の講演を聞けば、たちまちその言葉の持つ魅力、あるいは魔力に惹きこまれる。現代に生きる逍遥学派である。
4) アール・キンモンス氏は、アメリカで生まれ、アメリカの大学で教鞭を執り(ウィスコンシン州立大学、コーネル大学、カリフォルニア州立大学)、その後

渡英し（シェフィールド大学）、現在は日本に在住している。三国を知悉している氏の言葉から、思いがけない視点を学ぶことも度々である。
5) ロバート・アスピノール氏は、最若手の日本研究者の一人である。氏はオックスフォード大学日本文化研究所・グッドマン教授の愛弟子で、氏の日教組に関する論文からも想像できるように、非常にリベラルかつ柔軟な思考を持ち、一方、日本人より日本人らしい謙虚さを持っているのは興味深い。
6) ガレス・ロバーツ氏は、全英大学協会会長及び高等教育財政審議会会長の経験から、政府より研究評価システム全体に関する調査を依頼され、報告書を公刊（『ガレス・ロバーツ報告書』）した。この報告書が、その後のイギリスにおける研究評価に多大な影響を与えることとなった。

日本人及びイギリス人論者全員が優れた教育者かつ研究者であり、本書において今後の日本の大学評価問題を考える上で非常に重要かつ貴重な示唆をいただいた。これら論者の思想や意見が、本書を通じて読者の皆様に届くことを願っている。

平成17年2月吉日

秦　由美子

目次／新時代を切り拓く大学評価——日本とイギリス——

献　辞 …………………………………………… リチャード・サイクス…i
序　文 …………………………………………………… 秦　由美子…iii

第1章　イギリスにおける大学評価　　　トニー・クラーク　3
　　　　──政府からの観点

　1　イギリス政府の大学評価への姿勢 ……………………………… 3
　2　高等教育の目的 …………………………………………………… 4
　3　質の管理(Quality Control) ……………………………………… 4
　4　研究評価(Research Assessment Exercise：RAE) …………… 5
　5　教育と学習の質保証 ……………………………………………… 6
　6　評　価 ……………………………………………………………10
　7　現在の政策 ………………………………………………………11
　編者註(15)

第2章　日本における大学評価　　　川島啓二　27
　　　　──90年代以降の行政改革・大学改革と大学評価

　はじめに ………………………………………………………………27
　1　大学評価システムの展開 ………………………………………29
　2　行政改革と大学改革・大学評価 ………………………………32
　3　構造改革路線の中での大学評価 ………………………………36
　4　『我が国の高等教育の将来像』における大学評価システム …37
　結びに代えて …………………………………………………………38
　註(39)

第3章　イギリスの大学における研究評価
　　　　　　　　　　　　　　　　　　　　イアン・マクネイ　41
　　　　──政策、過程、成果、そして課題

はじめに	41
1 政策とこれまでの経緯	41
2 過　程	47
3 成　果	57
4 問題点	58

註(59)
参考文献(60)

第4章　日本の大学における研究評価　　塚原修一　63
──その制度と動向

はじめに	63
1 4つの研究評価	63
2 研究の動向	64
3 研究評価の諸制度	66
4 同僚評価と科学計量学による評価	71
5 すぐれた研究成果をめざして	75

註(78)
引用文献(79)

第5章　教育「評価」をめぐるイギリスの文脈　　ロナルド・バーネット　83
──倫理的プロジェクト

はじめに	83
1 手順という名の圧政	84
2 反対派の主張	88
3 擁護派の主張とそれに対する反証	91
4 正当化の危機	94
5 高潔なプロジェクト？	96
6 クオリティの正当性	98

まとめ …………………………………………………………………101
参考文献(103)

第6章 大学「評価」をめぐる日本の文脈　米澤彰純　105

はじめに …………………………………………………………………105
1 「quality」と「評価」…………………………………………………108
2 米国的文脈の強い影響 ………………………………………………110
3 行為としての評価とパフォーマンスへの注目 ……………………112
4 文部(科学)省の孤独な戦い …………………………………………115
5 外部、第三者、主観 …………………………………………………118
6 「質保証」概念の再輸入 ………………………………………………122
おわりに——継続的な対話に向けて ……………………………………123
引用文献(124)

第7章 イギリスにおける研究評価の問題点　アール・キンモンス　127
　　　　——研究評価を評価する

はじめに …………………………………………………………………127
1 コストの算定 …………………………………………………………128
2 研究の改善 ……………………………………………………………130
3 戦略的計画力の向上か、ゲームの駆け引き力の向上か ……………134
4 評価オリンピック ……………………………………………………144
5 隠れた政策課題 ………………………………………………………147
6 卓越した研究の拠点か、豊かさの拠点か …………………………151
7 過去の実績がものをいう ……………………………………………154
8 場当たり的政策 ………………………………………………………156
9 ステークホルダーなのか、バッグ・ホルダー
　（騙され役）なのか ……………………………………………………158
10 産業界に何をもたらすのか …………………………………………160

11 学生に何をもたらすのか……………………………………166
12 国際的に認められる〜誰が認めるのか ………………………169
13 結　論 …………………………………………………………170
註(173)

第8章　日本における大学評価の問題点　　清成忠男　183

はじめに ……………………………………………………………183
1 これまでの大学評価 ……………………………………………183
2 高等教育政策の転換 ……………………………………………185
3 政策効果 …………………………………………………………186
4 事後評価の問題点 ………………………………………………187
むすび ………………………………………………………………188
註(189)

第9章　イギリスにおける研究評価とSDの課題
　　　　　　　　　　　　　　　　　ロバート・アスピノール　191
　　　　──イギリス最大の大学マンチェスターの事例

はじめに ……………………………………………………………191
1 なぜマンチェスターなのか……………………………………192
2 歴史的背景 ………………………………………………………193
3 統一計画部会 ……………………………………………………193
4 統一までの過程 …………………………………………………195
5 学部や学科の再編成 ……………………………………………197
6 新しい工学・自然科学群 ………………………………………198
7 新しい人文科学群 ………………………………………………200
8 新しい医学・人間科学群 ………………………………………205
9 生命科学群 ………………………………………………………205
10 研究施設 …………………………………………………………206
11 考察：学部の再編成 ……………………………………………206

12 マンチェスター大学の合併における研究評価の意義 ………208
   13 改革が進む現代の英国の高等教育の視点から考えた
      マンチェスター大学の合併 ……………………………………209
   おわりに ……………………………………………………………210
   参考文献(211)

第10章　日本における大学評価　　　　寺﨑昌男　213

   はじめに ……………………………………………………………213
   1 日本ではどのような大学評価が実施されているか …………214
   2 相互評価とその問題 ……………………………………………215
   3 行政評価とその問題 ……………………………………………219
   4 自己点検評価・外部評価とその問題 …………………………221
   5 国立の機関による第三者評価とプロジェクト評価 …………225
   結　び ………………………………………………………………229
   参考文献(230)

第11章　イギリスにおける研究評価の改革　　ガレス・ロバーツ　233

   はじめに ……………………………………………………………233
   1 イギリスのこれまでの研究評価 ………………………………237
   2 2008年の研究評価(RAE) ………………………………………239
   3 二層構造の部会構成 ……………………………………………240
   4 質の一覧表(クオリティ・プロファイル) ……………………241
   5 研究評価における指標の役割 …………………………………244
   6 イギリスにおける研究評価の今後 ……………………………249
   参考文献(251)

第12章　イギリスにおける教育評価の改革　秦由美子　253

はじめに ……………………………………………………253
1 高等教育機関内での高等教育の水準 ………………254
2 イギリスにおける高等教育の質評価の歩み ………257
3 高等教育水準審査機関(QAA) ………………………260
4 QAAのこれからの方向性 ……………………………262
5 新たな教育補助金配分方法の確立 …………………264
6 教授・学習の質の向上(Quality Enhancement in
　Teaching and Learning: QE) ………………………268
おわりに ……………………………………………………273
　註(279)
　参考文献(280)

補章 「イギリスの大学評価年表」ノート　　篠原康正　283

はじめに ……………………………………………………283
1 大学評価の政策的背景と大学の大衆化 ……………284
2 研究評価と研究補助金の集中傾向 …………………285
3 研究評価と補助金配分の在り方に対する疑問 ……286
4 評価における教育の軽視への不満 …………………287
　　――教育評価を反映させた補助金へ
5 パフォーマンス・インディケータ(教育実績指標)の開発 …287
6 教育評価の統合、及び大学評価のHEFCsと
　QAAの二輪体制 ………………………………………288
7 評価と研究型機関・教育型機関の区別化の促進 …289
8 イギリスの大学評価の検討課題――年表から―― ………291
おわりに ……………………………………………………292
　註(292)
　主要参考文献(293)

イギリスの大学評価年表掲載の略語一覧 ………………294

イギリスの大学評価年表(1980〜2003年) ……………………295
あとがき……………………………………………秦　由美子…301
索　引………………………………………………………………309

新時代を切り拓く大学評価
──日本とイギリス──

第1章 イギリスにおける大学評価
―― 政府からの観点

トニー・クラーク
（元イギリス教育雇用省）

1 イギリス政府の大学評価への姿勢

　何故、各国政府は高等教育の「質」にこうも関心が深くなったのか。民主主義国家では、政府は「国民」を代表し「国民」を導いていく存在である。私の疑問に対する答えは単純なものである。公的な資金の大部分は国民の収入に対する税金などによって貯えられたものなので、公的資金の用途について、政府は国民に説明責任を負っている。従って、政府は、公的資金が適切に使用されている旨を示すことができなければならないということである。

　しかし、ものごとはそれほど単純なものではない。公的資金を獲得するために、常に優先順位をめぐる競争が繰り広げられている。公的資金を配分する際には、政府はコストパフォーマンスを考慮しなければならない。ということは、政府はコストパフォーマンスの評価もできなければならないということである。

　高等教育を含む教育分野の場合、公的資金の使用とは、国民一人ひとりが、そしてひいては国家全体が、将来、社会及び経済面で恩恵を受けるための投資でもある。教育を受けた者は、教育を受けていない者に比べ、社会の中で責任ある立場に就き、高い収入を上げる場合が多い。また、研究成果が収益の高いビジネスにつながることもある。こうした恩恵は、特に政府にとっては次に述べる2点において重要な意味を示唆する。まず、国家財政が豊かになれば、政府の支持率が上がる可能性が高いという点である。そして第二に、国が繁栄すればするほど国民の収入が増加し、課税所得も増す、という点である。こうなれば、歳費の拡大や税の引き下げといったことも考えられるこ

とになる。

2　高等教育の目的

　政府の施策を検討したところ、国家の必要性を満たす高等教育の目的として、以下の内容が示された。

- まず、学生が就職に備えてしかるべき能力を身につけ、自らの目標を達成できるように、高等教育は学生の知的能力及び分析能力を伸ばさなければならない。
- 第二に、高等教育は、知識型経済の要求(卒業生の技能やトップレベルの質を誇る研究)に応えなければならない。
- 第三に、高等教育は、人々の知識や理解を深め、経済界や社会の利益のために、そうした知識や理解を活用しなければならない。
- 最後に、高等教育は、開放性、思想の自由、知識の共有、理性的な議論などを通して、民主的、文明的、包括的社会を形成する上で、中心的な役割を果たさなければならない。

以上4点の目的の厳密な解釈については、意見が分かれるところもあろうが、大筋においては、各国の大学が認める内容だと思われる。

3　質の管理(Quality Control)

　「質」の管理においては、上述の目的に照らした成果の測定に着手すべきであり、インプットではなく、成果に注目する必要がある。しかしながら、成果の中には測定困難なものもある。成果指標(output measures)としては以下のようなものが考えられる。

- 学生の知的能力や分析能力──修了率、学位評価、卒業生の大学復学率
- 卒業生の技能──雇用側の評価、卒業生の就職、卒業生の大学復学率
- 知識や理解の向上と知識の活用──研究の質、ビジネスへの知識移転に関するデータ
- 訓育──広い階層からの大学進学、卒業生の犯罪率

こうした種類の成果指標に対する追跡調査がイギリス国内で実施されてお

り、データの一部については定期的に公表されている。しかしながら、入手することができるデータの中には、成果を完全には測定できていないものが多い。

インプットの測定は、後にアウトプットの標準的基準になるという点だけが重要である。しかし、研究の質や教育・学習の質の成果に至る過程を研究することは、特定の成果をもたらした事象を判定できる場合もある。

現在のイギリスでは、研究の質評価が総合的に実施されており、高い評価結果も得ている。しかしながら、こうした評価は、評価を取り巻くさまざまな状況から大きく影響を受ける。イギリスでは研究評価 (Research Assessment Exercise : RAE)[1]を実施し、評価の高い学部に補助金を配分している。この制度は、「高等教育が最も効率的に成果を挙げる方法は、研究補助金の重点配分である」という政府の基本姿勢に基づいている。教育及び学習の評価については、負担や経費を抑えるために監査を行っているが、監査に際しては成果指標を公表しなければならない。

4 研究評価(Research Assessment Exercise：RAE)

2003年5月、イギリスの4つの高等教育財政審議会 (イングランド、スコットランド、ウェールズ、北アイルランド)[2]は、ガレス・ロバーツ卿 (Sir Gareth Roberts)[3]による『研究評価の検討への勧告』[4]に対するコメントを求める審議報告書を作成した。

勧告に対するコメントを見ると、検討の中以下の点についてはほぼ支持が得られていた。

- 研究評価に際しては専門家による検討、ピア・レビューを導入すべきであり、また、専門分野別の評価を行うべきである。
- 研究の質評価を中心に研究評価を行うべきである。しかるべき定量データを参考にし、研究評価の裏づけとしてもよい。
- 等級表示に関し、連続的に等級分けした評価尺度ではなく、星印(一ツ星、二ツ星、三ツ星) で等級を示す「クオリティ・プロファイル」を採用することについても支持が得られた。「クオリティ・プロファイル」では、質の

レベルを4段階に分けて定義づけを行い、それぞれのレベルに達した研究活動の割合をはかる。
- 部会は、応用研究、実践型研究、新興分野における研究、学際的研究など、評価対象となる研究のすべてにおいて、「卓越したレベル(excellence)」にあると判定できる評価指標を設定すべきである。
- 「部会間で評価判定の整合性を確保すべきである」との意見についても支持が得られた。提案されている新しい部会の構成を採用することで、整合性の確保が容易になると思われる。
- 質を評価する際には、個々の研究活動として評価するのではなく、学部、ユニット、グループなど全体の研究活動として評価する。研究評価への共同参加を認める案についても支持が得られた。
- 6年ごとの研究評価の実施についても支持が得られた。次回の研究評価の実施時期については、部会には十分な評価を行うための時間が必要であることや、研究評価に参加するためのルールや評価基準などを事前に告知しなければならないことを考慮した上で決定すべきである。

最後の項目については、2004年初頭に4つの高等教育財政審議会が書面で支持を表明した。次回のRAEは2008年に実施予定であり、その結果については2008年12月に公表予定である。その後、2009年から6年にわたり、この結果を基に補助金の配分を決定する。

5 教育と学習の質保証

質の評価制度の基礎は政策背景に大きく左右される。そこでここでは、どういった背景の下でイギリスの各種制度が実施されたのか、その変遷を検討する。このような検討を通じて、制度が実施された理由や、他国に経験を移転する時には政策背景を考慮しなければならない理由などが明らかになるであろう。

イギリスの高等教育制度の変更は、質評価に関する政策の展開に大きな影響を与えた。

1970年代までは、大学に対して第三者機関による質評価は実施されていな

かった。ただし、外部試験委員(external examiner)制度や専門家組織は存在しており、学位資格の基準のおおよその比較が可能であった。公的補助金は大学補助金委員会(University Grants Committee：UGC)によって5年ごとに給付されており、給付に際しては、専門家からなる UGC の委員会が判定した質をある程度考慮していた。しかしながら、補助金配分については公表されず、UGC の配分の基礎になったデータについても一般には公表されなかった。

　高等教育の中で小規模の非大学のセクターには、約50校の主要カレッジがあり、地方教育当局 (Local Education Authorities: LEAs) が運営していた。これらのカレッジの多くは、100年ほど前に設立されたもので、実学に関する科目に重点を置いており、一定水準に達しているとの評価を受けた場合、大学と協力の上、学位を授与していた。また、準学位（sub-degree）の中でも主要な資格については、国家機関の承認を受けていた。地元教育当局が運営する学校や継続教育(further education)[5]と同様に、これらのカレッジは勅任視学官(Her Majesty's Inspectorate：HMI）による監査を受けていた。監査の結果はカレッジには通知されたが、一般には公開されなかった。

　1969年、当時の教育大臣(Secretary of State for Education)のアンソニー・クロスランド(Anthony Crosland)が、イングランドとウェールズに30校のポリテクニクを設置することを発表し[6]、高等教育の非大学セクターを形成していた主要カレッジ（地元教育当局が運営）を基盤として、1971年までに当局が運営するポリテクニクが設置された。しかしながら、これらのポリテクニクは独自の学位授与権はなく、新たに設置された国の機関である学位授与審議会(Council for National Academic Awards：CNAA)の承認を受けることにより、国が承認した学位を授与することが可能となった。CNAA は、これらの学位が大学によって授与される学位と同等の基準にあることを保証しなければならず、学位を承認するにあたっては、多数の大学スタッフを動員する必要があり、HMI は引き続き、教育及び学習機関の質の監査を実施した。

　1980年代までに、ポリテクニクはイギリスの高等教育界の中でも主要な地位を占めるに至り、大学よりも早いペースで増加していった。CNAA は一部のポリテクニクについては、研究学位の授与も承認した。さらにまた、一部

のポリテクニクについては、CNAAに照会せずとも、CNAAの学位を授与することを認める制度が策定された。適格認定(accreditation)については定期的に検討され、雇用側のCNAAの学位に対する評価は高いものであった。

また、1980年代、サッチャー(Margaret Thatcher、在職期間：1979－90)が政権をとってからは、歳出の削減がかなり重視され、すべての公的サービスについて説明責任が求められるようになった。少数の大学に支給されていたUGCの補助金も約25％削減され、さらには、学生への支援に関する費用(学費援助：student aid)がポリテクニクと大学の双方の補助金を圧迫した。一方、地元教育当局が運営していたポリテクニクについては、好調な動きをみせ、拡大を続けていった。政府の奨めもあり、全英学長協会(Committee of Vice-Chancellors and Principals of the Universities of the United Kingdom：CVCP)[7]は、大学の効率性に関する『ジャラット報告書(*Jarratt Report*)』を1985年に発表した。これは主に戦略的な財務計画について検討した報告書であるが、この報告書の発表を機にCVCPは、「コースを急に変更し、大学を混乱に陥れることを避ける」ように批判も含め、政府に勧告した。

1980年代の半ばには、UGCはRAEを策定し、さらに重点的に研究補助金の配分を実施するように試みた。また政府は大学に対して、HMIやCNAAがポリテクニクを対象に実現しようとしていた教育プログラムの質や基準を評価する公的な枠組みをつくるよう促した。CVCPは最終的に学術監査部(Academic Audit Unit：AAU)を1990年に設立し、大学の質管理の手順を監査することに同意した。

また、1980年代の半ばには、ポリテクニクは自治の拡大と、地元当局の監督の縮小を求め、この要求は、1998年に教育改革法(Education Reform Act)が制定されることでかなえられることとなった。この教育改革法により、ポリテクニク及びカレッジ財政審議会（Polytechnics and Colleges Funding Council：PCFC）が設立され、新たに設置された国家機関の大学財政審議会(Universities Funding Council：UFC)とともに、補助金の配分にあたった。PCFCはHMIとともに非常に質の高い機関を特定するための監査報告書(この時点で公開されることになった）の作成にもあたり、その結果を補助金の配分に反映で

きるようにしていた。また、CNAAは定着していたものの、この時すでに認定を受けた機関が多数存在し、ポリテクニクは独自の学位授与権と、「大学」という名称を要求し始めた。

　1991年、政府は大学とポリテクニクの二元構造の廃止を発表し、1992年の法律制定を受け、新たにイングランド高等教育財政審議会（Higher Education Funding Council for England：HEFCE）が設立されることになった。しかしながら、政府内で主に2つの問題について大いに議論された。第一の問題点は、研究補助金の扱いである。最終的には、HEFCEが補助金の配分を担当し、すべての高等教育機関を対象にRAEを実施し、従来に引き続き研究補助金の重点配分を行うことで合意に達した。

　第二の問題点は、新たに一元化されたセクターの質の評価であった。CVCPは、質に関する管理の強化、すなわち自治権の喪失が大学には及ぶまいと考えて、CVCP側は「旧大学の質評価のために、AAUを設置したばかりである」と主張した。一方、政府には二つの選択肢があった。一つはその新しく設置されたAAUの監査対象を拡大し、新大学（1992年以降大学に昇格した旧ポリテクニク）も対象に加え、教育と学習の質の保証は高等教育機関内の競争に委ねるというものであった。もう一つの選択肢は、かつてポリテクニクに適用されていた二重保証（dual assurance）の原則（HMIとCNAA）を維持し、従来からある大学と新大学の双方を対象にした監査ユニットを新たに設立し、HEFCEの後援を受けて、教育と学習の質の評価を行うというものであった。新たに一元化されたセクターに評価制度を導入するにあたり、整合性を欠いたものはいかなるものも一元化の目的に反するとして、除外された。

　政府は一元化されたセクターの大学に通う学生の数を二倍に増加するという計画（統計データ**図表1〜4**参照）に対し、教育機関の水準が低下するとの意見が出ることを危惧していたので、二番目の選択肢である二重評価の案を選択した。従来からあるUGCに属する大学の中には、「自分たちの大学の教育の質の高さは万人が認めるところであり、なぜ質の評価を受けるのか、その目的がわからない」と主張する大学もあったが、政府は「評価を行うことで、UGCの大学の研究の質を重視する傾向がある程度相殺されるであろう」との

見解を示した。また、「初めて外部から教育の質の監査を受けることは、UGCの大学にとっても貴重な経験になるだろう」との見解も示した。政府の目的は、政策を見直す前に、すべての評価を検討することであった。

1992年から2002年にかけて、ピア・レビューによる科目ごとの評価が実施された。HMIがポリテクニクに対して実施していた監査を大学にも適用するのであろう、という認識が旧・新両大学の間に少しでも存在するならば、最初から大学は評価システムそのものを軽視するに違いないとHEFCEは考えていた。そこで、評価の実施をサポートするスタッフを採用するにあたり、HEFCEは旧HMIからの人選を少数にした。

大学は新たに一元化の監査委員会を設立することに同意した。それが高等教育水準評議会(Higher Education Quality Council: HEQC)である。そしてHEQCが資格証明の質を守るために質の管理のプロセスを監査することになった。

新たに大きくなった大学セクター内で評価と監査を同時に実施することは、大変な事務作業であった。特に評価は、大学から非常勤で評価者を募り、評価方法の整合性を求めるためにしかるべき研修を行うなど、後方支援が大変であった。評価については特にUGCの大学からいくつかクレームがあがり、どのように評価判定を下すのかが問題となった。

また、大学側の負担に関する懸念もあった。1995年、HEQCはHEFCEの評価機関と合併し、新たに高等教育水準審査機関（Quality Assurance Agency for Higher Education: QAA）が設立されたが、合併してできたこのQAAの目的は、監査や評価を実施する際の大学の負担を減らすことであった。

実際、QAAは大学の負担を大幅に削減することも不可能ではないと考えており、2002年までに一元化されたセクターの全高等教育機関が評価を受けるよう、引き続き評価の実施を推進した。

6　評　価

ここまでの検討で分かることは、イギリスの高等教育の質の評価については、その変遷の背景にポリテクニクの制度があったということである。こうした制度は主に次の二点で変更が加えられた。まず、質の管理や基準の監査

は、独立した国の機関が行うのではなく、大学が設置した機関が実施していた。これは大学の自治と大学の独自の学位授与権を反映したものであった。第二に、教育と学習の評価は、常勤の監査官ではなく、主に大学の教員が短期契約を結んで実施していた。これもまた、大学の自治と発展を示すものであった。そして、当初は別個に実施されていたが、この二つの機能(監査と評価)は一つの機関、すなわちQAAによって実施されるに至った。

　高等教育の質の評価は、1992年から2002年にかけて、いくつかの革新的な発展を遂げた。

(a)　評価結果を補助金の額に反映させないと決定されていたが、各大学で予定されている学生の人数には、評価結果を一部反映させた。すなわち、教育と学習の質の高い大学が拡大していくことになった。

(b)　学位資格(academic qualifications)の基準を設定する際に、それぞれの科目の達成指標となる基準の設定も実施した。達成基準の性質は科目により異なり、非常に困難な作業であるが、各科目の専門家がチームを組んで完成させた。これらの達成指標は非常に有用であるとされた。

(c)　HEFCEより特別補助金が出され、質を高めるためのさまざまな取り組みが実施された。

(d)　学生などが大学を選択する際の参考となるよう、QAAの活動とは別に、HEFCEも成果指標(例：修了率、卒業生の就職率)を作成した。

7　現在の政策

　評価に対するこれまでの政府のアプローチについては、2003年1月に公表された高等教育白書の『高等教育の将来(*The future of Higher Education*)』に詳しく示されている。新たな検討課題は、以下の(a)～(d)のとおりである。

(a)　2002年にQAAが提案した監査に対する新たなアプローチに焦点があてられる。この提案は、質と水準に関する情報公開、高等教育機関によるこうした情報の管理、学科やプログラムを中心とする質評価に関する内部検討、学生の経験、期待される学習水準と現状、教育スタッフの質評価などに焦点をあてている。

(b) 6年ごとに高等教育機関の監査を実施する。大学はすべて、所定の書式にプログラムの質や水準に関する情報を提示し、公開しなければならない。QAAはその情報を立証する。QAAは、大学の質と水準の管理に関する有効性について報告する。学科への監査追跡調査によって評価制度をチェックする。懸念が示される分野についてはすべて十分に検討する。新たに学生が中心的な役割を果たす。

(c) 高等教育機関と監査官は、国の一般的な一連の基準点を採用する。すなわち、高等教育の資格枠組み、指導要領(Code of practice)、学科別標準的基準(Subject benchmark)、カリキュラム(Programme specification)などを採用する。

(d) 高等教育機関は、外部のメンバーを迎えて健全かつ効率的な内部の検討を行い、外部のメンバーを健全かつ効率的に活用するものとする。そして学生の調査も活用する。

この10年の経験から新たな政策が生まれたと考えられる。全大学で教育の質のあらゆる評価が完了し、現時点で重視すべきことは、質を評価する上で大学が効率的な制度を定着させているかどうかを審査することである。学科の検討は、教育と学習の質に懸念が示された学科に対してのみ実施されることになり、学生にとって有益な情報公開が促進される予定である。外部の検討メンバーは何を検討しなければならないのか、明確な指示が出され、検討委員のまとめた報告書の要旨が公開される。

以上のことを総合すると、イギリスの質の評価制度は引き続き良好な状態を保つと考えられる。

図表

1　学生総数：パートタイムとフルタイム（学部生と院生）

イギリスには高等教育機関として122の大学と34のカレッジがある。高等教育のコースの中には、継続教育機関のカレッジが基になっているものもある。

イギリスの高等教育機関の高等教育コースへの登録件数は、2001年～2002年の2,086,075件に対し、2002年～2003年は2,175,115件であった。すなわち

4.3％増えている。1年生の人数は、2001年～2002年の938,350名に対し、2002年～2003年は977,010名であった。

1年生の割合（科目別）（2002年～2003年）

科　目	第一学位（First degree）	全レベル
医学・歯学	2.1％	1.4％
医学関連科目	8.9％	13.0％
生物科学	8.7％	5.0％
獣医学	0.2％	0.1％
農学関連科目	0.7％	0.6％
自然科学	4.2％	2.7％
数理科学	1.6％	1.0％
コンピュータ・サイエンス	7.6％	6.2％
工学技術	7.0％	5.4％
建築設計学	2.2％	2.0％
社会学	9.3％	7.7％
法　学	4.8％	3.8％
経営管理学	14.0％	13.4％
マスコミ・情報科学	3.0％	2.0％
言語学	6.6％	6.5％
歴史・哲学	4.5％	3.9％
芸術・デザイン	9.8％	6.0％
教育学	3.7％	10.3％
複　合	1.1％	9.0％
合　計	100.0％	100.0％

2　1983年～1994年までの学生数～コースレベル・学習形式別
　（パートタイム PG、UG 及びフルタイム PG、UG）（単位：千人）

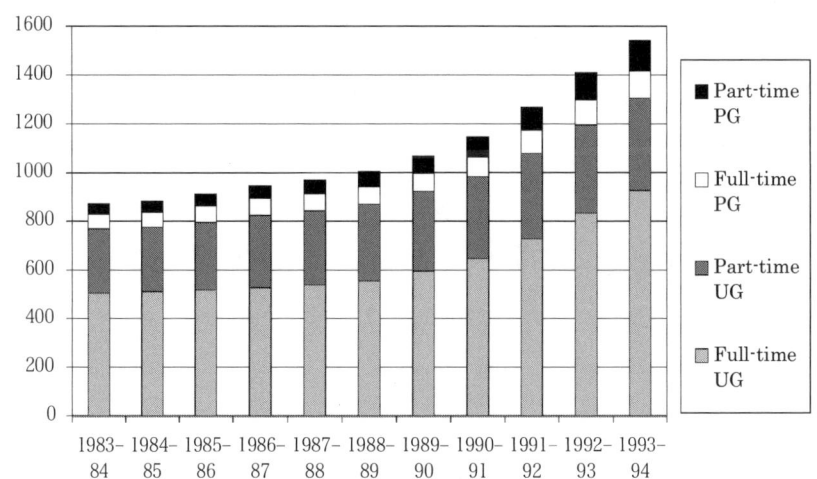

3 2001年までの学生数～コースレベル・学習形式別
パートタイムフルタイムの大学院生と学部生（PG、UG）（単位：千人）

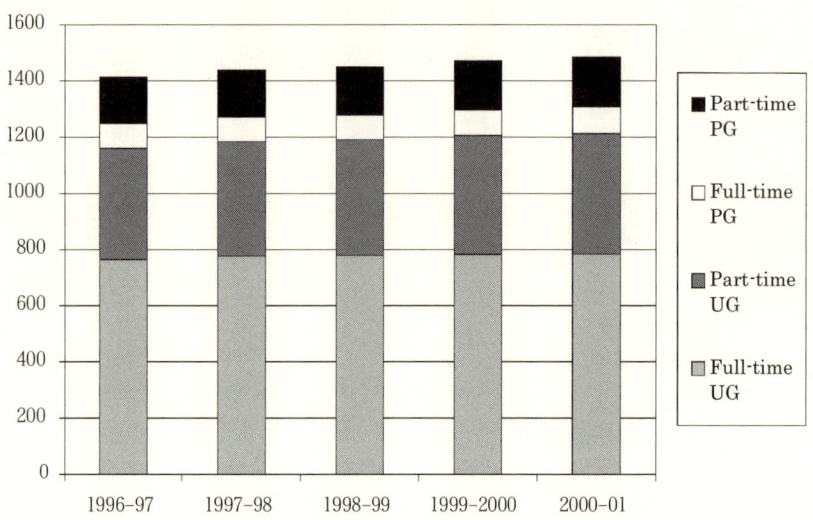

4 年齢人口の割合：フルタイムとサンドイッチ・コース[※]の学部生
（1979-99）（18/19歳）

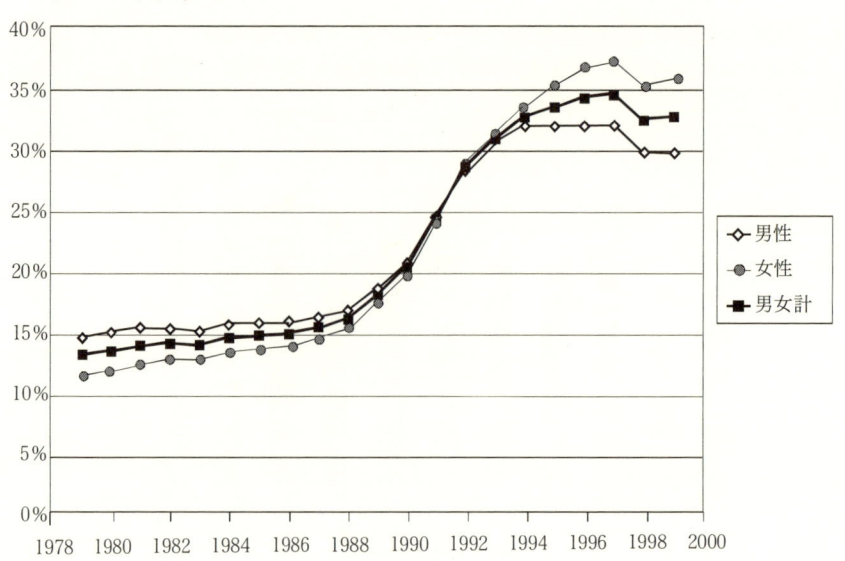

※サンドイッチ・コース：ある一定期間学生が企業に研修に行くコースで、日本でのインターンシップに類似しているが、雇用者側が被雇用者である学生に対して通常の給料の約80％の相当額を与える点は日本と異なっている。学生に給料を支払うため、経済沈滞期にはコースを提供できる企業が少なくなるという結果になった。企業に勤務期間中の授業料の半額は学生が支払わなければならない。
　　高等教育機関に4年間以上在学する学生のみが、本コースを選択することができ、6ヶ月間研修に行くコースを「薄切りサンド (thin sandwich)」、1年間コースを「厚切りサンド (thick sandwich)」と呼ぶ。また、大学の専攻学部と企業は、両者の設定基準に学生が到達しているかを定期的に調査する。

編者註

1　旧大学 (1992年以前からの大学) 及び新大学 (1992年以降に大学に昇格した旧ポリテクニク) を含む全大学 (バッキンガム大学は除く) において法的に実施することになった教育評価は1992年から開始されたのに対し、研究評価 (RAE) は1986年に始まる。86年当時は大学補助金委員会 (UGC) が研究評価を実施。その後92年からは、イングランドに関しては、イングランド高等教育財政審議会 (HEFCE) が研究評価を実施している。

(1) 2001年研究評価 (RAE) 結果

　現在連合王国には、大学が114、高等教育カレッジ及びユニヴァーシティー・カレッジが55、そして継続教育カレッジ (高等教育課程開設校) が約200存在しており、これらを高等教育機関 (Higher Education Institutions: HEIs) と呼んでいる。大学、高等教育カレッジ、そして専門家養成の高等教育カレッジには、研究補助金及び教育補助金が配分されているが、残りの226の継続教育カレッジの中の高等教育コースには教育補助金のみが配分されている。教育補助金総額が30億1,995万5千ポンドの中で、継続教育カレッジの中の高等教育コースにはわずか1億4,143万9千ポンドが支給されている。

　大学の中では、2000-01の補助金最高額を得たのはオックスフォード大学で、6,381万8千ポンド (約12億7,600万円) を獲得したが、この額は研究評価のための補助金総額8億6,696万8千ポンド (約1,733億9,400万円) の約7％に相当する。補助金額が最も少なかった大学、ルートン大学では9万2千ポンド (約1,840万円) となった。

　また高等教育カレッジの中では、2000-01の補助金最高額を得たのはサリー大学ローハンプトン校の105万3千ポンドで、最低額は6千ポンドのチェスター・カレッジであった。専門家養成の高等教育カレッジの中では、補助金最高額を得たのはLSEで999万8千ポンド、17カレッジが0ポンド (評価「1」または「2」ということ。18頁参照) であった。(HEFCE, *HEFCE 1999-2000 Annual Report: Adding value*, HEFCE, 2000, Bristol)

　2001年12月14日に2001年度RAE評価結果が公表された。その中では、英国の大学及びカレッジが国際レベルの研究を数多く行っていることにより、国際的に主導的役割を務めていることが示されていた。全研究者の55％が、現在国際レベ

ルの研究に勤しんでいるということである。61の機関が少なくとも一つ、あるいはそれ以上の「5*」の学部を持っており、96の機関が少なくとも一つ、あるいはそれ以上の「5」の学部を持っている。

上述のためHEFCEの常務理事（Chief Executive）のハワード・ニュービー (Howard Newby) 卿は、「補助金を選択的に利用しながら研究力を強化し、効率良い運営を行っている」「世界でも最も研究に強い国の一つであることが確信された」「非常に高いレベルでの競合が非常にうまく行われている」「研究こそが、生産性、生活の質、国際競争力の主たる動力となる」と述べている。

2001年 RAE には全173の機関から2,598の評価単位（Unit of assessment: UoA）の申し込みがあり、約5万人の研究者の名前が挙がった。これらの申し込みが60の評価パネルにより評価された。

1996年からRAEのために以下の6項目が検証された。
- 国際卓越性の指標水準約300について国際的専門家による確認
- 類似の学科分野の評価パネルの議長は、異なる学科を越えた評価の一貫性と水準の応用を確実にするため、5つの傘下グループと連絡を密にとる
- それぞれのパネルは、あらかじめその評価方法や評価範疇に関する報告書を公表し、その報告書の記述どおりに評価されなければならない
- 学際的分野のUoAに関しては、学科を横断してパネル間で議論されなければならない
- 産業、商業、専門職の代表者が、応用研究の質が充分にかつ的確に判断されていることを確認する
- 高等教育機関による全情報は、すでにチェックと確認を行ったうえでのものでなければならない

グレードに対応した研究者の割合は、1996年度が31％であったのに比べ、2001年度 RAE では、55％の積極的研究従事者（Research Active Staff: RAS）が「5」または「5*」の学部で研究に励んでおり、グレード「1」または「2」が24％から6％にまで減少している。

1996年度 RAE と2001年度 RAE との比較

a　RAE 獲得グレード

グレード	RAE1996		RAE2001	
	人数	全体において占める割合	人数	全体において占める割合
1	236	8％	18	1％
2	464	16％	140	5％
3b	422	15％	278	11％
3a	528	18％	499	19％
4	671	23％	664	26％
5	403	14％	715	28％
5*	170	6％	284	11％
合計	2,894	100％	2,598	100％

b　RAE 獲得グレードに占める研究員の数

グレード	RAE1996		RAE2001	
	人数	全体において占める割合	人数	全体において占める割合
1	1,620	8%	94	1%以下
2	4,314	16%	1,144	
3b	5,234	15%	2,635	5%
3a	8,863	18%	5,981	12%
4	13,257	28%	11,932	25%
5	9,611	20%	17,260	36%
5*	5,175	11%	8,975	19%
合計	48,072	100%	48,022	100%

(HEFCE, 'RAE results confirm international excellence of UK research', *HEFCE press release*, Wed 12 December, HEFCE, 2001)

(2)研究評価方法

　RAE の規定は、各年度の RAE ごとに定められ、グレードの設定やその基準も RAE ごとに決定される。つまり、各年度の RAE の評価方法とその結果を毎回考慮したうえで、次回に備えるといった方法がとられている。

　方法は、ピア・レビューを基礎とした各専門分野の専門家が行う相互評価システムで、レビューを行う専門家集団は専門家パネルと呼ばれており、その名前は公表されている。この専門家パネルはすべての評価対象分野ごとに組織され、また審査は、研究資金の配分を希望するすべての UoA が必要書類を提出しなければならない書類審査である。

　評価を受ける大学や研究機関の学部・学科は、UoA と呼ばれ、すべての UoA は同じルールが適用される。その評価方法は、幅広い基準が設けられ、その範囲の中でパネルに一任されており、パネルはかなりの自由裁量権を持って評価を実施している。

　パネルの委員長は、評価委員会の主席調査官により選ばれる。パネルの構成委員は専門家団体(学会等)や関連する諸団体などと幅広く協議したうえで選ばれる。1995－96年の評価では、60の評価パネルが設けられ、評価対象の UoA は69で、1つのパネル当たり5から10名の構成で、約560人の評価査定者が選ばれ、1995年7月に公表された。

　パネルには各分野の専門家のほか、研究審議会 (Research Councils: RCs) や関係省庁の職員が陪席員 (assessor) として参加している。陪席員は、評価には加わらないが、情報提供などを行うものとされている。またパネルは、外部の専門家を加えてサブパネルを編成することができる。

　1995年11月に、各パネルが高等教育財政審議会の全体的な基準と整合性のあるそれぞれの評価基準が公表され、同じく11月には、今後の研究評価の作業手順の説明があり、提出資料のガイダンスもある。手続きは、評価を受ける側に十分な時間を与えるために18ヶ月前に公表される。

研究評価に際して重視されるものは研究者によって公刊された研究業績であり、高等教育財政審議会を通じて補助金を受けようとする機関は、各学科のRASを選び出し、彼らが公刊した著書や論文類4点を研究業績として提出することになっていた。これに関しては、1992年までの評価では発表された研究論文のリストが資料に入っていたが、1996年には研究論文の数は重視されなくなった。数を評価の対象とすると、大作を小論文に分割して提出する機関が出たため、その弊害を考慮した結果である。

各高等教育機関の研究評価を受ける際に必要な提出資料は、以下の7点である。
1. 評価を受ける研究組織の研究者に関する資料：カテゴリー別に常勤換算した人数等
2. RASに関する資料：カテゴリー別のRASの名前、RASが指導している研究生や大学院生数等
3. RASの研究業績に関する資料：評価期間中に作成した研究論文4点の概要等
4. 研究生に関する資料：高等教育機関に所属する消極的研究従事者（Research Inactive Staff）も含め、研究生、研究補助員、研究助手などに関する資料で、評価期間中の常勤研究生、学位授与された研究生の数、研究生に対する奨学金の取得状況等
5. 外部からの研究資金に関する資料：評価期間中の年度別の外部資金受け入れ状況
6. 当該研究組織に関する資料：研究組織の研究環境、研究計画等
7. その他機関側が重要とみなす資料

　　上記の資料を準備することは、時間的にも資金的にも大変で、事務職員がどれほど有能であるかも大いに関係してくる。高等教育機関総体の経費として約2億円かかったとも言われている。これら研究評価のための資料がパネルに送付され、詳細に検討されることになるが、各パネルは2回から3回会合を持ち、1日ないしは2日間の会議を持つ。

(3)研究評価のグレードとグレード因子

1986年度までは数的には評価されておらず、「卓越（Outstanding）」「平均以上（Above-average）」「平均（Average）」「平均以下（Below-average）」という評価で、1989年より「1」が最低の「1」「2」「3」「4」「5」の5段階評価に移行。1996年度からは、「1」「2」「3b」「3a」「4」「5」「5*」の7段階評価となった。補助金の一層の集中化を図ったわけである。なぜならば、1992年の研究評価では評価「2」を「1」と考えると（評価「1」は補助金額0である）、評価「3b」「3a」は評価「2」の2倍、評価「3」は3倍、評価「5」及び「5*」は評価「2」の4倍の補助金を受け取ることができたが、1996年からは評価「3b」を1とし（評価「1」と「2」は補助金額は0である）、「3a」は評価「3b」の1.5倍、「4」は2.25倍、「5」の評価を受けても3.375倍、「5*」で4.05倍の補助金を受

研究評価	補助金比率		
	1996年以降	1992年	2002年
1	0	0	0
2	0	1	0
3 b	1	2	0
3 a	1.5	2	0.31
4	2.25	3	1.00
5	3.375	4	1.89
5*	4.05	4	2.71

("Funding higher education in England: How the HEFCE allocates its funds" in *Funds for research*, HEFCE, 2000, www.hefce.ac.uk, *HEFCE Press release*, HEFCE, 2002)

けられることになったからである。

(4) 補助金配分方式

1986年当時の補助金配分は、補助金総額の6割強が教育関係経費であり、残りの3割が研究関係経費として配分され、この3割が評価に基づく配分となった。研究関係経費の構成は、学生数などに専門分野に応じた補助単価を乗じて算出される費用(SR)が14.8%、各研究審議会及び研究支援財団から受け取る研究費の総額に比例して配分される費用(DR)が5.2%、企業や政府機関から受け取る受託研究費の総額に比例して配分される費用(CR)が0.7%、学問分野別にピア・レビューにより行う研究能力の評価結果に応じて配分される費用(JR)が14.2%となっていた。この中でRAEに関係するものはJRである。しかし、この割合が年を追うごとに大きく変化してきている。

1999－2000年度は、研究費総額は8億5,500万ポンド、教育費総額は29億1,600万ポンドであり、2000－01年度は、それぞれ8億6,697万ポンド、30億220万ポンドであり、研究・教育ともに約1,000万ポンドずつ上昇している。その中で1998－99年度は、研究関係経費の補助金に占める研究評価に基づく配分(Quality Related: QR)の97.6%に相当する8億400万ポンド(39億5千万ポンドの約5分の1に相当)が、RAEにより69のUoAに配分された。(HEFCE, *1999-2000 Annual Report: Adding value*, HEFCE, 2000)

各UoAは、実験系・臨床系の学科か文科系の学科か、あるいはその中間に位置する学科かによって3段階の加重費用率(cost weights)が掛かってくる。

A： 実験系あるいは臨床系　　　　1.7倍
B： 中程度の費用が掛かる学科　　1.3倍
C： その他　　　　　　　　　　　1.0倍

次に、量的因子(Volume)が測られる。これは、UoAに属する研究者の補助金を受領できる人数を量的に換算する方法で、

① RAS―フルタイムの RAS1 人につき1と換算され、「3b」以上であれば RAS の人数分だけの補助金を受けられる
② 研究助手（research assistants）―フルタイムの研究助手の人数分×0.1倍
③ 特別研究員（research fellow）―フルタイムの特別研究員の人数分×0.1倍
④ 研究コースを取る大学院生―フルタイム学生ならば2年生と3年生、パートタイム（下記（註）参照）学生ならば3年生から6年生の大学院生×0.15倍
⑤ 慈善団体からの研究補助金10万ポンドを、フルタイムの RAS と同数と換算

この①から⑤の人数の総数を量的因子とする。
そして、財政審議会からの補助金額は、以下の計算式によって出されるのである。

補助金額＝0から4.05のグレード因子×加重費用率×量的因子

この結果、1998－99年度には審議会からの補助金総額の75％が、26の高等教育機関に集中することとなった。

（註）
政府による高等教育のパートタイムについての定義は未だ目にしたことがないが、通常の理解として、パートタイムはコース内容にかかるものではなく、一定期間における修学量が、フルタイムよりも「少ない」コース、と理解される。英国高等教育統計機関（Higher Education Statistics Agency: HESA）の定義によれば、フルタイム学生は、通常、年間少なくとも24週、週当たり平均最低21時間の学修（study or work experience）を行う者となっている。またパートタイム学生は、①パートタイムとして登録している学生、②フルタイムベースの履修が年間24週に満たないコースの学生、又は、③夜間のみ学修する学生、ということになっており、②及び③の統計コード上の定義は有力であろう。従って、当然のことながら課程の履修又は学位・資格の取得にはフルタイムの課程よりも時間がかかる。この点から、日本の学士課程通信制は全日制と同様に4年間で終えることができるため、イギリスでいうパートタイムとは、厳密に言えば異なる。
英国の大学は、（バッキンガム大学を除いて）すべてこの HESA に補助金の都合上、データを提出しなければならないため、各大学はこの定義に沿ってデータを作成していると考えられ、これが事実上のパートタイムの定義となる。
OECD では、フルタイム就学に必要とされる履修量の75％以上に相当するコース・プログラムをフルタイム換算学生 full-time equivalent student、いわゆる FTE の基準としている。従って75％未満がパートタイムとなる。
（篠原康正）

(5) HEFCE の資金交付にあたっての最終的な審議組織
　最終的な審議を行う組織は理事会で、この理事会は通常年に7回、ロンドンあるいはブリストルにて開催されることになっており、この理事会にて審議会会長に当たるハワード・ニュービー卿が下部組織から前もって提出されていた書類をまとめ、決定が下される。

(6) 理事（大臣任命）会の構成。また理事の中の大学関係者の人数
　理事会を組織している理事は、実質15名で、会長が元サザンプトン大学長のハワード・ニュービー卿で、委員長はデビッド・ヤング氏、その他の理事は、旧大学から3名、新大学から2名、カレッジから3名、他の政府外郭団体から1名、研究所から1名、企業から1名、研究審議会（RC）から1名、ナショナル・ヘルス・サービスから1名。

　　委員長（Chairman）　　　　Mr. David Young
　　常務理事（Chief Executive）　Sir Howard Newby

あとの評価委員やオブザーバーや理事会事務員を省いて考えれば、理事会メンバー総数は、議長も含めると15名からなる。
〈委員(Members)〉
　① Mr. Stephen Bundred　開発庁長官(Executive Director)
　② Mr. Dick Coldwell　ノース・ロンドン大学理事会委員長(新大学)
　③ Sir Ron Cooke　ヨーク大学前副学長(旧大学)
　④ Mrs. Jackie Fisher　ニューカッスル・カレッジ学長
　⑤ Mrs. Ann Lloyd　ナショナル・ヘルス・サービス常務理事
　⑥ Dr. David Potter　企業代表
　⑦ Sir Gareth Roberts　オックスフォード大学・ウルフソン・カレッジ長(旧大学)
　⑧ Mr. Peter Saraga　フィリップス研究実験所前人事部長
　⑨ Prof. Nigel Savage　College of Law 常務理事
　⑩ Prof. Peter Scott　キングストン大学副学長(新大学)
　⑪ Sir Richard Sykes　インペリアルカレッジ(ロンドン大学)学長(旧大学)
　⑫ Dr. John Taylor　研究審議会事務局長(Director General)
　⑬ Ms. Dorma Urwin　ユニヴァーシティ・カレッジ・ウスター前カレッジ長13名の内訳：旧大学3、新大学2、カレッジ3、公的機関2、研究審議会1、企業1、研究所1で、大学関係者の内訳は、13分の8。その他に、
・陪席員(Assessor)
　　Mr. Nick Sanders　教育技能省
・オブザーバー(Observers)
　① Mr. Steve Martin　ウェールズ教育・学習局 (Education and Learning Wales)常務理事
　② Dr. Robson Davison　北アイルランド高等教育審議会局長
　③ Mr. Roger McLure　スコットランド高等教育財政審議会常務理事
　④ Mr. John Harwood　学習・技術審議会 (Learning and Skills Council) 常務理事
　⑤ Mr. Simon Cannell　書記

(7) 理事会の下部組織
　① Quality assessment, learning and teaching
　② Widening participation
　③ Research
　④ Business and the community
　⑤ Leadership, governance and management
　理事会の下部組織には、上の①〜⑤のような委員会があり、それぞれの委員会

が管轄の問題について論議、決定したことを、理事会に上げる。下の構成員に見るように、特徴的なことは、ほとんどが大学、高等教育関係者であることで、また、③をのぞけば、新大学が占める割合も大きいと思われる。議長はすべてHEFCE の理事会メンバーである。

それぞれの委員会には、議長1名と高等教育財政審議会のメンバーである秘書1名の他に

①については、議長は、HEFCE 理事会理事で、15名の委員の構成は、旧大学から4名、新大学から7名、カレッジから2名、学生組合から1名、他の政府外郭団体から1名。

②については、議長は、HEFCE 理事会理事・新大学副学長で、16名の委員からなる。厚生省から1名、旧大学から3名、新大学から5名、カレッジから3名、学生組合から1名、大学・カレッジ入学機構（UCAS）から1名。

③については、HEFCE 理事会理事・旧大学カレッジ長で、15名の委員からなる。慈善団体から1名、旧大学から8名、新大学から1名、カレッジから1名、企業から2名、British Library から1名。

④については、HEFCE 理事会理事・企業人で、12名の委員からなる。企業から3名、旧大学から2名、新大学から3名、カレッジから2名、研究所から1名、政府から1名。

⑤については、HEFCE 理事会委員で、16名の委員からなる。政府から1名、旧大学から5名、新大学から5名、カレッジから2名、企業（とはいうものの e-Universities 会社なので大学と関連が深い）から1名、新大学かつ環境研究委員会の委員かつ企業の社長を務める者1名、学長常任委員会（SCOP）から1名で成り立っている。

右図のように、HEFCsからの研究補助金は全補助金額の24％を占めるに過ぎず、政府省庁から、研究審議会から、慈善団体から、企業からと補助金収入源は広範にわたっている。

2　1988年以前は、UGC が英国の各大学に研究補助金を配分していたが、1988年の教育改革法によりこの大学補助金委員会が廃止され、高等教育の私営部門である大学のための新しい補助金委員会である UFC とポリテクニクやカレッジといった公営部門のための PCFC が新たに創設された。これら財政審議会は教育科学省の管轄であった。

1992年の継続・高等教育法によりパブリック・セクターとプライベイト・セクターが一元化されたのに伴い、財源を供給する補助金審議会も4つの高等教育財政審議会にまとめられた。「イングランド」「ウェールズ」「北アイルランド」そして「スコットランド」の4つの高等教育財政審議会（Higher Education Funding Councils: HEFCs）で、それぞれ名称は、「イングランド高等教育財政審議会―

高等教育機関における研究補助金源

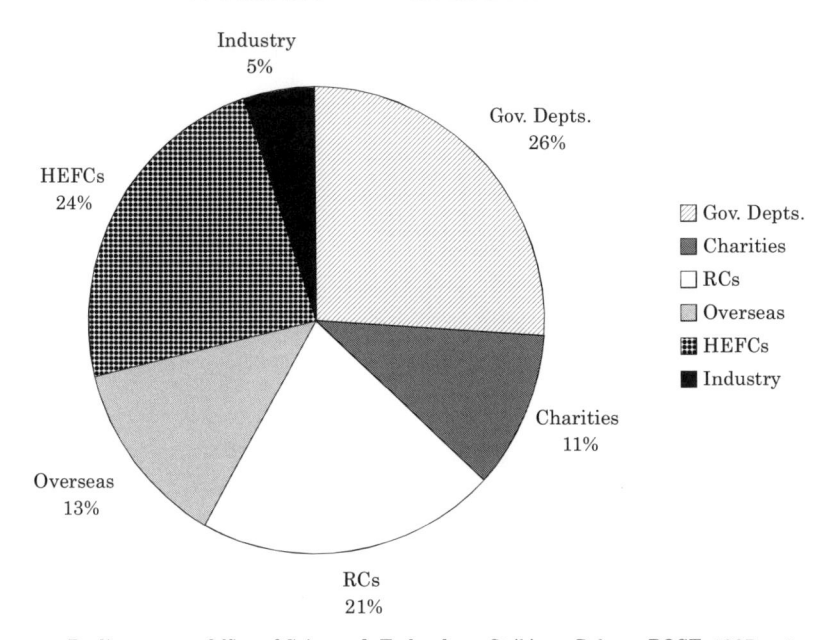

- Gov. Depts. 26%
- Charities 11%
- RCs 21%
- Overseas 13%
- HEFCs 24%
- Industry 5%

Parliamentary Office of Science & Technology, *Striking a Balance,* POST, 1997, p.4.

Higher Education Funding Council for England: HEFCE」「ウェールズ高等教育財政審議会— Higher Education Funding Council for Wales: HEFCW」「北アイルランド教育省— Department of Education、Northern Ireland: DENI」「スコットランド高等教育財政審議会— Scottish Higher Education Funding Council: SHEFC」となる。

　この政府と各高等教育機関の間に位置するとされる財政審議会は独立法人で、その管理・運営は議長1名ならびに最高責任者2名を含む委員13名（そのうち企業家は1、2名）に任されており、委員全員の共同責任の形をとっている。財政審議会は活動方針を定めるとともに、1992年継続・高等教育法の規定および教育雇用大臣の指針や通達に各大学の行政・運営や教育が適合しているかどうかについての確認も行う。

　各高等教育機関へ振り分ける総額は中央政府が決定し、優先すべきものや勧告も政府が行うが、実際の配分に関しては財政審議会が全面的に責任を負い、補助金の大半を教育及び研究の種別や実績に従って各高等教育機関に分配する。これら財政審議会は当審議会の基準に従って、自由に公的補助金を配分する権限を

持っているものの、同時にその使途についての説明責任も有し、補助金配分の年次報告書を年に一度提出することになっている。一方、教育雇用相は財政審議会の活動について議会に報告する責任を負っており、政府はまた、財政審議会を監督・検査する権限を有している。

3　北ウェールズ出身。1965年、北ウェールズ大学バンガー校 (University College of North Wales, Bangor) にて、物理学の第一級優等学位と PhD を取得。合併実施以前の旧アルスター大学、ダラム大学、オックスフォード大学で教授を務める。2001年1月からは、オックスフォード大学で最大規模の大学院である、ウルフソン・カレッジの学寮長を務める。また、ブレーズノース・カレッジの名誉フェローやサイード・ビジネススクールの科学政策の客員教授も務める。また、同大学の ISIS の理事会メンバーであり、ビジネス・アンド・サイエンス・パークの運営委員会の議長も務める。

　最近では、2002年にイギリス政府の「科学者とエンジニアの供給の検討 (Review on the Supply of Scientists and Engineers)」を実施。報告書に記した勧告はすべて、大蔵省、貿易産業省、教育技能省に承認された。イギリス政府はこれを支持し、2002年の7月に、『革新への投資 (Investing in Innovation)』というタイトルの報告書を、そしてその後、高等教育白書『高等教育の将来 (The future of higher education)』を発表した。

　1991年から2001年には、シェフィールド大学で副学長を務め、また、同時期には、全英学長協会 (Committee of Vice Chancellors and Principals) の会長に選任される。さらに首相の科学技術諮問会議 (the Prime Minister's Advisory Council on Science and Technology) のメンバーも務める。1997年には、高等教育に対する貢献により、ナイトの称号を授与される。また、シェフィールド開発公社 (Sheffield Development Corporation) の役員でもある。

　これまで二度にわたりビジネス界での役職に就く。まず、アメリカのゼロックスにてシニア・リサーチ・サイエンティストを務めた。その後、THORN EMI にて、研究ディレクター兼チーフ・サイエンティストとして、主に中央研究所の運営と同社の事業部門の戦略計画の策定にあたった。半導体と分子電子の研究で世界的に高い評価を受けており、これまでの発表や特許取得の件数は200を超える。こうしたことが評価され、数々の国家的な賞や名声を得ている。1984年には英国王立協会 (The Royal Society) のフェローに、2003年には王立工学アカデミー (The Royal Academy of Engineering) のフェローに、そして1998年には物理学会の会長に選任されている。イングランド高等教育財政審議会理事会メンバー (研究委員会会長) でもある。

4　Sir Gareth Roberts 2003, *Review of Research Assessment* (『研究評価の検討』、通称『ガレス・ロバーツ報告書』(高等教育財政審議会報告書、2003年5月審議用資

料)のことで、本報告書の全訳は、『大学評価—データボックス』(研究代表者 秦由美子 2003科学研究費用補助金 基盤研究(B)(1)報告書、79-101頁)に掲載。

5 　中等教育後の教育（tertiary education）となる継続教育を実施する継続教育機関は、通常高等教育機関とはみなされていないが、継続教育機関の中でも高等教育コースを提供することのできる機関は高等教育機関とみなされ、政府からの資金援助も受ける。

6 　1964年に、ハロルド・ウィルソン（Harold Wilson）を党首とする労働党が新たに29のポリテクニクを創設する。この機関は、大学経営よりも安価な運営を期待される一方で、教科では大衆の意見が反映された工学部と教育学部を折衷した学科を中心とした実学を教授する。大学は基礎研究を含みつつ、その伝統的学問的役割を維持するが、ポリテクニクは職業訓練や職業関連科目、特にパートタイム・コース、サンドイッチ・コースや準学位（sub-degree）コースを提供することで、異なった学生集団を育てることにあった。この学習形態は、高等教育機関とはみなされていない継続教育カレッジ（Further education college）の延長線上のものをさらに発展させた形態と考えられる。

　1992年継続・高等教育法(第77条)により新たに大学という名称を受けた旧ポリテクニクや他の少数の高等教育機関(新大学)は、1988年教育改革法の規定(第121、122条)で Higher Education Corporation として法人格が与えられた高等教育法人である。この高等教育法人は、1988年教育改革法の規定（第125条）に基づき、教育相が承認する管理運営規則が適用される。大学は、銀行からの借り入れも自由で、産学連携、企業と契約リサーチも実施し、会社も設立できる。しかし、経営問題も浮上した。1990年代中頃、サウスウェスト・ロンドン・カレッジが負債を抱えて閉鎖になったため、高等教育財政審議会が公的補助金のセーフガードとして監視を行うようになり、現在では経常経費の総額の7%以上は借入できないことになっている。

7 　CVCPは、現在全英大学協会（Universities UK：UUK）と名称変更となっている。CVCPは慈善団体の資格のある有限会社で1918年に創設された。メンバーは連合王国全大学の実質的な実権を握る副学長と同等の職階に位置する大学の長（Principal は英国では通常カレッジの学長をさすが、大学によっては Vice-Chancellor の代わりに Principal の名称を用いる）で、1992年継続・高等教育法後には新たに旧ポリテクニクやカレッジが大学に昇格し、CVCPのメンバーに加わった。

　CVCPの評議会（Executive Committee）は5名から成り、CVCPがこの評議会の議長、2名の副議長、そして会計を選出する。3人目の副議長は議長が任命し、以上4名とCVCPの理事長（Chief Executive）1名が評議会を構成する。1997年8月からはCVCPの前議長もこの評議会委員に含まれることになった。

この評議会の他に CVCP 審議会 (Council) と本会議 (Main Committee) があり、CVCP審議会は前述の議長、副議長、会計を含む21名の委員から成り立っている。17名の審議会委員のうち4名は議長が選出するが任期は1年のみで、13名は CVCP 会員により選出され、任期は3年で、13名中4名の審議会委員は毎年交代することになっている。

　評議会は頻繁に開催され、また審議会は年7回、そして本会議は年4回開催されることになっている。

第2章　日本における大学評価
——90年代以降の行政改革・大学改革と大学評価

川島　啓二
（国立教育政策研究所）

はじめに

　2004年は、日本の大学史上特筆されるべき年となるであろう。

　2004年4月から、いよいよ認証評価制度がスタートし、国公私の設置者の如何を問わず、日本の大学・短期大学は、政府によって認証が与えられた大学評価機関による評価を7年に一度は受けなければならないこととなった。ここにおいて、80年代から世界の高等教育機関を席捲してきた大学評価の波は、日本においても、自己点検・評価制度の導入（1991年）を経て、一応の制度的整備を完了することとなったのである。むろん、実際の運用はすべてこれからであり、日本の大学の運命を左右すると思われる、この大規模かつ重要な歴史的制度改革の成否は、評価活動の内容と結果がどれだけ大学・短期大学の質の向上や資源配分の効率化・公正化に貢献することができるかにかかっている。

　1991年に、大学設置基準の大綱化との抱き合わせで導入されることとなった大学の自己点検・評価制度は、当初は「努力義務」とされ、当時の大学関係者の意識としては、これがやがては外部評価へとつながっていき、日本の大学もやがては外部世界への説明責任を厳しく問われるようになることを見通す見方があった一方で、ことの本質と事態の行方についてさほど重大視せずに過小評価する見方が相半ばしていたと思われる。しかしながら、大学設置基準の大綱化を高等教育政策全体の基調の中で位置づけてみれば、規制と庇護が一体となった従来の政策スタンスからの脱却という大きな流れと歴史的な転換点をそこに読み取ることはさほど難しいことではない。

さらに、この10年余りの間、大学をめぐるシーンは一変した。このことはいくら強調されてもされすぎることはない。1998年に大学審議会が、それまで個別の課題にのみ審議と答申を繰り返してきた姿勢から一歩進んで、将来の高等教育システムの全体像に関わる初めての包括的な答申として『21世紀の大学像と今後の改革方策について：競争的環境の中で個性が輝く大学』を公表し、自己点検・評価の客観性に疑問を投げかけて新たに「第三者評価制度」の導入を提唱してから、大学評価政策は新たな段階に入ることとなった。大学評価・学位授与機構の創設（2000年）など、新たな制度導入のための諸施策が矢継ぎ早に整備され、冒頭で述べたように、今日の認証評価制度の導入へと至ることとなったのである。

この間の政策的な流れは、いままで「象牙の塔」に籠っていた大学が、単に「評価」という俎板の上に乗せられるようになったことを意味するにとどまらない。

日本の経済社会や行政システムをめぐる改革の基調は、周知のように、「規制緩和」をキーワードとして展開してきた。大学評価システムの構築は、日本の大学システムの「設置認可主義」という伝統的構造との関係の再整理を不可避とするものでもあった。しかし、大学評価をめぐる政策展開は、内閣府の総合規制改革会議などにおける官邸主導の議論、すなわち「事前規制から事後チェックへ」という改革基調に組み込まれることによって、大学人による自発的な自己改革という当初のコンセプトをはるかに超える広がりと深さを持つことになってしまったのである。

また、時を同じくして2004年4月から、国立大学の法人化という、これまた歴史的な大改革が実施されたが、そのことと相俟って、高等教育政策における政府の役割や政策の機能にも大きな変化がもたらされるであろうことが予想される。

国立大学の法人化は、法体系上はこれまで「国の施設」にすぎなかった各国立大学に法人格を与えようとするもので、法人化そのこと自体は、大学の管理形態の一つのあり方として、古くはいわゆる「四六答申」以来論議されてきており、新奇な話題であるわけではない。ただ、今般の文脈における「国立

大学法人化」は、民間の経営手法を取り入れながら、競争原理の中で研究・教育の質を高めていくことを期待するものであり、経済社会の「構造改革」のコンテクストに組み込まれる形で、テンポよく実行され、制度化のタイムスケジュールに乗せられてきたという経緯がある。さらに、「国立大学法人評価委員会」が行うことになる国立大学法人の評価は、研究・教育の部分については、大学評価・学位授与機構による評価に依拠することとなっており、国立大学法人の制度設計は、認証評価制度と深く関係している。評価結果は資源配分に反映されることになるので、これまで、政府と大学という二者の関係であった構図から、評価機関が介在する錯綜した関係構造になることが考えられるのである。

　このように、日本における大学評価システムの形成には、大学や高等教育改革の論理だけではなく、さまざまなベクトルが交錯＝「合力」して今日の具体的制度として結実している。また、社会の基盤的状況、すなわち、人口動態や進学選好もシステム改革の方向性に影響を及ぼすことがある。

　本稿の課題は、90年代以降における大学評価システムの構築を中心とする高等教育政策の展開を、経済社会の改革文脈の流れの中でその相貌を描き直し、大学評価システムの制度枠組みや運用が複合的な性格を抱えつつ展開してきたことを振り返り、そのことのもつ意味や今後の展望を探ることにある。

1　大学評価システムの展開

　日本のすべての大学を改革の渦に巻き込んだ象徴的な答申が、1991年の大学審議会答申『大学教育の改善について』であることは、よく知られている。一般教育と専門教育との区分の廃止によって、国立大学における教養部の廃止を地滑り的に呼び込んだことで知られるこの答申は、FD、シラバス、セメスター制、授業評価などの導入や推進を提唱し、各大学における教育方法の改善を強力に促したことにもその特徴があるが、この答申の主要なトーンは、●学部名称の例示の取りやめ、●学部以外の組織編成を認める (学群、学系など)、●学部内組織の弾力化 (学科、課程、コースなど)、●学士の学位化と専門分野の括弧書き、●教養部の改組転換、●昼夜開講制の導入、●単位制

の弾力的運用といったような、従来の高等教育システムを形作ってきた制度的枠組みを、大胆に弾力化・柔軟化することにあった。

上記のような教育政策上の基調の嚆矢は1984年に発足した臨時教育審議会における議論にあるわけだが、91年の大学審答申はそのような、「規制緩和」「自由化」(すなわち大学設置基準上の規定の大幅削除)とバーターの形で大学評価システム(自己点検・評価の努力義務化→(98年答申で義務化))を導入することを提言し、実施への道を開いたことにその意義が認められる。また、同答申においては、FD など教育方法改善のための積極的努力も推奨された。

教育方法の改善という、新たな政策的アリーナにおいて、「規制緩和」「自由化」という文脈と、大学評価システムの制度化という二つの問題がどのように位置づいていくのか、考えてみよう。

そもそも、「規制緩和」という文脈のもつ意味は、効率性重視だけに求められるものではない。それは、「現場」裁量の重視、「現場」への権限委譲といった「新公共経営」論にも通じる考え方が、教育システムの統御という課題領域にも浸透してきたことを意味するものであって、それゆえに、「規制緩和」が基調となる政治的・社会的文脈とは、「教育方法改善」をテーマ化できる基盤が整えられる文脈でもある。別言すれば、ステークホルダー重視の文脈である。というのも、基本的には個別の営みに過ぎない教育方法の改善の問題について、なにゆえかくも組織的に促進され、なにゆえかくも政策的コミットメントがなされようとしているのか、そのことに思いを致してみるならば、これらは、従来、政策サイドが、その実行について有効な操作手段を持たなかったり、効果を期する手法に習熟していなかったりしていた問題領域であり、個の次元への政策関与という、行政と教育機関・教師双方にとってまったく未経験な世界に我々は直面しているという現代的局面を看取できるのである。

また、政策サイドがその実行について有効な操作手段を持たなかったり、効果を期する手法に成熟していなかった問題領域であるということになれば、政策効果を確認するための新たな媒介項、すなわち「評価」への注目と期待が生まれてくることになる。大学評価システムの導入は、規制緩和に伴う、事

前チェックから事後チェックシステムへの転換という文脈で語られることが一般的であるが、上記のように、いわば「エンドユーザー」の次元での政策効果の確認という文脈でも捉えられ得る問題なのである。

　つまり、この時点での「規制緩和」「自由化」は、高等教育の大衆化・多様化によってもたらされた新たな状況に対応するための制度設計戦略ともいうべきものであって、後に触れるような、経済再生戦略の影を読みとることはできない。

　98年答申において、自己点検・評価が「義務」化され、第三者評価の導入を提唱した際にも、答申は、「大学は公共的機関であり、公財政の支援を受ける対象である。大学が社会的存在としてその活動状況等を社会に対して一層明らかにしていくためには、より透明性・客観性の高い第三者評価を推進し、広く社会に公表することが必要である。このため、大学の教育研究活動について、ピア・レビューを基本としつつも、教育を受ける学生自身、卒業生を雇用している企業、共同研究を行う企業の研究開発担当者などの利用者の視点等も加味した多様な観点からの第三者評価を実施することが求められる」[1]と述べ、あくまでも、大学の自主的な評価活動を重視するものであった。

　そして、2002年8月に出された中央教育審議会答申『大学の質の保証に係る新たなシステムの構築について』に基づいてなされた制度改正によって、各大学・短期大学は国公私立を問わず、文部科学大臣の認証を受けた認証評価機関によって、7年に一度(専門職大学院にあっては5年に一度)の評価を受けなければならないとする、日本独自の認証評価制度がスタートした。多様な評価システムを制度理念とするこの制度は、複数の評価機関の中から、各大学が自らの評価を受ける機関を選択する方式で、現在のところ認証評価機関としては、四年制大学については、大学評価・学位授与機構、大学基準協会、短期大学については大学評価・学位授与機構、短期大学基準協会、そして、法科大学院については、大学評価・学位授与機構、日弁連法務研究財団が文部科学大臣の認証を受けている。また、日本私立大学協会が母体となって、私立大学の特性を生かした評価機関をめざして、「日本高等教育評価機構（仮称）」の設立準備が進められている。

2 行政改革と大学改革・大学評価

1) 行革文脈への位置づけ：その端緒

　80年代の中曽根内閣の登場と第二次臨時行政調査会の発足以来、行政改革が現代日本の政治・行政の基調となってきたことは論をまたない。公教育の領域では、1984年に臨時教育審議会（以下、臨教審）が発足し、「教育の自由化」という従来にない大胆な発想を持ち込んで、公教育の再編成に向けた議論を呼び起こした。それ以来、行政改革・規制緩和は政治・行政や教育改革の基本テーマの一つであり続けたのである。問題は、その濃淡や内外の政治的・社会的文脈との整合の在り方であった。それによって、実際の制度改正や運用の具体像が導かれることになったからである。

　91年の大学設置基準の大綱化以来の大学改革は、個々の大学人にとってみれば「大改革」であったのかもしれないが、大学を取りまく大きな社会的視点からすれば、大きな流れに沿った制度改革が淡々と進む「静かな改革」であった。審議会答申等には、「大学の自主性の尊重」といった文言がさながら枕詞のように並べられ、規制緩和・行政改革という基盤的潮流と従来からの大学の論理とが、少なくとも表面上の対立を際立たせることなく、調和的に配置されていたからである。

　日本の大学史上、制度としては初めて導入された評価システムは、当初の形態はあくまでも「自己」点検・評価であり、それも自主的な「努力」義務であった。大学人の自発性に基づく自己改革と評価システムの導入とは調和的に理解されていたのである。大学における教育改善への政策的要求が従来にはないトーンでストレートに提起されたのは事実であるが、産業社会や経済社会に関する諸問題についての全面的なコミットメントを求められたわけではなかった。求められたものが「教育」改革である限り、大多数の大学教員にとっては不満ではあっても正面から反論できるものではなかったのである。

　風向きの変化は、橋本政権の発足とその行革政策が打ち出されてからである。大きな背景としては、長引く不況による経済危機に対応するためには、社会の広範囲な領域でのシステム改革が必要であるという認識があった。大

まかな見方が許されるなら、80年代半ばまでの行革路線の基調は、社会・経済情勢への対応や許認可手続きを中心とした行政手続きの簡素化・効率化（規制緩和）にあったと思われるが、80年代半ば頃から、規制緩和による民間活力の発揮・推進、あるいは内需主導型の経済体制への転換といった、経済規制の撤廃云々という関心を越えたトータルな経済政策やその運営に関わる側面を持ち始めた。この関心はさらに進んで国民の生活モードの在り方にまで及んでいく。

　橋本内閣の頃から、行政改革像は、行政のスリム化によって小さな政府を実現し、民間の活力向上をめざすといった次元を越えて、経済社会の体制やモードの質的転換をはかるというスタイルに移りつつあった。例えば、行政改革委員会の「規制緩和推進計画見直し報告」では、規制緩和に「聖域はない」として、運輸、情報通信、金融の分野における規制緩和に加えて、医療、福祉、雇用・労働、安全規制の分野などで「自己責任と個性重視といった国民意識の変化、将来の日本の姿などを踏まえた根本からの見直しが必要」と謳われ、国民意識にまで踏み込んだ言及がなされた。ここでは公教育の領域に「規制緩和」が剥き出しの形で迫ってきたわけではなかったが、忍び寄る足音の気配は読みとることが可能である。

　橋本内閣における行政改革の基本的見取り図では、「戦後50年間日本を支えてきた経済社会システムが、かえって日本の活力ある発展を妨げている状況が生じています。世界の潮流を先取りする新しい経済社会システムを創造するため、行政改革、財政構造改革、社会保障構造改革、経済構造改革、金融システム改革に教育改革を加えた6つの改革を一体的に推進していかなければなりません」と述べられているように、教育改革は、他の主要改革とともに「六大改革」の一つとして位置づけられていた。

　96年11月に行政改革会議が発足し、90年代後半のアジェンダ管理と執行を重視する行革モードの時代にいよいよ突入した。

　だが、橋本行革の第一義的な目的は「世界の歴史の中でも類を見ない急速な速さで進展している少子高齢化、その結果として21世紀初頭に予想される日本経済の潜在的な成長力の低下」と「現在先進国の中でも最悪の状況となっ

ている財政、高齢化に伴う社会保障給付の増大」によってもたらされる「財政赤字・国民負担は急増し、経済や社会の活力も失われてしまう危機的な状況」への迅速かつ効果的な対応であって、教育とは、一応異なる領域ので話であった。高等教育改革へのこの時点での関心はそれほど高くはなく、平成9年1月24日に策定された「教育改革プログラム」の中から、大学評価に関わる記述を探してみても、「1. 教育制度の革新と豊かな人間性の育成」の「(9)高等教育機関の活性化」の箇所で、「大学改革の一層の推進のため、各大学で外部有識者の意見を聴くなど、評価システムの充実を図ります」と、未だ具体像が固まりきれていない漠然としたイメージが語られているにすぎない[2]。

平成9年6月26日の『21世紀を展望した我が国の教育の在り方について』(中央教育審議会第二次答申(全文))においても、「(C)高等教育全体を柔らかなシステムへ」という項で、「過度の受験競争を緩和するためには、大学入学者選抜の改善を進めるとともに、高等教育全体を柔らかなシステムとするなど高等教育の在り方を見直していくことが重要」であるとして、「高等教育への様々なアクセスを確保する」ことや「単位互換の拡大、編入学・転入学の拡大、社会人入学の拡大、休学や復学への弾力的な対応」などが提起されており、過度の受験競争を打破するための方策としての規制緩和や自由化という、臨教審以来の論理構成が顔を覗かせているにすぎない[3]。

高等教育システムが、行革文脈の中に本格的に巻き込まれていくのは、行政改革の中心課題の一つである公務員削減との関係の中で焦点化した、国立大学法人化問題によってであった。

2)法人化問題をめぐる展開

90年代の我が国の経済社会は「失われた10年」という捉え方がされたりもするように、長引く不況と経済の停滞が進行し、それに効果的な対応をすることが至上の政治課題になりつつあった。ただ、それでも、橋本内閣においては「行政」改革の色合いが強かった。96年11月に発足した行政改革会議の主要な目的は、中央政府のスリム化であったからである。ただ、中央政府のスリム化にあわせて、独立行政法人制度の検討が始まり、国立大学の独立行政法

人化も検討の俎上に上ることとなり、大学改革は、大学という部分社会を越えて、一気に中央の政治的磁場の中に放り込まれる契機が作られることとなった。大学評価システムの展開もこの文脈と符牒をあわせるかのようにその相貌を明らかにしていく。

　平成9(1997)年12月に「行政改革会議最終報告」[4]が出され、それを受けた「中央省庁等改革基本法」が、翌平成10(1998)年6月に成立し、「独立行政法人」通則法の基本的在り方が制度化された。そのポイントの中で、本稿の主題と関わって着目しておかなければならないことは、各法人は主務大臣の定める中期目標に基づき中期計画を定めること、そして主務省におかれる評価委員会によって事後評価がなされることの二点であろう。つまり、80年代以来一貫して日本の政治・行政の底流をなしてきた行政改革の文脈と、少なくとも建前の上では、あくまでも独自の理念と論理に基づく改革路線を進めようとする大学改革の文脈とを制度的につなぐ橋頭堡が形成されたことを意味するからである。

　大学評価に引き寄せて考えれば、同最終報告では、「(注)国立大学については、人事・会計面での弾力性の確保など種々改善する必要があり、現行の文部省の高等教育行政の在り方についても改善が必要。しかし、大学改革は長期的に検討すべき問題であり、独立行政法人化もその際の改革方策の一つの選択肢となり得る可能性はあるが、現時点で早急に結論を出すべき問題ではない」と述べられ、少なくとも大学の論理がこの時点では尊重されていたが、国立研究所、国立病院、国立博物館などが独立行政法人化の対象とされ、やがては国立大学にもその波が及ぶことが現実感をもって感じられた。

　独立行政法人化を何とか避けようとする文部省（当時）と国立大学協会にとって、大学改革が自律的かつ着実に進んでいることを主張することは極めて重要なこととなり、また、独立行政法人制度には法人評価が制度設計にビルトインされていることも微妙に影響して、世間を刮目させるような大学改革のピッチの良い進展と新たな評価システムを伴った斬新な改革像を提示する必要に迫られていた。

　このような状況の中において出されたのが、『21世紀の大学像と今後の改

革方策について——競争的環境の中で個性が輝く大学——』であった。大学評価といえば、基本的にはピア・レビューの考え方に基づく、アメリカのアクレディテーション・システムを思い浮かべる日本での論調に対し、「第三者」評価機関に基づく大学評価という考え方を打ち出し、経済社会からの改革要求にも応えることを目指したのである。

3 構造改革路線の中での大学評価

　世紀の変わり目のあたりから、日本の行政改革をめぐる政治状況は、行政のスリム化や簡素化、各種規制の撤廃という流れから、経済再生のための戦略的政策の実行という色彩をより一層強めるようになった。行革文脈と経済再生文脈との結合である。その主役は、内閣府に置かれた、経済財政諮問会議、総合科学技術会議、そして総合規制改革会議であった。これらの会議は、大学改革に対しても、強い調子でその一層の展開を促した。

　例えば、1999年2月、経済戦略会議(後の経済財政諮問会議)は、その答申『日本経済再生への戦略』[5]の「第2章「健全で創造的な競争社会」の構築とセーフティ・ネットの整備　4.創造的な人材を育成する教育改革」において、日本経済の将来を決めるのは、究極的には教育の在り方であるという認識の下、「(2)大学における教育・研究に競争原理を導入し、活性化を図る。そのため、各大学における教育・研究に対する客観的な評価を行う強力な第三者評価機関を設立する。(3)大学の研究・教育に係る政府予算は、原則として第三者評価機関の評価に基づき配分する。評価によって資源配分が決まるようになれば、インセンティブが働き、大学の活性化に結びつく。最近の大学審議会の答申では、評価に基づく資源配分は明確な形では制度化されていない」と述べ、98年の大学審答申『21世紀の大学像と今後の改革方策について——競争的環境の中で個性が輝く大学——』で提起された「第三者評価」が「強力」なものであることを求め、さらに政府予算の配分との制度的リンケージを求めたのである。

　また、1995年に科学技術基本法が成立し、「科学技術創造立国」のかけ声の下、翌年から科学技術基本計画(第一次)が制定され、諸施策が実行に移され

るようになったことも、評価システムの構築を含む大学改革が、経済再生や国際的競争力強化の脈絡の中で、否応なくその制度化を図っていかなければならない状況に拍車をかけるものであった。

4 『我が国の高等教育の将来像』における大学評価システム

　平成17(2005)年1月に出された『我が国の高等教育の将来像』(答申)、いわゆる「高等教育のグランドデザイン」は、日本の高等教育システムの将来の全体像を示そうとするものであるが、経済社会の高度化・複雑化を受けて、高等教育の多様化がより一層進行していくという認識に立って、評価システムの今後の在り方については、「第2章 新時代における高等教育の全体像　4.高等教育の質の保証」の箇所で、「高等教育の質の保証の仕組みとしては、事後評価だけでは十分ではなく、事前・事後の評価の適切な役割分担と協調を確保することが重要である」と述べ、設置認可の重要性と的確な運用を求めて、規制緩和や自由化の過度な強調に対して一定の制度枠組みの意義を唱えている。「事後評価までの情報の時間的懸隔に伴う大学等の選択のリスクを学習者の自己責任にのみ帰するのは適切でない」し、「いわゆる「ディグリー・ミル」の出現を抑止して学習者保護を図る」ことも必要であるからである[6]。

　『我が国の高等教育の将来像』(答申)においては、経済社会の再生のために大学を戦略的リソースとして位置づけ、そのための規制緩和・自由化を推進したり、競争的政策を導入して、大学のパフォーマンスを向上させようという動機はさほど強く打ち出されているわけではない。むしろ上述のように、教育という作用に不可避的についてまわる「時間的懸隔」という問題のゆえに、「事前」規制を「再評価」しようとしているようにも読める。だが、そのことは、戦後日本の高等教育システムの特徴であり、政策と現場環境とがあいまった「所産」でもあるところの、高等教育機関の一体性や同質性の継続を意味するものではない。

　答申が述べるように、「各高等教育機関が個性・特色を明確にしながら、大学が自律的選択に基づいて機能的に分化するなど全体として多様化が一層進む」のであろうが、その際の「質の保証」を担保する認証評価制度が標榜す

る「多様な評価の在り方が、多様な相貌を表す」ことを期待されている各大学の多様性をどのように切り分けていくのかが今後の焦点となっていくことが考えられる。アモルフ化したシステムにおける複数の評価枠組みが、機能的分化の促進を触媒する可能性である。

結びに代えて

　大学評価の意義は、第一義的には大学の研究・教育の質を維持・向上し、外部への説明責任を果たすことである。また、社会にとっては、資源の効率的な配分に役立てることでもある。しかしながら、それは同時に、大学行政における政府の役割の根本的な変化をも意味するものであり、そのことは、高等教育政策の時系列的な流れや社会的な文脈を顧みることによって、不可避のものであることが理解される。以上の認識がなければ、大学評価制度の導入は、大学人にとって「被害者意識の増幅」に終わる危険がある。

　自己点検・評価が導入されたとき、それはあくまでも大学改革の文脈においてであった。現在は大きな社会構造改革・システム改革の波の中で翻弄されている状況にある。大学改革という独自の論理と価値の影は薄い印象は否めないのである。『我が国の高等教育の将来像』が高等教育の将来の明確な輪郭線を描けない理由の一つはそこにあると考えられる。

　そういう中で、評価システムは、そのような激動の中における大学の存在証明の役割を果たそうとしている。認証評価制度が本格的に稼働する前に、21世紀COEプログラムや特色ある大学教育支援プログラム（特色GP）などの「準評価システム」が十分すぎるほど機能して、各大学はある種のスクリーンをくぐり抜けることを、課題であると同時に今後の展開戦略としても位置づけようとしている。

　その中で、複数の認証評価機関が存在し多様な大学評価を制度理念とする我が国の認証評価システムは、どのような役割を果たすのであろうか。認証評価機関という一種の緩衝団体による大学の質保証という仕組みが、どの認証団体による評価を受けるのか、ということによる「機能別分化」を促進していくことも考えられることなのである。

みてきたように、規制改革会議による提言によって、政策的な展開が押し進められてきた。そのことは大学改革の文脈を越えた、大きな政治的磁場や社会的文脈の中で、認証評価システムが定位されていることを意味する。また、国際化の進行や制度的弾力化、さらには存在感を増す専門学校との接続問題も絡んだ、高等教育システムの輪郭線の不分明化という抗いがたい潮流は、設置審(学校法人・大学設置審議会)に代表されるような「大学カルチャー」の共有によって成立していた共同体の「崩壊」を意味する。認証評価制度は、そのような文脈を受け止めつつ、新たな役割を担うことになるのかもしれない。

註
1 　大学審議会 1998『21世紀の大学像と今後の改革方策について：競争的環境の中で個性が輝く大学』121頁
2 　『活力ある21世紀のために6つの改革』「教育改革プログラム」
　　http://www.kantei.go.jp/jp/kaikaku/pamphlet/p32.html
3 　中央教育審議会第二次答申 1997『21世紀を展望した我が国の教育の在り方について』
　　http://www.mext.go.jp/b_menu/shingi/12/chuuou/toushin/970606.htm
4 　行政改革会議 1997『最終報告』
　　http://www.kantei.go.jp/jp/gyokaku/report-final/
5 　経済戦略会議(答申) 1999『日本経済再生への戦略』
　　http://www.kantei.go.jp/jp/senryaku/990226tousin-ho.html
6 　中央教育審議会 2005『我が国の高等教育の将来像』(答申) 21-22頁

第3章 イギリスの大学における研究評価
──政策、過程、成果、そして課題──

イアン・マクネイ
(グリニッジ大学)

はじめに

　本稿ではイギリスの研究評価(Research Assessment Exercise: RAE)の目的と、1986年から2002年にかけて、RAEの副次的な目的が変化していった経緯についてまとめると同時に、評価判定過程や基準についても考察し、さらには研究評価結果や予期せぬ影響を検討する。各項では、イギリス式研究評価の採用を検討している人々にとって今後の課題となる問題点を明示している。

　RAEの目的は「研究補助金配分の際の判断基準となる(イングランド高等教育財政審議会:HEFCE)」というものであった。よって、補助金の配分という過程は厳密にはRAE後に実施されるものであり、RAEとは別の過程である。しかしながら、「大学生活における研究競争(Lucas 2004)」に勝ち抜いた者に「賞金」が与えられ、これが評価に反映され、ゲームの進行に影響を及ぼすようになった。本稿ではこうした点に焦点をあてる。

　また、高等教育財政審議会(HEFCs)は、RAEを高等教育や研究分野の問題と限定しているようである。しかし本稿ではより広い視点に立った政策問題としてRAEに関する考察を行い、他の政策と関連付けながらRAEを包括的に検討する。

1　政策とこれまでの経緯

　1986年にRAEが初めて実施され、その後1989年に2回目が実施されたが、2度のRAEでは、旧大学補助金委員会(UGC)から補助金を受けていた高等教育機関のみが対象となった。これらRAEの結果、公的サービスの対価価値

に対する政府の関心が強まり、ガイ・ニーブ (1988) が述べたところの「評価国家 (evaluative state)」を目指した改革が推進されていくことになる。また、サッチャー政権は、専門家 (中心となっていたのは特権知識階級であったと思われる) に対する不信を示し、法人国家に対する盾となる緩衝機関 (ここでは UGC を指す) に権限を委譲せず、むしろ国家機能を中央集権化させることを政府課題とした。こうしたことにより、大学自治と説明責任の均衡が再び問題となったのである。

　高等教育の二元構造の廃止に伴い、HEFCE が新たに設立され、1992年の RAE では、この HEFCE から補助金を受ける予定の全高等教育機関が対象となったが、HEFCE はイギリス全体を対象とするシステムではなく、スコットランドとウェールズについては、別途、高等教育財政審議会が設立された。また、ポリテクニクは大学への昇格を申請することも可能となったため、一部のカレッジ同様、「新しい大学 (modern universities)」として、無事昇格できたことになる。

　元来、研究とは大学が行うものという認識により、大学以外の高等教育機関が行う研究に対しては、ほとんど補助金が給付されず、UGC の後継組織である大学財政審議会 (UFC) の補助金とポリテクニク及びカレッジ財政審議会 (PCFC) の補助金の合計額のうち、ポリテクニクとカレッジに配分された補助金が占める割合は約4%でしかなかった。実際、それまでは主に教育に従事してきたポリテクニクやカレッジでは、名誉とその仕事の専門性を測る要素であるこうした研究活動はほとんどの場合、人目につかぬように余った時間で行うものとされてきたのであった。新大学の研究者たちは、新たに門戸開放された補助金獲得のための RAE に参加し、自らの研究活動を公に認めてもらえるこの機会を歓迎した。

　1992年と1996年の RAE では、この新しい一元化の結果、大学間に序列を設けることとなったのである。HEFCE の事務総長であるハワード・ニュービー (2002) は、「イングランドは多様性に序列を持ち込んで階層制に変えてしまう傾向にある」と皮肉っている。それまでは、生徒の数に応じて補助金が配分されていたが、これでは伝統的な大学に配分される額は非常に少なくな

る。1981年に補助金が減額されてから、伝統的な大学は学生一人当たりにかかる総費用を減額前とほぼ同額に保つために、政府補助金の減額はイギリス人学部生数を減らす傾向にあった。伝統的な大学は研究を優先させたのである。一方、他の高等教育機関は肥大化し、学生に支出する費用を25％減少させていた。

　そこで、研究量の乗数として「研究従事者(research active staff)」という概念が導入された。補助金算定式の基本は、評価に参加する研究の全体的な質の等級をQとし、評価に参加する研究に従事したスタッフの数をVとして（研究生の数、その他の研究所得なども考慮するものの、これらが評価に与える影響はわずかであった）、Q×Vという式で表わされ、これによりRAEの政策の背後にそもそもあったと思われるある疑念が初めて明確化されたわけである。それはつまり、「すべての教員は教育と同様に研究にも従事するということを前提としているが、UGCから補助金を受けていた研究者の多くは(質の高い)研究を追求していないのではないか」という疑念である。また、RAEを初めて経験する教育機関の研究者にとっては、自分たちが研究者だということを認識させる結果にもなり、人事施策・人事一般にかなりの影響を与えたが、それに対して二つの旧セクター、すなわち公的センターと私的センターの取った行動は対照的であった(McNay 1997)。前者は、教員を解雇して授業を取りやめ、講師を採用するに際しての主な基準となる研究記録を作成した。後者は、教員を内部の「補助金提供者」'sponsorship'に任命し、敢えてその教員が受け持っている授業を取りやめて研究開発のための時間を作ったのである（編者註：公的センター、すなわち旧ポリテクニクやカレッジは、大学昇格以前は教育専門の高等教育機関とみなされていたため、雇用される教員の研究歴はほとんど問われなかった。しかし、RAE導入の結果、研究評価で高得点を得ることが重視されるようになり、かつての教員は希望退職という形で解雇され、新教員の雇用には研究歴が重視されることになった。ヘッドハンティングも行われている。一方、私的センター、すなわち旧大学は、元来研究大学とみなされてきたが、さらに研究評価を高め、学外補助金の獲得を倍層するために優秀な研究者の研究条件を改善した。つまり研究に専念できる時間を増したのである)。ポリテクニクやカレッジは、研究評価ランキングの梯子の最下段から出発し、

評価等級を上げることに専心した。特に、低い等級の評価単位への補助金が給付される評価単位(Units of Assessment: UoA)(主に一般教養学科であるが)への補助金が徐々に減額されるようになってからは、等級を上げることに腐心することとなる。

　教育と研究のつながりが強調され、原則として、教員とは研究従事者であるべきである、とされた。1992年以降、RAE に初めて参加する機関に対象を限定した研究開発補助金(資金の使途は「開発」に限定する)など特別な補助金が設けられたため、一層研究に重点が移動した。また、高等教育機関への公的補助金の中で研究補助金の差別化により、給付を受ける各機関が研究者用に別組織をつくるといった動きが出来(しゅったい)し、政府の政策も次の段階へと移ることになった。

　2001年の RAE 後、HEFCE はある通達を受けた。その通達とは教育技能省(Department for Education and Skills: DfES) が、高等教育白書である『高等教育の未来(The future of higher education)』(DfES 2003)の中でも言及したのだが、高度な研究を行っていると評価された高等教育機関に研究補助金を集中させ、それらの機関を国際的に極めて高いレベルの機関になるよう支援する、というものであった。補助金配分にあたり等級を重視する傾向がますます強まったが、この等級はすべての提出物の審査が終わった「後に」出される決定であり、提出物を準備している段階ではわからなかった。その後、(7つの等級のうち)上位2つのみに補助金の大部分が集中するようになり、等級に新たな「特級6*」を設けることが提案された。これは過去に遡って成果を評価するというものであった。

　一方、ウェールズとスコットランドでは、イングランドとはまったく異なる決定が下されたのである。補助金を全高等教育機関に、より均等に配分し、補助金配分の平等主義を維持するという政策である。スコットランド議会やウェールズ議会が授業料の値上げにも反対しているため、顕在化される質の比較の結果や、補助金そのものが減額されるのではないかという危惧が生じてきており、他の収入源に活路を求めるための競争が激化し、イギリス高等教育システムに緊張が走っている。

もしも、前者の研究施策の現在の目的が、一握りのわずかな「花形」の高等教育機関の国際競争力を高めることにあるのならば、我々も「花形」だと考える、「教育のみに」従事している高等機関である「大学」についても、再定義が必要である。こうしたことが問題にならない国もあるだろうが、現代のイギリスにとっては、これまで固守してきた貴重な伝統（伝統といっても比較的新しく、1960年代初頭に高等教育に対する国の補助金が著しく増額した時期に始まったのだが）に異議を唱える問題なのだ。ベリオル・カレッジの学寮長は「研究活動」を批判して、「イギリスの最高の知識を持つ学生を相手に授業を行えない「腰抜け（'cowards'）」がすることである」と述べた。

　2003年には、コストパフォーマンスを確保するため、研究の質の水準に対して序列化を行い、最優秀の質を誇るものにのみ補助金を給付するという政策がとられ、審議（HEFCE 2003）に向けて政策提案が行われており、これまで述べてきた傾向が今後も続くものと思われる。研究従事者として研究者の80％を参加させる組織に対してのみ、すべての評価過程を受けることができるため、組織の再編成が進み、核となる研究従事者と教育を担当する人員との線引きが一層進むと考えられる。これはまたボイヤー（Boyer 1990）の「伝達」と「応用」の学問を組み合わせた「知識の移転」を推進する現在の政策を妨げることにもなるであろう。補助金を集中させることで、研究を行うグループの数が減少し、視野が狭くなった一部のグループが研究に専心し、その結果、あまり実績のない組織や研究者が挑戦する機会が少なくなる恐れもある。また、「最高の評価を受けた機関の補助金を大幅に増額すれば、コストパフォーマンスや投資利益率が上がる」としているが、これは検証が行われていない仮説にすぎない。この仮説に異議を唱える研究がオーストラリアで行われており、それによると、中間レベルに位置する者は最高レベル者より懸命に研究に励み、「費用に見合う高い価値」を出す（Grichting 1996）ことが示されている。「ビッグサイエンス（巨大な投資を必要とする科学）」を研究するのであれば、補助金を集中させる必要もあるだろう。しかし小さなプロジェクトのほうがユーザーに近く、知識の移転が容易になり、貢献が見込まれるという分野も数多くある。例えば地域経済再生のように、一つの政策でありながら

複数の省庁が監督する案件では、小さなプロジェクトの方が貢献できると考えられる。

RAE の影響について評価した研究(McNay 1997)で、研究補助金の二重支援システムの両輪に関連性がほとんど見られないと私は指摘したが、科学技術局(Office for Science and Technology：OST)内の研究審議会は、担当省庁が2回変更になったものの、最終的には競争力に関する案件を議題とする貿易産業省(Department for Trade and Industry：DTI)に落ち着き、これにより、さまざまな提案の評価を決定する際に、審議会は戦略的な体制がとれるようになった。研究者が職業上の経験から提案を行う「ボトム・アップ型」ではなく、「トップ・ダウン型」とされるプログラムの中で提案を求めるのである。対照的に、RAE は優先順位を決定する戦略的な体制をとらず、その結果、例えば1996年の RAE の後、看護学の研究より神学研究への補助金額が多いということになった。これはこれまでの成果を反映するものであり、「どうあるべきか」を考えるのではなく、「どうであったか」を判定する RAE の性質を反映するものである。

研究課題は各高等教育機関が設定するが、組織内部での補助金の配分方法は、必ずしも、その補助金を獲得した研究活動の成果と一致するわけではない。組織への配分と組織内での配分が異なるのは意図的なものであり、組織外のアプローチと組織内のアプローチにバランスを与えていた。しかし RAE の補助金の中には配分先の科目が限定されているものもあるので、こうした傾向も違っており、例えば、質の等級を考えると基準を下回り、補助金配分には至らないものの、戦略的に重要であり、発展させていく必要があると思われる「看護学」に配分先を限定するといった例も出てきている。

また、これまで研究評価の政策は高等教育機関の教育評価とも関連していなかった。本書の別の章でバーネットが高等教育の質評価(TQA)過程について検討しているが、TQA の過程では、教育における研究活用のいかんや、研究活動で得た補助金の使途(例えば、教育や学習を支える図書館資源)に関する調査を行っておらず、同様に、研究を評価する場合も、研究結果が実践にまで広まることになるにもかかわらず、研究が教育に与える影響について、ほとん

ど注意が払われてこなかったといえよう。RAE は論文の提出を基本とする単純なもので、重要な収益源につながることもあるが、TQA は RAE より徹底しており、各機関を訪問し現場を視察するにもかかわらず、補助金の増額はなかったのである。

　RAE に対するよくある非難に、「『実社会』の認識を欠いている」というものがある。評価の根拠として提出されるものは、主に学術誌の論文であるが、応用研究の評価は低く、教育、マネージメント、ソーシャルワークといった現場の経験から派生した方法論は、いわゆる知識の発見に相当する「モード2の過程」(Gibons 他 1994) を支持するにもかかわらず、評価は高くなかった。評価委員会に「ユーザー代表者」を追加するという動きがあるが、イギリス産業連合 (Confederation of British Industry：CBI) は、今後の RAE のこうした問題には懸念を抱いた状態である (Davis 2003)。また産業連合は政策が細分化され、しかも同じ研究内ですら細分化されていることも批判しており、同時に進行されている審議が5つあったが、1つしか回答を行わなかった。

　また、「RAE はイギリス国外の評価者からの意見も聞かずに国際的な質として研究を評価している」との懸念に応え、1996年の RAE 後に変更が行われた (McNay 1998)。ヨーロッパ高等教育圏 (European Higher Education Area) では、1990年代前半は、RAE についてはほとんど知られていなかったため、国際的な質を備えていると思われる提出物については、自己申告のみでまったく審査を受けていなかったのである。

　これらのことを総合すると、今後のイギリスの RAE にとって、また研究評価の導入を検討している各国にとっての教訓とは、1) 政策と戦略が合致した包括的な体制の下で評価を行うこと、また 2) 閉鎖的な制度の下では評価を行えないことを認識すべきである、ということになろう。評価とは、政策、方針、そして人々が互いに常に変化しながら影響を与えあっている「高等教育」という有機的な体系の一部なのである。

2　過　程

　その後、ユーザー代表者や国際的な裁定者の登用を行い、政策決定を反映

するために過程変更を実施してきたが、ここでは、その他の過程について言及し、HEFCE 独自の基準を用いてそうした過程を評価する。

RAE は官僚的な視点の下に行われるピア・レビューであると思われる。「官僚的な文化」(McNay 1998、1999a)を反映しているものとしては、1)書面を基本とする評価、2)標準的な運営手法、3)定量的なスコアに見られる表面的な合理性、4)委員会委員を決定する際の典型的な「民主主義」などが挙げられよう（委員長とともに、各高等教育機関、学術団体、職業団体など、学界やさまざまな団体から候補者が指名された。委員長については、これまでに委員会委員として活動した経験を持つ第一線の学者が就任するケースが多く、委員選定に際して大きな影響力を持つ）。2001年の RAE では、400を超える機関が3,204人を指名し、685人の委員会委員が任命された(HEFCE 2001)。

68の UoA を評価するために60の委員会が設立された。各 UoA が評価する科目の範囲は広範で、合同委員会という形で二科目（例：社会政策・行政学運営とソーシャルワーク）評価するケースもあり、各委員会には9人から18人の委員が所属する。バランスをとることを目指したものの、必ずしも上手くいったわけではなかった。例えばビジネス・マネージメントの場合、この分野を学ぶ学生の大半は新大学の学生である（もっとも、評価を申し込む教員の数は少ない）にもかかわらず、委員会委員に新大学の関係者はおらず、一方、すべての UoA に関連大学の委員がいた委員会もある。獣医学では提出がわずかに6件しかなく、いずれもグレードが「5」と同じ評価を受けた。

各 UoA に関し、委員会委員は以下の情報を基に判断する。

スタッフ：すべてのアカデミック・スタッフ及びアカデミック・サポートスタッフのサマリー。研究従事者に関する詳細資料及び研究サポートスタッフ及び研究アシスタントに関する資料（研究サポートスタッフ及びアシスタントの研究はあまり重視されない）

業績：著書・論文類や研究業績（上限：4点。提出に際して要約したもの。精査するために論文や研究業績を提出することもある）。1992年の RAE では、「業績」とはすべて詳細にわたるもので、中には提出論文に対する書評を提出させたケースもあり、この煩雑さに比べると2001年 RAE は比較的簡素なほ

うであった。

背景:「研究環境及び研究機関の政策、組織構造についての説明」「発展に向けた戦略」「研究成果や評価策に関する定性的な情報」。最後の項目については、評価を申し込んだ組織による自己評価ということになった。

関連データ:研究収入の額と財源。研究コースの学生、授与した研究学位、研究奨学金（財源情報を含む）の数。同じ研究分野に携わる者からの評価（ジャーナルの監修、奨学金、賞など）。

その後、委員会は、

　専門的見地から判断を下し、各提出物から審査することで研究の全体的な質に関わる評価を行う。（中略）提出されたすべての資料を活用し、各 UoA の内部で提出物を矛盾がないように公正に評価するために、評価方法と評価基準を記した書面を委員会が作成する。こうした書面は提出前に作成し、提出物において委員会が重視する点や、提出に際して各高等教育機関に対し注釈をつけてもらいたい点などが示されている。委員会によって評価方法や評価基準が異なるのは、分野によって研究方法や発表方法が異なることを考慮すべきであるとの考えによるものである。

（HEFCE 2001）

こうした評価方法は公表され、審議を経て最終的に決定された。委員会委員はすべての組織の提出物を読むことになっているが、100点を超える場合もあり、そういう場合は読むべき「業績」をサンプルとして選んだ。

評価のためのガイドブックでは、「読む (read)」という言葉が使われていることに注目してほしい。例えばクリエイティブな公演芸術など、「観る (view)」という言葉のほうが相応しい業績もある。また特許発明が業績になるという分野も考えられる。教育学の場合、研究成果とは、学生の学習を向上させることではなく、研究成果を学術論文に書くことに焦点があてられているのである。

次に、委員会は各業績に対する見解を比較検討し、業績を作成した個人やその個人が所属するグループをランク付けし、その組織の全体的な研究の質を示す評価を一つの数字で表す。1992年までは、等級は全部で5つであった

が、1996年では3の等級が2つに分かれ、その後「5*」という等級も加わった。等級は補助金を目的に使用されるものではないとしながらも、結局は補助金のために使用され、2001年のイングランドのRAEでは、RAEが終了し、結果を発表した後に、過去にさかのぼり1996年と2001年のRAEの結果を考慮し、トップレベルの中でもさらにトップの機関への補助金のために「6*」という等級を設けると政府は主張した。当時、大多数の委員会委員長は過去のデータを再度検討することに反対した。そのため、「6*」という等級は、政治的な意図と絡んで、これまでに発表された基準に変更を加え、行政レベルで決定されることになった。

RAEは以下の8つの原則にのっとり運営されてきたが(HEFCE 1999)、こうした原則は過程に関するコメントを行う場合に用いられる。パラドックスになるが、かつて小委員会の委員として評価に携わった者、すなわちピアである私が、このピア・レビューの過程についてピア評価をしてみたい。

明確性:「RAEに関する資料や書面はすべて(中略)明確で一貫した内容でなければならない」。

しかし、前述の評価尺度には曖昧な点があり、明確さに欠けている。「最大で半数」とは数的に幾つを指すのか？また「ほぼすべて」とは何％を意味するのか？このような曖昧な記述がある一方、奇妙なことに、「3分の2を上回る」「半数を上回る」といった明確な基準もある。こうした曖昧な点にようやく明確さが加わったのは、結果が公表された後になってからで(HEFCE 2001)、「『最大で半数』とは、『一部』を上回るとの意味で、『一部』とは約10％と考える」。そして「『ほとんどない』とはこの『一部』を下回るとの意味である」。

この他にも明確さに欠ける点があり、これは次の原則にもあてはまる話である。

一貫性:「評価とは一貫性を備えたものでなければならない。特に、同種の分野間の一貫性や国際的に卓越した水準に照らした上での質の等級における一貫性を備えたものでなければならない」。

しかし国内もしくは国際的に卓越した水準の定義とは何なのか？　私

第3章　イギリスの大学における研究評価　51

は修士号と博士号のレベルを比較して、所属する小委員会で達成基準を提案した。修士号と博士号のレベルも明確さに欠けるものの、少なくとも世界水準を認識しやすいものだからである。しかし共通の公式の達成基準は設定されず、各委員会においてのみ、水準に関する定義が求められたが、各委員会のこうした定義には一貫性が欠けていた（Bassey 2002、McNay 2003）。

同種分野の定義を比較してみよう。例えば歴史学では以下のようになっている。

「国内的に卓越したレベルとは、既存のパラダイムにおいて十分高度なレベルにあり、*従来の解釈を変えるまでとはいかなくとも*、これまでの研究に新たな価値を加えるものである」（著者にてイタリックに変更）。

発見のための学問であるのに、新しい知識を要件に加えていない（Boyer 1990）。一方で、考古学や美術史では以下のようになっている。

「国内的に卓越したレベルとは*新たな知識や解釈及び／または***独創的な発想**に、**多大な**知的貢献を果たす研究の質を指す」（著者にてイタリック、太字に変更）。

歴史学の委員会はこうした問題を避け、定義を明らかにせず、委員会委員の知識に基づく「専門的見地に立った判断」を行った。明確さがこの程度なのだから一貫性についても推して測るべし、である。

国際的に卓越したレベルの定義にあたっても同様の問題が発生した。

「国際的に卓越したレベルとは広く国際的な視点にたって考慮されるもので、国際的に卓越したレベルにあると認められている、世界中の質の高い研究活動を参照した上で定義する」。

これは一定の明確さが求められる経済学・計量経済学の委員会で配布された書面である。次の哲学の定義は明らかに厳しい。

「国際的に卓越したレベルとは「各分野において主要な判断基準となる、もしくは判断基準となるのに相応しい研究」と定義する。すなわち、各分野の研究者が認知している、もしくは認知してしかるべき全般的なテーマに貢献した研究を指す」。

この厳しい基準にもかかわらず、「5*」の等級を受けた研究は経済学・計量経済学より多かった。

科目ごとの業績のレベルも一貫性を欠いていた。

「本委員会では、少なくとも2名の委員が各研究者の研究業績のほぼすべてを詳細に検討する」(哲学)。

神学・宗教研究の委員会も哲学と同様のスタンスをとっている。この他にも、

「厳しい推敲や論文審査という過程を経て提出された業績は、詳細に読まなくとも、一定の質が備わったものであると判断される。しかし、委員がすでに承知している研究に加え、委員会全体ですべての業績の最低50％を詳細に検討する」(経済学・計量経済学)。

さらには

「委員会は（中略）全体で業績の少なくとも10％を詳細に検討する」(政治学・国際関係学)。

かつ

委員会は抜粋して読む、そうでない場合は、詳細に検討する」(政治学・国際関係学)。

以上のように、範囲に一貫性が見られなかった。

また、等級の基準も一貫性を欠いていた。ほとんどの委員会は、業績すべての全体的な質のバランスを考慮して等級を決定したようである。他のデータを用いる場合もあるが、考慮する際の主たる基本となるのは業績であった。そして等級の基準では、「半数を上回る」などのように、算定にあたり、すべての業績に等分の比重をかけているが、業績の中で比重をかけた委員会もある。歴史学の委員会が顕著な例である。

「等級の決定に際しては、評価が行われた研究の中で最も優れたものの質を基準にし、個々の研究の等級に業績の平均的な質は影響しない。従って、卓越したレベルの研究とともにあまり質の高くない研究があったとしても、必ずしもそれがマイナスになるわけではない」(HEFCE 1999)。

個人で4点の業績を提出し、3点の業績内容が二流の国内レベルであっても、残りの1つの業績の質を基準に、国際的なレベルにあると判断されることもある。こうしたことは歴史学以外の他の委員会には見られなかった。もしもこのような審査基準を継続教育に導入していたならば、継続教育においては、「5」や「5*」の等級を受ける研究の数がかなり増えていたことであろう。継続教育では「ほぼすべて(90％以上を意味するとのガイドを出している)」の原則を小委員会の委員が厳密に適用しており、1つの業績の質が低ければ全体が75％に下がるとした。

継続性：「RAEは過去のRAEを参考にしながら回を追うごとに改善されつつある。(中略) 一般的に、変更に伴う代償を明らかに上回る改善が期待される場合にのみ、変更は実施される」。「継続性」の項目の評価は他の原則より高い。恐らく、公務員にとって継続性とは非常に大事なものであるからであろう。RAEを導入した者はRAEを擁護する傾向があった。しかし、国際的な専門家の登用、業績の点数を4点に削減、一部の科目においては、タイトルや研究の位置づけだけではなく、研究の概要を示す要約データに追加情報枠を設けたことなどの変更は歓迎された。批判する者がいたものの、さまざまな代案において確固たる合意も得られなかった。もっと徹底的な改革を求める提案(HEFCE 2003)が2003年当時なされているものの、提案された代案に対して反対の声が上がっており、このことからもわかるように、改革より慣れ親しんだものの方を人は支持する。少なくとも評価過程については、「現状維持」が広く支持されている。怒りを買っているのはRAEの結果後の補助金額の決定で、研究大学への補助金配分を集中化するために、新たに導入された配分方法が応用される2001年のRAE後の各大学への配分結果については懸念がある。

信頼性：「RAE実施に関する高等教育財政審議会の審議に対する反応が示すように、RAEの方法、様式、手順は評価される側にとっては信頼できるものとなっている。こうした信頼性を維持していかなければならない」。しかし、プロファイルが出た段階で7段階の等級を意図的に(上方に)修

正する委員会委員長や、「委員会の役割は、担当する科目の研究を評価するだけではなく、向上させることも含まれる」と言明する委員長が、いるとの噂もある。これまでも等級に関しては異議が申し立てられてきたが、認められたことはない。非難されたのは全体的な等級の配分比率が変わることであった。「5」もしくは「5*」の等級を受けた UoA の割合は、1996年の RAE では20％、2001年の RAE では39％であった。「5」もしくは「5*」の等級に貢献したスタッフの割合は、31％から55％になった (HEFCE 2001)。こうした動きがさらに顕著な委員会もある。会計・財政学では、22％から70％、そして32％から80％という数字になった。

効率性：「(各高等教育機関への)負担も含めた RAE のコストは、健全で合理的な過程を維持しつつ、最低限に抑えなければならない」。「効率性」の項目もまた RAE では特に重視されている項目である。質の向上にではなく、質を証明することに資金やエネルギーを投入する教育評価に比べると、RAE の効率性はかなり高く、余分な補助金も必要ではない。しかし目に見えないコストがかなりある。委員会の委員を採用するにあたって各機関に支払われる金額は各機関の代償に見合うものではなく、評価に関わらなければ得られていたような収入、例えば研究の契約で得るような金額にははるかに及ばず、ボランティア「サービス」が基本となっているのだ。現在の報酬制度もこうした問題の要因となっている。旧大学にとって、評価の提出は、補助金を獲得するための非常に重要な取り組みであるため、提出物の準備や自己評価を行うために莫大な時間をかける。研究者としての在り方や評価に影響する問題も含め、苦渋の決断を何度も行い、またそうした決断を受け入れなければならない。

　2001年の RAE 後、多くの学部が「賞金」の配分に落胆した。現在、一部の高等教育機関については、第2レベルの評価にのみ参加し、機関レベルで最低限の補助金の給付を受けるという提案が行われている (HEFCE 2003)。そうなると、すべての機関が一定の研究補助金の給付を受けることになる。ただし、研究活動を行う上で十分だとは言えない額であろう。

中立性:「RAE の目的は研究の質を評価することである(中略)。RAE は評価の対象を曲解することなく、その使命を果たさなければならない(中略)。RAE は特定の種類の活動や行動を奨励もしくは抑制してはならない」。

この項目については左程重視されていない。この原則はいくぶん現実にそぐわない。ゲームに取り組むにあたり、他大学より優れた成果をあげるための戦術があるなら、戦略の決定や行動の変更をテーマにゲームを進めていくだろう。ルーカス (2004) は二人の学部長の証言を引用しているが、この二人のうち、一人は以下のように認めている。
「私たちはゲームをしているのです。決められたルールにのっとったうえで、学部に最大限の利益をもたらそうとし、(中略) ルールを勉強し、ルールに従うのです。恥ずかしながら私もそうしたゲームのプレーヤーなのです。政府が私たちとゲームを行い、これでよしとするならば、私もやるだけです。私がこれを認めようが認めまいが、関係ないのです」。
もう一人の学部長は、RAE から補助金配分の低い研究分野の研究者を外すことを正当化している(こうしたスタッフを「研究非従事者(research inactive)」として区別している)。というのも彼らの研究分野は委員会の委員であった優秀な生物学者の見地からは高い評価を受けないからである。

マクネイ (1997) の調査によると、46％の学部長が RAE により学際的な研究が妨げられていると考えており、また45％の学部長は RAE により新しい分野の研究が妨げられていると考えている。というのも与えられた時間で十分な成果を出すことができないためである。また、46％は、「RAE により保守的な傾向が強められ、新規の研究を行うリスクを避けるようになった」と考えている。一方、研究者はあまりプレッシャーを感じていない。トピックを選択する際、委員会の評価傾向を考慮した研究者はわずか13％であった。経済学における定量的な手法への偏向など、非難の多い科目もあった (Haley・Lee 1997)。2001年の RAE のフィードバックにおいて教育学の委員会は、長期間にわたる規模の大きい研究への支持を表明したが、こうした研究は多くの研究者にとっては不適切なものであり、教育の充実をはかるものではない。心理学においては研究室ベースの研究を評価する傾向があった。この他にも

こういった例はまだまだあるだろう。

トピックの選択に際しては、高等教育機関の内部での影響もあった。研究者の37％が「全体的もしくは強制的な優先順位による影響を受けた」と感じており、58％が「研究者以外の手により研究テーマが決定された」と感じていた (McNay 1997)。

同等性：「RAE が関与するのは研究の質の評価のみである (中略)。研究成果の種類、形式、発表場所などは問わない」。

この原則もすばらしいものであるが、高く評価する業績に偏りがあると考える向きは多かった。実際、そうした偏りが公然と言明されているケースもあり、政治学や国際関係学では論文に重点を置いている。一方、歴史学の委員会では無条件に「論文の質が、紀要の質に勝る」とは考えていない (HEFCE 1999)。ジャーナルのランク付けが公式・非公式を問わず進められた。こうした傾向はイギリスに限ったものではない。スローターとレスリー (1999) の調査で取り上げた大学では、出版すべきジャーナルや力を注ぐべき研究分野を指定していた。

また、「純粋」研究は応用研究より高い評価を受けるとの認識もあり、そうした考えにより研究の中心を変更したスタッフもいた (McNay 1997)。教育分野においては、方法論の正確さとともに、質の基準として「インパクト」の重要性が活発に議論された。

透明性：「意思決定過程が透明性を備えることで、RAE の信頼性はさらに高まる。すべての決定や決定に至る過程は、機密を保持する必要がある場合を除き、公にされる」。

この最後の原則については積極的な取り組みがなされており、業績や一部の統計データに関する提出物の詳細とともに、委員会からの包括的なフィードバックはネットで公開されている。教育機関では学部の情報に基づき決定を下しており (Bassnett 2003)、こうした取り組みにより信頼性に関する懸念がどの程度解消されるのかはまだ分からない。情報が増えれば、それだけ非難も増えるかもしれない。

3 成 果

　継続して評価を行ってきた人物の間では、「高等教育機関における研究戦略管理・運営は向上した」ということで意見が一致している (Williams 1991、McNay 1997, Adams 他2000)。マクネイの調査によると、学部長の82％が「私が所属する機関では、研究管理・運営や支援に向上が見られる」と認めている。この意見については、研究者の63％も認めている (ただし、「自分たちの研究が効率的に管理されるようになった」と認めているのは24％だけである)。アダムズらの研究(2000)によると

　　　姿勢や戦略において最も大きく変化したのは、研究環境を意識して積極的にマネージメントするようになったことである。研究戦略を直接的にマネージメントすることはまれで、こうしたマネージメントは大学の研究においては、非生産的であると通常は考えられている。

　質については、80％を上回る学部長が、「1990年代の中頃に質が向上した」と考えている(McNay 1997)。スタッフの64％が「自分の研究成果は向上した」と考えているが、「他人の研究成果も向上した」と考えるスタッフはわずか34％であった。アダムズらの調査結果(2000)によると、質の計算式は複雑だが、無駄が少なく意義があり、優れた考えからなるものであることは明らかである。

　当調査によると、1986年以降、出版物の質のばらつきは大きくなっているが、別の研究では (Adams 他1998)、イングランドの生産性や質の高さはアメリカに次いで2番目で、費用効果の高い対策がとられた場合には1番になることがわかった。研究の使命が明確な場合は質と実用性の間に齟齬など生じなかった。大学の戦略に「合致」する場合には、質の高い研究は実用化されるのだ。

　量については、RAE の影響として、時期尚早の出版物や「金太郎飴」のように数をかせぐ内容のものが相次ぐといったことが、当初は見られた。業績をすべて提出するように求めた1992年の RAE では、短い論文が数多く出版されたのである (McNay 1997)。自らの代表作となる質の高い提出物を4点提出

するよう数を減らしたことで、こうした傾向は緩和されたが、にもかかわらず、研究活動は補助金の増額を上回るスピードで増えている(Adams 他2000)。

1992年から2001年の間、RAEの補助金の実質的な価値はほとんど上がらなかった。一定のパイの中から自分の取り分を増やそうとして争う、このゼロ・サムゲームでは、勝者は主に政府である。多額の投資を特に行うこともなく質の高い研究を数多く手に入れたのだ。同じことは教育にもあてはまる。少ないコストで、学生の平均的グレードは上がった。以上のことは、それまでの非効率さを示唆するものである。または、制度というものがストレスや頓挫の可能性にさらされるのだということへの警告かもしれない。マクネイの調査により研究が個人の時間を奪っていることは明らかになっており、学部長の70％が「RAEによりスタッフのストレスが増大した」と認めている。

犠牲は他にもあった。学部長の71％は「RAEが研究に良い影響を与えた」ことを認めるものの、62％は「教育に悪影響をもたらした」としている(McNay 1997)。

4　問題点

本稿では、RAEの結果生じた研究評価の問題点を明らかにした。この制度は、少しずつ改良を加えることで、改善されてきている。しかし、RAEの目的が補助金計算の基礎となることであるにもかかわらず、次回の補助金を受けるのはアカデミック・スタッフのおよそ3分の1に過ぎず、今後さらに補助金配分の集中が進むのであれば、この数字はさらに減少するというのが現状である。昔ながらのエリートが意思決定を支配する可能性が高い。

1996年のRAEの後、こうしたエリートはRAEの参加料の徴収を提案した。この参加料はRAEの成果に対する賭金のようなもので、自己評価(=自分が賭けた評価)の等級より与えられた等級が2つ下なら、参加量(=賭金)が没収されるというものであった (NAPAG 1995)。現在、新たな変更案は排他的な内容になっており(Scannell・Schlessinger 2003)、新しい大学の成長を妨げようとしているように思われる。しかしながら、新しい大学の台頭は著しく、脅威でもある。例えばオックスフォード・ブルックス大学は歴史学で「5*」の等級

を受けており、歴史のある隣の大学(編者註:オックスフォード大学)より等級が1つ上なのだ。

　問題の一つは、高等教育における研究とその他の活動の相対評価の変化にある。その他の活動とは、教育はもちろん、社会公正の促進や経済発展への貢献などである。現時点の計画では(DfES 2003)、依然政府は、金銭的に研究を優遇する予定だが、RAE の改革案では、ほとんどのスタッフや多くの HEIs はそういった補助金給付の対象から外れることになるだろう。よって政府の戦略や高等教育界がそれを支持すると、組織内レベルで問題が生じる。これは、イギリスにとっての問題というより、イングランドにとっての問題である。というのは、2001年の RAE 後、評価結果である「5」や「5*」を重視する傾向はウェールズやスコットランドより、イングランドの方に顕著に見られ(House of Commons 2002)、この傾向はさらに強まる傾向だからである。北アイルランドの二つの大学は、RAE に関係のない補助金を研究費に充てた。

　かつて組織レベルに構造的な問題があり、RAE は組織に戦略的な変化をもたらすために上層部によって利用された (Williams 1991)。具体的に言うと、スタッフ管理、発展、投資先、教育と研究の分割、成果を挙げるスタッフの分割とその結果としての差別化(Lucas 2004)などに関する問題に RAE が利用されたのだ。現在、こうした問題は単に形が変わっただけで残っており、これが解決されると、政府の政策が作り出した問題までもが解決される。その問題とは「システムの階層化」である。政府が政策を決定し、それを各階層に伝える。政策の実行管理は下の階層の者に任せるが、資金も権力もほとんど与えない。同じことが組織内においても生じている。私が所属する機関では、RAE の補助金が半分以下に減り、これを受けて、つまるところ「もっと頑張れ」という方針をトップは出した。私の分野に関していうならば、もっと生産的なアプローチを取りたいと考えるのであれば、「同じことをするな」という方針である。また、「互いに恩恵にあずかり、仲間の「上に」立つのではなく「共に」協力してプロジェクトを進める研究企業家を交え、研究と教育のパートナーシップを関連づけて考えろ、そして地域経済のために教育と技能の質を向上させろ」といった方針である(McNay 2003)。

RAEは補助金計算の基礎となる。そして補助金は私たちの活動に影響する。慣行や政策のいかなる変更も、現在、研究を最重視している補助金を中心にして行わなければならない。研究といえども、補助金の配分が不公平であるとして現在異議が唱えられている方法で評価されているのである。明らかに研究と補助金は相互依存の関係にある。多様性の面でも教育の面でも、学生の教育に貢献している新しい大学は数多い。誇りにすべき貢献であるが、もしも教育評価と補助金配分が密接に結びつけば、旧大学に怒りの声があがる。旧大学と新大学という異なる過程においても機能が分離せず、それでいて、海外のように、総体的な評価を行い、戦略的な相互作用を発揮する、互いに関連性をもつ評価制度を多くの者が模索している。しかし現在のところは、細分化や階層化といったリスクを犯していると考えられる。

註

評価尺度の説明は、以下のとおりである。

5*	提出された研究活動の半数を上回るものが、国際的に卓越した水準にある。残りについても国内的に卓越した水準にある。
5	提出された研究活動のうち、最大で半数が国際的に卓越した水準にある。残りのほぼすべてについても国内的に卓越した水準にある。
4	提出された研究活動のほぼすべてが国内的に卓越した水準にある。一部に国際的に卓越している根拠を示している。
3a	提出された研究活動の3分の2を上回るものが、国内的に卓越した水準にある。国際的に卓越している根拠を示していると思われるものもある。
3b	提出された研究活動の半数を上回るものが国内的に卓越した水準にある。
2	提出された研究活動のうち最大で半数が国内的に卓越した水準にある。
1	提出された研究活動のうち国内的に卓越した水準にあるものがまったく、もしくはほとんどない。

(HEFCE 1999)

参考文献

Adams, J. *et al.* 1998 *Benchmarking of the International Standing of Research in England,* Leeds, Centre for Policy Studies in Education, University of Leeds.

Adams, J. *et al.* 2000 *The Role of Selectivity and the Characteristics of Excellence, A report to HEFCE,* Leeds, Higher Education Policy Unit, University of Leeds.

Bassey, M. 2002 "Emperor's new clothes now fill a cupboard", *Research Intelligence,*

78.
Bassnett, S. 2003 "An Opinion: The RAE has lost the respect of academics and a 'consultation' is not going to help matters", *Guardian Education,* 14 October.

Boyer, E.L. 1990 *Scholarship Reconsidered: priorities of the Professoriate,* New York, Carnegie Foundation for the Advancement of Teaching/Jossey-Bass.

Davis, C. 2003 "Research plans will ruin links, warns CBI", *Times Higher Education Supplement,* 3 October.

Department for Education and Skills 2003 *The Future of Higher Education, Cm 5735,* Norwich, The Stationery Office.

Gibbons, M. et al 1994 *The New Production of Knowledge: the dynamics of science and research in contemporary societies,* London, Sage.

Grichting, W.L. 1996 "Do our research unit give value for money?", *Campus Review,* 6 [29].

Harley, S. and Lee, F.S. 1997 "Research selectivity, managerialism and the academic labour process: the future of nonmainstream economics" *Human Relations,* 50 [11].

HEFCE (n.d.) *A Guide to the Research Assessment Exercise,* Bristol, Higher Education Funding Council for England for the Funding Councils and DHFETE, Northern Ireland.

HEFCE 1999 *"Research Assessment Exercise 2001: Assessment panels" criteria and working methods,* RAE 5/99, Bristol, HEFCE for the Funding Councils and DHFETE, Northern Ireland.

HEFCE 2001 *Research Assessment Exercise: The Outcome,* RAE 4/01, Bristol, HEFCE for the Funding Councils and DEL, Northern Ireland.

HEFCE 2003 *Joint consultation on the review of research assessment, 2003/22,* Bristol, HEFCE for the Funding Councils and DEL, Northern Ireland.

House of Commons 2002 *The Research Assessment Exercise, Second Report of the Science and Technology Select Committee, HC 507,* Norwich, The Stationery Office.

Lucas, L. 2004 "Reclaiming academic research work from regulation and relegation" in M. Walker and J. Nixon (eds.) *Reclaiming our Universities from a Runaway World,* Maidstone, SRHE/Open University Press.

McNay, I. 1995 "From the collegial academy to corporate enterprise: the changing cultures of universities" in T. Schuller (ed.) *The Changing University?,* Buckingham, SRHE/Open University Press.

—— 1997 *The Impact of the 1992 RAE on Institutional and Individual Behaviour in English Higher Education: the evidence from a research project,* Bristol, HEFCE.

—— 1998 "The RAE and after: You never know how it will all turn out", *Perspectives*, 2 [1].

—— 1999a "The changing cultures of UK higher education: the state as corporate market bureaucracy and the emergent academic enterprise" in D. Braun and F.X. Merrien (eds.) *Towards a New Model of Governance for Universities: a comparative view*, London, Jessica Kingsley.

—— 1999b "The paradoxes of research assessment and funding" in B. Little and Henkel, M. (eds.) *Changing Relationships between Higher Education and the State*, London, Jessica Kingsley.

—— 2003 "Assessing the assessment: an analysis of the UK Research Assessment Exercise, 2001, and its outcomes, with special reference to research in education", *Science and Public Policy, 30 [1]*.

National Academies Policy Advisory Group [NAPAG] 1996 *Research Capability in the University System*, London, The Royal Society for NAPAG

Neave, G. 1988 "On the cultivation of quality, efficiency and enterprise. An overview of recent trends in higher education in Western Europe, 1986–88" *European Journal of Education*, 23 [1/2].

Newby, H. 2002 "The Research Assessment Exercise, 2001", Presentation to a conference, "RAE 2001: Review, Reflection and Reformulation?", University of Greenwich, 11 April.

Scannell, P. and Schlesinger, P. 2002 "We must refuse to play 'this destructive game", *The Times Higher Education Supplement*, 3 October.

Slaughter, S. and Leslie, L. 1999 *Academic Capitalism: politics, policies and the entrepreneurial university*, Baltimore, Johns Hopkins University Press.

Williams, B. 1991 *University Responses to Research Selectivity*, London, Institute of Education.

第4章　日本の大学における研究評価
―― その制度と動向

塚原　修一
（国立教育政策研究所）

はじめに

　日本の大学における研究評価は、従来からあった大学教員や研究者集団による自治的な評価のほかに、1990年代以降、大学評価、国の研究開発評価、政策評価という3種類の評価制度が導入された。イギリスの大学には研究評価の長い経験があり、その間に研究評価をめぐる理論的検討や実証研究が蓄積されてきた。前章でその一端が紹介されたように、日本とは状況がやや異なる。

　研究評価にかかわる研究は新しいものではないが、世界的にみて、大学より政府と企業を対象として行われてきた。日本もその例外ではなく、大学における研究評価に関する先行研究は多くない。しかし、今日では前出の90年代以降に導入された3つの領域において、評価に関する研究が行われている。大学における研究評価の代表的な方法は同僚評価と科学計量学的手法であるが、両者の結果は完全には一致しない。日本の現状は、研究評価制度の大枠が設定されたなかで、これから評価の経験を蓄積して、さまざまな評価の相互関係を調整する段階にある。大学における研究活動をより望ましいものとするためには、研究評価とともに研究戦略の確立が重要であり、評価を通じて評価を超えた広がりが生まれることを期待したい。

1　4つの研究評価

　大学で行われる研究の成果は、学会発表、学術論文、特許などとして公表されることが多い。大学における研究評価のひとつは、このような公表され

た研究成果の量や質の評価という形をとる。それ以前に、学術雑誌への論文掲載の可否などは審査によって決定されるし、大学教員の採用や昇進には研究業績の審査がつきもので、科学研究費補助金に代表される競争的研究資金は研究計画を審査して配分されている。これらは、同業者集団としての大学教員、ないし専門家集団である研究者の共同体が自治的に行う評価として従来からあった。もっとも、日本では必ずしもそれが充分に機能せず、かつては研究業績をあげていない教員も少なくなかったらしい(新堀 1965)。

これに加えて、今日の大学は大別して以下の3種類の評価に直面している。
(1)大学設置基準の大綱化 (1991年) を出発点とする大学の自己点検評価と第三者による認証評価
(2)科学技術基本法(1995年)を契機とする政府の研究開発評価
(3)行財政改革の一環として行われる政策評価と国立大学等の法人化

これらがどのように行われるかによって、日本の大学は大きな影響を受けるであろう。本稿では大学における研究評価に焦点をしぼって、その制度と動向を述べる。

2 研究の動向

標題が示すように、本稿を特徴づける単語は、大学、研究、評価である。これらは、上にあげた3種類の評価におおむね対応し、それぞれ異なる背景をもった研究領域として発展しつつ、研究対象の一部を共有している。おのおのについて、3つの領域が交差する地点を中心に研究動向を述べる。

大学研究

大学を対象とする研究領域には国内に2つの学会（大学教育学会と日本高等教育学会）があり、広島大学などに研究センターが設置されて活発に活動している。この領域において、大学における研究活動を対象とした研究は学問の社会学や学問的生産性の研究などとして行われてきた。代表的な成果として、前述の新堀(1965)のほか、新堀(1984)、新堀(1985)、相原(1995)、山崎(1995)などがある。大学評価の研究は、大学設置基準の大綱化によってさかんになり、

学会誌では特集（日本高等教育学会 2000）も組まれている。とはいえ、大学評価に関する研究で、研究評価を扱ったものはあまり多くない。調査した範囲内では、慶伊・緒方 (1984)、塚原 (1999)、伊地知 (2004)、藤村 (2004) などがあった[1]。

評価研究

政策（行政）評価、大学（学校）評価、研究評価などとして、評価が日本に本格的に導入されたのは1990年代以降のことであった。欧米では評価に関する教育研究がすでに定着し、定評ある教科書 (Owen et al. 1999, Patton 2001, Rossi et al. 1999 など) が版を重ねる状態にある。日本でも関連図書（山谷 1997、龍・佐々木 2000 など）が刊行されはじめ、2000年には学会（日本評価学会）が設立された。このような領域横断型の学会では、さまざまな領域に応用可能な課題が好まれるようで、大学評価や研究評価といった個別領域に特化した論文は学会誌にあまり見かけない。このような特化した課題にはむしろ個別学会がとりくみ、教育関係でも大学評価の特集（日本教育行政学会 2002、日本教育社会学会 2003）がなされている。市川 (2004) は私学助成政策の評価をこころみている。

研究の研究

研究活動ないし科学技術活動を対象とした研究には、科学技術史、科学哲学、さまざまな領域の学説研究、科学技術社会論、科学技術政策、研究開発管理などとして複数の分野が関与するが、研究評価に強い関心をもつ学会（研究・技術計画学会）もある。研究評価にかかわる研究は、世界的にみて、大学よりも政府と企業を対象に行われてきた。日本もその例外ではないが、従来は企業を対象とする研究が多かった。日本の初期の成果のひとつは、調査したかぎりでは只野・松井 (1973) であり、大部な便覧の一部として書かれていた。新しいものとして、植之原・篠田 (1995) は研究開発を主題として研究評価にもふれていた。最近は、技術経営 (Management of Technology; MOT) の一環として技術の経済的評価が注目され、教科書の例として Boer (1999＝2004) や植之原 (2004) がある。政府の研究開発評価が日本で本格化するのは、科学

技術基本法の規定によって翌1996年に作成された科学技術基本計画（第1期）以降であり、ごく最近、学会誌の特集(研究・技術計画学会 2004)が刊行された。研究評価に関する最近のレビューとして平澤 (2004)、海外の代表的な研究成果として Boseman et al. (1993)、Kostoff (1997) などがある。

科学技術活動を定量的に扱おうとする研究は、今日では科学計量学(Scientometrics) と呼ばれることが多い。その特色は、学術研究ないし基礎研究がしばしば対象とされることであり、論文数分析、引用分析、共引用分析、内容分析などの方法がよく用いられる[2]。この領域の立ち上がりは1963年にさかのぼる。当初の主な関心は科学技術活動の動態の解明や国家の科学技術力の計測にあったが[3]、Martin et al. (1983) を画期として研究評価にも適用されるようになった（藤垣他 2004:4-7)。この書のほか、日本の最近の成果として、根岸・山崎(2001)、Leydesdorff (1995=2001) などがある。

3 研究評価の諸制度

前述のように、今日の大学は大別して3種類の評価に直面している。以下ではその制度について説明するが、その前に研究活動の特色について概要を述べる。

研究活動の特色

一般論として、目標なしに評価はできない。大学における研究活動のもっとも重要な目標は、科学技術・学術に貢献する知識の生産であろう。ところが、近年はそれが拡張される傾向にある。たとえば、ユネスコ世界科学会議(1999年) の宣言では、「知識のための科学」「平和のための科学」「開発のための科学」「社会における科学・社会のための科学」がうたわれた。第2期の科学技術基本計画(2001年) では、日本がめざすべき国の姿として、「知の創造と活用」のほかに、「国際競争力」と「安心・安全」がかかげられた。これらのうち、「知識のための科学」と「知の創造」は、先にあげた「知識の生産」という目標にあたる。しかし、それ以外の目標については、大学の貢献がどこまで求められているのか、大学の機能である研究と社会サービスのどちらが期待されて

いるのかなどに議論の余地がある。これらが大学における研究の目標のひとつとして位置づけられれば、それに対応した評価方法を検討することになる[4]。

　大学における研究の目標が知識の生産であるとすれば、学術論文や特許に盛り込まれた知識、すなわち個別の研究成果に対する評価が研究評価の基本となる。それを出発点として、そうした研究成果を生み出した研究者や研究チームに対する評価、研究者の組織体である大学や学部学科に対する評価、それらの集合体である国を単位とした評価などが導かれるという順序になる。

　そこで、はじめに研究活動の特色について整理しておきたい。総務省の「科学技術研究調査」によれば、研究とは「事物・機能・現象などについて新しい知識を得るために、あるいは、既存の知識の新しい活用の道を開くために行われる創造的な努力及び探求」である。この定義から、研究活動の次のような特徴が導かれる。

　第1に、研究活動の目標は新しい知識の生産であり、既存の知識の新しい活用の道を開くことも含まれている。

　第2は「知識の新しさ」についてである。大学で生産される知識の多くは、人類の知的共有財産として学術論文などの形で一般に公開され、誰でもそれを自由に利用できる。すなわち、過去の研究成果は容易に知り得るのであるから、これまで世に知られていない、まったく新しい知識を生産することが研究活動の本質的な役割となる。もっとも、これは原則論であって、ある知識がこの意味でまったく新しいかどうかを判別することは容易ではない。そのため現実的には、比較的最近の研究成果と対比したり、学会のように日常的に知識が流通している研究者集団のこれまでの研究成果と対比して、知識のさしあたりの新しさを判定することが多い。いずれにせよ、このような事情を反映して、研究成果の評価に際して先取権が重視され、同じような研究成果であっても、最初に得られた成果にとくに高い評価が与えられる。

　第3は「成果の不確実性」である。新しい知識の生産とは未知の領域を開拓することにあたるから、必ず成果が得られるとは限らないし、予想外の発見がなされることもある。これが研究活動における不確実性の源泉である。また、先取権が重視されることから、同じような研究成果であっても、それが

得られた時間的な順番によって評価が変動する。このことも、研究成果の評価に不確実性を与えている。

第4は、「生産される知識の性格」についてである。上述の「人類の知的共有財産」とは、雑多な知識の無秩序な集積ではない。大学では、科学技術・学術として構造化された体系的知識を生産している。今日では、科学技術・学術の全体についての専門家は存在せず、それぞれの専門分野、あるいはさらにその部分である研究領域を専門とする研究者集団が存在して、その作業にたずさわっている。

大学の自己点検評価と第三者評価

大学設置基準の大綱化は臨時教育審議会の答申によって導入されたものであり、大学教育の充実と個性化を目的とするものであった。今日では、大学の自己点検評価と第三者による認証評価が法制化され、研究評価もそこに含まれている。すなわち、大学は、その教育研究水準の向上に資するため、文部科学大臣の定めるところにより、「当該大学の教育及び研究、組織及び運営並びに施設及び設備」の状況について自ら点検及び評価を行ってその結果を公表し、加えてその総合的な状況について文部科学大臣の認証を受けたものによる評価を受けるものとしている（学校教育法69条3）。これらの評価は、従来の大学設置審査に代わるものであるから、それと同様な基準によってなされると考えられる。研究評価は、すべての教員を対象として、各教員が担当する授業科目を教授するにふさわしい専門性と研究業績をもつかどうかを評価基準として行われるであろう。大学設置審査が大学設置や学部学科の新増設に際してのみ行われていたのに対して、認証評価は7年以内（専門職大学院は5年以内）を周期として継続的に行われる。大学評価の本来の趣旨は、粗悪な大学を排除して大学の教育研究活動等の質を保証することであるから、常識的に判断すれば、健全な運営を行っている多くの大学が通過できるような一定の水準を担保するものとなろう。

文部科学省における研究開発の評価指針

科学技術基本法の規定によって翌年に作成された科学技術基本計画（第1期）において、政府の研究開発支出が大幅に増額されたことに対応して、その評価に本格的に取り組むこととなった。これについては、内閣総理大臣(2001)が大綱的指針を示し、それをふまえて文部科学大臣(2002)が文部科学省の所掌に係る研究および開発（研究開発）について、評価を行う上での基本的な考え方を示した。文部科学省のもとには、大規模プロジェクトを担当する研究所から大学まで多様な組織が存在する。そのため、この文書には、これらの諸組織に共通する事項と、大学に対する配慮事項とが記載された。

共通事項については、評価の意義として以下の項目を挙げている。
- 研究者を励まし、優れた研究開発を積極的に見い出し、伸ばし、育てる。
- 柔軟かつ競争的で開かれた研究開発環境を創出する。
- 研究開発施策等の実施の可否を、幅広い視点から判断し、見直す。
- 研究開発活動の透明性を向上させて説明責任を果たし、国民の理解と支持を得る。
- 評価結果を資源配分に反映させて、資源の有効活用や新たな研究の拡大をはかる。

評価の対象は、「研究開発にかかわる施策」「課題」「実施機関等」「研究者等の業績」の4つとし、実施機関等は評価結果を次の企画立案等に適切に反映させる循環過程（マネジメント・サイクル）を確立する。

大学等に対する配慮事項としては、以下が盛り込まれている。
- 専門家集団における学問的意義についての評価を基本とし、研究の分野や目的に応じて、社会・経済への貢献を評価の視点のひとつとする。
- 長期的・文化的な観点に立った評価が必要である。
- 萌芽的な研究を推進し、柔軟で多様な発想を生かし育てる視点が重要である。
- 事後的な成果の評価だけでなく、研究者の意欲・活力・発展可能性を適切に評価する。
- 評価方法は定性的な同僚評価（後述）を基本とし、定量的指標を参考資料として活用する。

○ 人文・社会科学では、個人の価値観が評価に反映される部分が大きいことに配慮する。
○ 研究と教育の有機的関係に配慮する。
○ 大学評価・学位授与機構など第三者による大学評価を積極的に推進する。

すなわち、大学等においては、専門分野別の評価を基本として長期的・文化的な観点にたって評価を行う。評価は優れた研究開発を発見する方向で行い、評価結果を次の企画立案等に反映させる循環過程を確立する。なお、これは評価指針であるから、評価体制の確立は個別の大学等にゆだねられる。この指針は、研究成果の評価だけでなく、競争的研究資金の配分にも適用される。科学研究費補助金、科学技術振興調整費、21世紀COEなどがその代表例であり、研究課題の事前評価にあたるものといえる。

政策評価

国の政策評価は、「行政機関が行う政策の評価に関する法律」(2001年) によって法制化された。政策評価の目的は、客観的かつ厳格な評価を実施して「その結果の政策への適切な反映を図るとともに、政策の評価に関する情報を公表し、もって効果的かつ効率的な行政の推進に資するとともに、……国民に説明する責務が全うされるようにすること」(1条)であり、高等教育政策や科学技術・学術政策もその対象に含まれている。

各行政機関は、3年以上5年以下の期間ごとに政策評価の基本計画を定めることとされている。文部科学省 (2002) の基本計画によれば、同省の政策評価は、「必要性」「効率性」「有効性」等の観点からなされ、「政策—施策—事務事業」として整理される政策の階層構造に応じた体系的な評価を行う。政策評価の方式は、事業評価 (主に政策の事前評価)、実績評価 (目標に対する到達度の測定)、総合評価 (政策の効果に関するプログラム評価) の3つで行われる。最新の実績評価結果 (文部科学省2004) によれば、本稿に関係する項目は、政策目標が「個性が輝く高等教育の推進と私学の振興」、施策目標が「大学などにおける教育研究機能の充実」、事務事業の達成目標が「第三者評価に基づく競争原理により……国際競争力のある世界最高水準の大学づくりを推進する。各大学

の戦略により、各大学の個性や特色の明確化が図られ、大学全体の水準向上や活性化を図る」にあたると思われる。これについての到達度は、「想定した以上に順調に進捗」していると評価されている。そのほか、国立大学法人については中期目標にかかわる評価がなされる。どのような中期目標を設定するかは大学法人によって異なるが、目標そのものの適切性と達成度から評価がなされるものと推察される。

4 同僚評価と科学計量学による評価

　上に紹介したように、文部科学省の評価指針によれば、大学等における研究評価は学問的意義についての評価を基本とし、評価方法は定性的な同僚評価を基本として、定量的指標を参考資料として活用することとされた。そこで、以下では、定性的な同僚評価 (peer review) と定量的指標による評価 (科学計量学的な評価) をとりあげて、それぞれの特色と両者の比較について述べる。

同僚評価

　同僚評価とは、専門を同じくする研究者による評価のことである。これは専門家による判断 (expert judgement) の一種であって、専門の同一性をその条件とする。同僚評価が使用される根本的な理由は、科学技術・学術の専門性と、その専門分化である。そのため、専門を同じくする者のみが的確な評価をなし得ると考えるのである。

　同僚評価の問題点の多くは、それが主観的な判断であることに由来する。たとえば、同一の対象に対する評価が評価者によって異なることがあり、それが評価結果に不安定性をもたらしている。評価者の利害関係が、評価結果に影響する可能性も指摘されている。そのため、評価対象と人間関係や利害関係のない人物を評価者とすることが原則とされることが多い。しかし、規模が小さい専門分野や、その反対に世界全体がネットワーク化されている分野などでは、評価者としての条件をみたす者が見出しがたい場合もある。研究分野にまたがる成果や、学際的な研究成果などのように、特定の専門分野に帰着しない研究の場合には、専門の同一性という条件を適用しがたいこと

がある。このような場合には、関係する複数の専門分野から同僚の集団を形成して、そこで判断を行うことがある。

　もうひとつの問題は評価能力の個人差である。同僚評価では、専門の同一性と利害関係のないことが評価者の条件となっている。しかし、世間に「目利き」という言葉があるように、専門家の評価能力には個人差がある。したがって、評価の的確さに従って人選を繰り返せば、選ばれた人々は経験を蓄積してさらに評価能力を開発するから、評価者はしだいに特定の人々に集約されざるを得ない。その一方で、評価者が固定化することにも、癒着や腐敗といった懸念がある。ここには、新しい評価者の発見と育成、それによる評価者の交代をどのように円滑に推進するかという課題がある。

科学計量学的な評価

　科学計量学的な評価で用いられる代表的な指標は、論文数と被引用数（論文などが引用された回数）である。論文数が研究成果の量的な指標、被引用数が研究成果の質をあらわす指標とされるが、いずれも客観的であることが最大の特徴である。

　指標を作成する手順をみると、論文数（たとえば、ある人物が発表した論文数）は、特定の範囲の学術雑誌の目次を網羅的に検索して算出することができる。被引用数（たとえば、ある論文が引用された回数）は、特定の範囲の学術雑誌について、そこに掲載されたすべての論文の引用文献表を網羅的に検索してはじめて算出できる。つまり、被引用数の算出には論文数よりも大きな作業量を要する。おそらくそのために、実務的な研究評価に被引用数が利用されはじめたのは、 Science Citation Index（『科学引用索引』）などの索引誌が刊行されてからであり、気軽に使われるようになったのは、索引誌がデータベース化されてオンラインや CD-ROM で利用可能になった最近のことである。以上の説明が示唆するように、被引用数の指標は、索引誌という特定のデータベースに実質的に依存している。そのため、索引誌の収録範囲の制約がしばしば問題視されてきた。なお、被引用数という指標は、その性質上、対象となる論文が刊行されてしばらく時間がたたないと計測できない。そこで、即時性の

ある代理指標として、インパクト・ファクターが使われる。インパクト・ファクターとは学術雑誌ごとに算出された掲載論文の平均的な被引用数であり、被引用数の予測値となる(根岸・山崎　2001:12-13, 55-68)。

　科学計量学的な評価の問題点の多くは、研究者の論文執筆行動や引用行動が標準化されていないことに帰着する。研究成果がどこまで完成したときに論文を投稿するかは研究者の選択にゆだねられ、しかも専門分野によって流儀が異なる。先行研究の引用は、それまでの学問的到達点を確認して当該論文の貢献を明らかにするために行われるが、どのように引用するかは研究者の自由である。初期から根強くあった批判は、論文数のような指標が量的であって、論文の質を考慮していないことであった。被引用数については、肯定的引用と批判的引用の区別がないこと、儀礼的な引用や自己引用（著者が自分の過去の論文を引用する）、仲間内での意図的な相互引用などが混在していること、すなわち、質の指標としての被引用数にさまざまな撹乱要因が含まれていることであった。

　研究者の平均的な論文生産性や引用のしかたは、専門分野によって異なることが知られている。そのため、論文数や被引用数が客観的指標であるといっても、異なる専門分野の相互比較が簡単にできるわけではない。さらに、ここで扱っているものが、人が介在するソフトシステムであることが事態を複雑にしている。本来の目標と指標のあいだには、当然ながら相関関係ないし因果関係が想定されている。この関係は、物理的に構築されたハードシステムでは変化しにくいが、ソフトシステムでは変化しやすい。つまりソフトシステムでは、本来の目標への接近をないがしろにして、指標の数値だけを改善することを可能とする余地が大きい。これらのことから、論文数や被引用数が研究成果の量や質をあらわす大まかな指標であることには大方の合意が得られるとしても、それが評価の名に値する詳細な比較分析に耐えられるかどうかは意見が分かれるのである。

両者の比較
　このように、同僚評価と科学計量学的な評価はいずれも完璧ではない。そ

こで、次の課題として、両者を併用することで問題点を克服し、研究評価の質を改善する可能性が検討されてきた。林 (2003) は、日本の国立大学の理学部5つと大学共同利用機関1つを対象として、同僚評価と科学計量学的分析の結果を対比した。工学や人文社会科学にくらべて、理学は国際的な学術雑誌への論文投稿が多く行われる分野であるが、それでも、数理・情報科学や地球科学では、『科学引用索引』に収録されない学術誌等の研究成果の割合が大きかった。索引誌が利用可能な範囲内で比較を行ったところ、「卓越」「優秀」「普通」「要努力」の4段階評価で、全体の6割が同じ評点、4割に1段階の差異があり、2段階以上の差異があったものは数パーセントにとどまった。

　もうひとつはノーベル賞の例である。ノーベル賞は、その選考団体が北欧および他国の専門家に候補者の推薦を依頼し、その回答をもとに選考される (岡本 1999:90-93) から、集団的な同僚評価によるものといえる。小嶋・鈴木 (2002: 195) は、1992年から2001年までのノーベル賞受賞者を対象として、論文被引用度総数を計算した。この指標は、それぞれの受賞者が1971年から2001年までに刊行したすべての論文について、被引用数を合計したものである。対象期間中の受賞者の数は、各賞とも20名強である。**図表4-1**によれば、引用度総数の最大値と最小値の格差は、物理学賞では2桁、化学賞と医学・生理学賞では1桁にのぼる。このことから、引用回数の多さがノーベル賞に直結しているとは言えないようである。なお、物理学賞の引用度総数が最小であったのは2000年に受賞した Kilby の457回である。Kilby は工学者であるため、分野の性質上、引用の回数が小さくなることが考えられる。引用度総

図表4-1　ノーベル賞受賞者の論文被引用度総数

	物理学賞	化学賞	医学・生理学賞
10,000回以上	2名	5	7
5,000〜9,999	4	4	7
1,000〜4,999	9	11	7
1,000回未満	8	0	0
計	23	20	21
引用度総数の最大値	42,062回	31,771	24,306
最小値	457	1,639	1,483

注) 1992〜2001年の受賞者を対象とする。小嶋・鈴木 (2002:195) から作成

数が2番目に小さかったのは、2001年受賞のCornellの474回であった。小嶋・鈴木(2002:177)には、物理学に限定して、1991年から2001年までの10年間について、被引用度の上位20名が掲載されている。その結果によれば、第1位が11,693件、第20位は7,248件であった。ここからも、被引用数は大きいが授賞していない者の存在がうかがわれる。

以上のことから、同僚評価と科学計量学的な評価の結果はおおむね一致しているが、完全に一致しているわけではない。一般論として、評価は専門的な活動であるが、それと同様に、あるいはそれ以上に研究評価にも評価者としての専門性が求められる。研究評価の特色のひとつは、研究の進捗に応じて論文のような研究結果が次々と公表されるが、時間がたたないとそれらの本当の価値がはっきりしないことであろう。すなわち、特定の時点(たとえば研究プロジェクトの終了時点)で最終的な評価をくだすのではなく、そこでは暫定的な評価にとどめて、あとは追跡的な成果の評価にゆだねる方式が適している。

5 すぐれた研究成果をめざして

文部科学省の評価指針が示すように、研究評価を行うことの重要な意義のひとつは、すぐれた研究成果を生み出すことである。その手段が、競争的な研究環境の創出であり、評価結果を次の企画立案や資源配分に反映させる循環過程の確立である。すなわち、評価のしかたや循環過程の形態を工夫すれば、すぐれた研究成果を生み出しやすくなることが考えられる。これについて、いくつかの側面から検討する。

研究課題の選択モデル

いま、さまざまな研究課題について、それが成功する可能性と、成功した場合の成果の大きさがわかっていると仮定する。この両者の積がそれぞれの研究課題の期待値であるから、それが大きいほど研究課題は魅力的である。とはいえ、そうした魅力的な研究課題はすでに先人たちが選択していて、いちど選択された研究課題をふたたび選択することはできない。現時点で選択

が可能なのは、期待値がある水準以下の研究課題だけである。それらのなかには、成功する可能性は小さいが、成功すれば大きな成果を得られると予想されるもの(高リスク高リターン)と、その反対に、成功する可能性は大きいが、成功しても小さな成果しか得られないもの(低リスク低リターン)があり、同時にさまざまな中間形態(中リスク中リターン)がある。創造的な研究成果をねらうという意味では高リターンの研究課題が選択されるべきであるが、同時にそれは高リスクであるから、失敗ばかりしていては研究者生命を危うくしかねない。その反対に、成功の可能性が高い研究課題を選択すれば、成功しても成果の大きさは小さいから、成果の大きさをめぐる研究者間の競争に負けてしまう。従って、現実的には、リスクとリターンの適度な組み合わせが選択されることになろう。

このような状況のもとでは、さまざまな評価のしくみが、研究者の選択行動に影響を与えるであろう。たとえば、研究成果を定常的に生産するように求める評価方式は、研究者を低リスクの選択に誘導するであろう。低リスクの研究課題は低リターンであるから、研究活動の創造性を抑圧すると考えられる。

本書では幾章にもわたり、イギリスの研究評価(Research Assessment Excercise; RAE)に関する論考が掲載されている。詳細な説明はそちらにゆずるが、イギリスではRAEの成績に応じて政府の研究費が各大学に傾斜配分されるため、RAEは各大学の重大な関心事のひとつとなっている。RAEでは、教員全員の研究業績が評価の対象となるのではなく、大学側が選択した5件の業績のみが評価の対象となる。すなわち、ここでは、教員全体の平均値ではなく、上位層の到達水準が問題にされている。このような方式は、評価に要する負担を軽減するばかりでなく、研究課題の選択を高リスク高リターンに導く効果があるという意味で、研究活動の創造性を高めることに寄与している。すなわち、低リスク低リターンの選択をして凡庸な研究成果を数多く生産するより、高リスク高リターンの選択をした結果として失敗者が学内に生じるにせよ、成功者がきわめて大きな果実を得た大学の方が高い評価が得られるしくみになっているからである。イギリスにはRAEに対する強い批判があ

ると聞いているが、この点は RAE の特長といえよう。

なお、高リスクの研究課題を選択するような環境では、その帰結としてある程度の失敗を容認することになる。そのことが失敗を回避する誘因を失わせたり、研究者の意欲減退や規律喪失をまねくモラルハザードの危険もある。これについては、別途の方策によって回避をはかることになろう。

研究戦略の確立

以上のモデルでは、さまざまな研究課題が成功する可能性や、成功した場合の成果の大きさがわかっていると仮定した。しかし、現実には、それらはたいてい事前には明らかにならない。従って、研究を実施する側で、研究に関する何らかの主体的な見通しをたてて、戦略的に研究を進めることが必要となる。

文部科学省の評価指針では、評価結果を次の企画立案等に適切に反映させる循環過程の確立が求められている。しかし、研究成果がよい評価を受けたときに、その路線をさらに追究するべきか、このあたりで手じまいすべきかという選択がある。あるいは評価がかんばしくなかったときに、くじけずその路線を堅持するべきか、別の方向へ転換した方がよいかという決断もある。これらは、研究上の見通しとの関係で決定されるべき事柄であり、研究評価の結果のみからそうした方向性が示されるとはかぎらない。大学で行うような学術研究や基礎研究において、画期的な成果をあげるまでには、さまざまな困難を克服しなければならない場合が多い。もちろん、このような決定について大勢にしたがい、その時々で流行の課題をとりあげるのも悪い選択ではないが、先見性をもって「流行」を創り出す意欲で研究活動にあたることがより望ましいであろう。

このような研究戦略は、専門分野や、大学、学部・学科・研究科などの組織を単位として、あるいは研究者個人を単位としても考えることができる。とくに大学やその内部組織における研究戦略は、それが組織の個性ないし強みとなって大学間の競争上の優位の源泉となり得る。その方式としては、特定の専門分野に重点化するという選択のほかに、研究対象を特定した学際的

な研究、新しい専門分野の形成、社会的な重要課題の特定などが考えられよう。また、研究成果の利用者や、大学が輩出する卒業生の活動領域から研究課題を特定する場合もあろう。いずれにせよ、熟慮した研究戦略の確立を前提として、研究評価の結果が生かされるのではなかろうか。

評価を超えた広がり

　研究評価にかぎらず、一般に評価は専門性のある活動であるが、本稿で示したように、日本においては制度先行のきらいがある。大学教員ないし研究者集団による自治的な評価を加えれば、日本の大学では4種類の研究評価が行われている。これから本格化するものもあるので現時点では明言しがたいが、これらの研究評価がたがいに矛盾しないのか、どのように並立させるのかという点は必ずしも明確ではない。今後の評価活動の経験のなかから、そうした諸点は明確化され、評価そのものも改善されていくことを期待したい。評価を通じた大学改革といった立場からみると、評価に注目することで評価を超えた広がりが生まれることが望ましい。大学等の研究戦略はそのひとつであるし、国内外の大学等との連携も考えられよう。そうした広い視野のなかに評価を位置づけることが重要であるように思われる。

註

1　国立国会図書館の蔵書を対象として「タイトル中の単語」によって検索した結果、「大学評価」で45件が抽出された。このうち商業出版物は、新版、改訂版などを数えなければ19件であり、刊行年がもっとも古いものが慶伊（1984）、2番目が喜多村（1992）であった。なお、「研究評価」では37件が抽出されたが、その大半は報告書等であり、商業出版物は根岸・山崎（2001）と藤垣他（2004）のみであった（いずれも2004年8月2日現在）。

2　このような意味で、研究の研究（Research on Research）や科学の科学（Science of Science）という呼称が広く使われたこともあった。科学計量学の手法は、計量書誌学（Bibliometrics）のそれとかなり重なる。計量書誌学とは図書館情報学の一部であって、書籍やその他の情報伝達手段に対して数学的・統計学的方法を適用したものである。計量書誌学の対象が書誌中心であるのに対して、科学計量学は学術論文等の内容にまで入り込むことがあるという違いがある。

3　本稿の著者もそうした分析に関与したことがあり、林・山田（1975）では、科学

計量学の手法を使用した科学技術の動態の分析が行われた。
4 本稿の主題からややはずれるので注記するが、最近はイノベーション（技術革新）政策を重視する国が増えている。この場合、大学における研究活動もイノベーションという外的な目的のための手段として位置づけられるから、研究評価も同僚評価などの方式をとらず、イノベーションにどれほど貢献したかという大学にとって外的な基準によって評価されることになる。産学連携などの評価はこれに近い。米国のマサチューセッツ工科大学では、イノベーションへの貢献を「インパクト」と呼んで教員の評価軸のひとつとしている（畠中 2004）。

引用文献

Boer, Peter F. 1999 *The Valuation of Technology: Business and Financial Issues in R & D,* John Wiley & Sons. ＝2004　宮正義（監訳）『技術価値評価──Ｒ＆Ｄが生み出す経済的価値を予測する』日本経済新聞社

Bozeman, Barry and Julia Melkers (eds.) 1993 *Evaluating R&D Impacts: Methods and Practice,* Kluwer Academic Publishers.

Kostoff, Ronald N. 1997 *Handbook of Research Impact Assessment,* 7th ed., DTIC Report Number ADA296021.

Leydesdorff, Loet 1995 *The Challenge of Scientometrics,* DSWO Press.『科学計量学の挑戦』2001　藤垣裕子、林隆之、富澤宏之、平川秀幸、調麻佐志、牧野淳一郎（訳）玉川大学出版部

Martin, B.R. and J. Irvine 1983 *Assessing Basic Research: Some Partial Indicators of Scientific Progress in Radio Astronomy, Research Policy,* 12, pp.61-90.

Owen, John M. and Patricia J. Rogers 1999 *Program Evaluation: Forms and Approaches,* 2nd ed., Allen & Unwin.

Patton, Michael Quinn　2001 *Qualitative Research & Evaluation Methods,* 3rd ed., SAGE.

Rossi, Howard E. Freeman and Mark W. Lipsey 1999 *Evaluation: A Systematic Approach,* 6th ed., SAGE.

相原総一郎 1995『学問生産の研究──研究活動の高等教育研究』渓水社

伊地知寛博 2004「研究の評価──研究評価の理論と実際」山野井敦徳、清水一彦（編著）『大学評価の展開』105-141頁、東信堂

市川昭午 2004「私学助成政策の評価」大山達雄（研究代表者）『公共政策の決定に伴う多元的総合評価システムの構築に関する学際的基礎研究』研究成果最終報告書、下巻、52-75頁、政策研究大学院大学

植之原道行 2004『戦略的技術経営のすすめ』日刊工業新聞社

植之原道行、篠田大三郎 1995『研究・技術マネジメント──基礎から実践まで』コ

ロナ社
岡本拓司 1999「ノーベル賞文書からみた日本の科学、1901年－1948年──（I）物理学賞・化学賞」『科学技術史』3号、87-128頁
小嶋典夫、鈴木研一 2002『国際級研究人材の国別分布推定の試み』調査資料87、科学技術政策研究所
喜多村和之 1992『大学評価とはなにか──アクレディテーションの理論と実際』東信堂、1993 新版
慶伊富長、緒方直哉 1984「研究活動──化学のケース」慶伊富長(編)『大学評価の研究』208-234頁、東京大学出版会
研究・技術計画学会 2004 特集「公的資金による研究開発の評価」『研究 技術 計画』、17巻3/4号、107-141頁
新堀通也 1965『日本の大学教授市場──学閥の研究』東洋館出版社
新堀通也(編) 1984『学問の社会学』東信堂
新堀通也(編) 1985『学問業績の評価』玉川大学出版部
只野文哉、松井好 1973「評価編」研究開発ガイドブック編集委員会(編)『研究開発ガイドブック』日科技連出版社、303-403頁
塚原修一 1999「専門的活動としての研究評価」鳥居泰彦(編)『学術研究の動向と大学』エイデル研究所、267-275頁
内閣総理大臣 2001「国の研究開発評価に関する大綱的指針」11月28日内閣総理大臣決定
日本教育行政学会 2002 特集「教育行政と評価特集」『日本教育行政学会年報・28』1-68頁
日本教育社会学会 2003 特集「教育改革と評価のダイナミズム」『教育社会学研究』第72集、5-128頁
日本高等教育学会 2000 特集「日本の大学評価」『高等教育研究』第3集、7-146頁
根岸正光、山崎茂明(編著) 2001『研究評価──研究者・研究機関・大学におけるガイドライン』丸善
畠中祥 2004「産学連携のすすめ──日本の大学が行うべき5つの課題」『教育学術新聞』6月9日号、2頁
林隆之 2003「ビブリオメトリクスによるピアレビューの支援可能性の検討──理学系研究評価の事例分析から」『大学評価』3号、167-187頁
林雄二郎、山田圭一 1975『科学のライフサイクル』中央公論社
平澤冷 2004「我が国の公共部門における研究開発評価の課題」『研究 技術 計画』17巻3/4号、128-141頁
藤垣裕子、平川秀幸、富澤宏之、調麻佐志、林隆之、牧野淳一郎 2004『研究評価・科学論のための科学計量学入門』丸善

藤村正司 2004「研究評価と大学院」江原武一、馬越徹（編著）『大学院の改革』103-122頁、東信堂
文部科学省 2002『文部科学省政策評価基本計画』
文部科学省 2004『文部科学省実績評価書——平成15年度実績』
文部科学大臣 2002「文部科学省における研究及び開発に関する評価指針」6月20日文部科学大臣決定
山崎博敏 1995『大学の学問研究の社会学——日本の大学間および大学内分業を中心に』東洋館出版社
山谷清志 1997『政策評価の理論とその展開——政府のアカウンタビリティ』晃洋書房
龍慶昭、佐々木亮 2000『「政策評価」の理論と技法』多賀出版、2004増補改訂版

第5章　教育「評価」をめぐるイギリスの文脈
──倫理的プロジェクト

ロナルド・バーネット
（ロンドン大学教育研究所）

はじめに

　かつて「クオリティ（質）」という単語は、名詞を修飾する単なる形容詞でしかなかった（例：「quality course（質の高いコース）」「quality system（質の高いシステム）」）。だが現在では「クオリティ」という単語はそれ自体が名詞として使用されるようになっている。実際、「クオリティ」に関する論文もあれば、それに関連する教育課程もあり、さらには自らを「クオリティ」のために存在する団体であると明言する教育機関もあるのだ。しかし、クオリティという言葉の使用方法がこのように変化したこと付随して、さらなる深刻な問題が生じているのだ。教育機関の内部で、または高等教育という国家セクターの内外で、クオリティ・システムが肥大化し、大規模な組織化につながっていることから、クオリティのインフラには際限がないほどである（クオリティ・ジャーナルが登場した）。また、こうしたインフラは組織化され（国の内外でクオリティに関する組織が新たに設立されている）、クオリティの新しい部門を対象とする（クオリティに直結する組織の役割が誕生する）。クオリティに関するこれらの変遷を見ると、それ自体がイデオロギーとなってひとり歩きしている、と言える。

　「イデオロギー」という単語には「軽蔑」的なイメージを想起させる場合があり、例えば「曲解」「部分的」「権力の押しつけ」というような響きがある。軍国主義の形式には至らないものの、イデオロギーとは「支配」の一形態である。「クオリティ」をイデオロギーと見なすなら、クオリティについてまともな議論はなし得ない。さまざまな意見があるにせよ、クオリティは当然のこととなっており、主流派が決めたクオリティに関する特定の形態について、反論

することは非常に難しい。クオリティは実体のないものとも言えるし、また同時に、内実性を伴う現実的なものとも言える。基本的に、クオリティについては自由に解釈することが可能で、無限の解釈が可能であると言ってもよいだろう。その一方で、国家が特定のクオリティ・システムを構築しようとするように、実際問題としてはクオリティとは特定の方法によって規定されているのだ。

「クオリティ」という言葉を耳にする時、高等教育機関の崇高な理想が必ず連想される。恐らくこれは、クオリティとして何を重視すべきかを定義する際に、単に高等教育そのものを考慮しているからであろう。よって「クオリティ」とは「高等教育の理想を実現する」という、幻想が生み出した概念といえよう。実際には、クオリティという号令の元で我々が手にしたものといえば、「凡庸」「束縛的な官僚主義」「大学自治の制限」などである。以上のことが、少なくとも高等教育におけるクオリティの負の部分の解釈であることは確かである。そしてクオリティに関するこうした解釈は、大学が「破たんしている (in ruins)」(Readings 1997) という考えに通じるものであり、またこうした解釈が正しいであろうことも明らかである。そこで問題となるのは、それを肯定的に解釈することはできないのかという点にある。

仮にもし、クオリティとイデオロギーを同一視すれば、妄想的な期待を云々する必要もないし、さらに大学という場が本来めざす理想というものに近づくためのものとして機能することも可能だ。広義ではないにしろ、以上のことが可能であると私は考える。高等教育それ自体の枠組みの中で、高潔さを正当に評価するクオリティという考えは成立する。クオリティを「高潔なプロジェクト」と捉えることは可能なのである。

1 手順という名の圧政

過去30年から40年の間に、高等教育という領域においてクオリティに関するさまざまな概念が浮上した。例えば「目的に適合するためのクオリティ」「顧客の要望に応じるためのクオリティ」「誤謬の排除のためのクオリティ」「定められた目標を達成するためのクオリティ」、そして「過程の透明性を示

すためのクオリティ」などである。以上の概念は、それぞれ内容が大きく異なるのだ。供給者の意図に焦点をあてたものもあれば、受け取る側の意識に焦点をあてたものもある。さらには、クオリティの概念とはかけ離れた概念(非実行的な概念まである)に訴えるものもあれば、一方では、クオリティの保護を目的とする頑強なシステムの中におさまっている場合もある。しかしながら、これらすべてに共通する点がある。それは、クオリティを形式的に概念化する際に、それが他者的な視点を持つようになることである。クオリティに伴う過程や関係者の局外に立つことにより、クオリティが客観化されるのである。

　どうしてこのようなことが可能なのであろうか。確かに、クオリティの概念の中には、先ほど示したように人々の意図(「目的に適合するためのクオリティ」)や、そうした意図を一歩進めた過程(「誤謬の排除のためのクオリティ」)などに訴えるものがあり、確かにこれは事実である。しかし私が指摘したいのは、(「Xのためのクオリティ」や「Yのためのクオリティ」というふうに)形式的に概念化する際に、「クオリティ」という名称に付随する行動や過程から距離を置くことで、クオリティがこの他者の視点を得たという意味合いをもつ可能性があるということである。クオリティの概念化という行為は、結局は、それ自体が主目的となる。上位目標を決定する作業の過程で、下位目標が自然に決まる。私が考えるに、これが「クオリティ」の驚くべき特徴であり、また、大部分の人が見過ごしている点である(指導や教育といった行為のような)。本来は中心的な活動が、使用されているクオリティの概念に依存しているので、中心的活動たり得ないことになる。クオリティの概念とは形式的には二次的な概念であり、クオリティの概念が使用される一次的な行為が発生しなければ出番がない、何かに依存している概念と捉えられることがある。ところが、今や概念そのものが一次的なものとなっており、それを使用しているか否かによって、行為の正当性が決まるような主客転倒が起こっている。

　「一次的な概念」「二次的な概念」といったテーマは極めて抽象的で、「クオリティ」という実際的な問題からかけ離れた設定であるように考えられるが、そうではない。学習・教育問題に関する国際的な雑誌に、ある研究生の手記

が掲載された。この研究生は、イギリスの高等教育制度において某有名大学のPhDを最近取得したばかりである。この手記の一説に、以下の内容が示されていた。

　「論文を進めるにあたっては、細心の注意を払った(中略)。しかしながら、技術や合理性を重んじる博士号研究の側面が強調されたため、知的好奇心や知的探究心が奪われるような気がしたのは一度や二度ではなかった(中略)。私は(中略)監督記録の意義については理解していたものの、それらがあるからといって学究生活の不安を取り除いてくれるものではなかった。むしろ監督記録(supervisory logs)とは、審査(audit)に備えて私の進捗状況を「記録」するために存在する官僚的な道具であり、私自身に何ら益することはないものだと考えていた」

　　　　　　　　　　　　(Roberto D. Napon, *Learning Matters*, Dec., 2003)

　この研究生は、研究生の監督である指導教員が指導内容を毎回記録しなければならないという形式的なシステムが、本人にとっては、元来自由に行うことが許されるはずの知的な議論を侵害していると感じているのである。形式を重視するあまり、指導記録の本来の目的が失われていることは、まさにこの研究生が指摘していることなのだ。

　さて、別の角度からもこの話題を分析することができる。ある意味でクオリティに関するさまざまな概念の衝突要因として、このトピックを捉えることもできる。例えば、教育を受ける者としてこの研究生が定義するクオリティの意味と、世間に対する説明責任を果たす施策として手順の明確性を示すためのクオリティの意味との間には矛盾がある。この研究生が暗に意味しているのは、指導者と本人が密接に関わる教育的な過程に関しては、本人にも主張する権利があるということだ。さらに、形式的な手順に重点が置かれるあまり、自由に知的探求を行う余地が奪われ、自分の権利は軽んじられていると言っているのである。ここに我々はクオリティの手順が圧政となり、教員の意識が教育的な過程から離れ、クオリティの手順そのものに向かう可能性を見る思いであろう。換言するならば、クオリティに関する所与の手順がこの研究生の研究のクオリティを貶めるものになり、かつそれ自体を蝕む

のである。恐らくこのことがこの研究生の話の教訓なのだ。

　しかしながら、この話についてはさらに深い考察が可能である。この研究生は、博士論文指導のための主要事項が記録されている記録用紙にさまざまな事項が記載されていくのを目の当たりにし、逆にそうした記載に重点が置かれているため、知的な会話を行えないと感じていた。しかし指導者の立場から考えると、これはまた違った話になったかもしれない。指導者にしてみれば、用紙に記録を続けているものの、知的な会話を続けていたということになったかもしれない。もしくは、用紙の記録を続けていたのにはさまざまな理由があり、手順の透明性や世間への説明責任といったものは、そうした種々の理由のほんの一部に過ぎなかったのかもしれない。さらには、指導者としては、次回のミーティングに備えた備忘録として利用するために、この研究生がミーティングの記録をもち、そして指導者自身もミーティングの記録を持つことを意図したのかもしれない。根底には、真の教育的な理由があったとも解釈できよう。

　これらは無意識的に悪影響を及ぼす過程の一例である。説明責任の手順は、自由に行う知的な営みを妨げて生産性を低下させるだけではなく（官僚的な規則にこだわる合理性は、コミュニケーションを重視する合理性の領域を侵すことになる）、そういった手順の存在そのものが、監督記録の手順を目のあたりにするだけで、その悪しき可能性が現実のものとなるのである。この研究生は用紙に記載されていくのを見て、クオリティの手順というシステムの中で、一連の過程自体を有害なものと解釈するようになったのだ。ここで話題としている手順の背後に高潔な意図があったという可能性については、この学生も理解している。にもかかわらず、こうした高潔な可能性はクオリティの負の部分によって掻き消されてしまったのだ。

　この短いながらも印象的なエピソードは、現在の我々の目的に共通するものである。クオリティに関するさまざまな概念がどのような経緯で互いに衝突を起こしているのか、クオリティに関する手順が実際にはいかに生産性を妨げているのか、そしてクオリティの手順が本来は教育経験の拡大を目指しているにもかかわらず、実際には教育経験の縮少をもたらしていることがこ

のエピソードから窺える。一方で、クオリティの手順における官僚主義的な側面や形式的な側面から疎外感を生んでいることも、このエピソードから窺うことができる。学生は自らの教育経験であるにもかかわらず、自分がおろそかにされていると感じているのである。

　高等教育におけるクオリティ、ひいては公共サービスにおけるクオリティの存在感や影響力は非常に強く、前面に出るために、そのクオリティを享受するはずのクライアントの存在感が相対的にうすくなる「クオリティ」がイデオロギーとなり、クオリティが適用されると閉塞した状況を生み出すことになる。それこそがクオリティが前面に出る例であり、そこでは教育の過程は単なる二次的なものになってしまう。

2　反対派の主張

　クオリティの手順の問題点は単に手順が勝手に一人歩きをするだけではなく、手順の存在そのものに深刻な問題がある。クオリティの手順は人々の過程（ここでいう教育の過程）を保護しようとしているものの、実際にはそれがあるためにマイナスに作用するという指摘がある。この指摘は、クオリティがイデオロギー化しているという非難の一部にすぎず、この他にも懸念されるべき点はまだある。以下に例をあげる。

- **クオリティ・システムに関連する成果指標が妥当性を欠いている。**
　　クオリティを言う人々は複雑で多様な高等教育の全体を正当に評価する成果指標を模索してはいるものの、結局は分野や教育機関の垣根を越えて、微妙な背景問題を考慮するには適さない成果指標を採用するに至っている。

- **クオリティの手順を信頼することができない。**
　　（イギリスの場合）中でも、クオリティのさまざまな側面の評価が、数値によるスコアで算出されているために信頼することができない。各スコアの信頼性に対して不信が生まれる可能性があり、また実際問題としてそういった不信が生まれている。クオリティのさまざまな側面を評価する際に、異なるチームが同様に評価を行うことなどできるのだろうか。

一方で、性質が異なる評価スコアを合算してしまう評価の特性についても疑問が湧くと考えられる。りんごと洋ナシのクオリティを一つにまとめてスコアとしているようなものだからである。興味深いのは、イギリスの国家機関である高等教育水準審査機関 (QAA) 自体がこれらの手順を推進し、妥当性を欠いた手順に加担している点である。

- **クオリティ・システムやクオリティの手順に掛かる費用が不当に高い。**

  クオリティのシステムや手順にかかる費用に見合った成果が出ていない。

- **クオリティ・システムの情報価値が低い。**

  この点は特にイギリスにあてはまる。イギリスでは、国家がクオリティ・システムを推進する目的の一つとして、一般的に広く活用できる有益なデータや情報の提供を挙げていた。私が知る限り、この目的が達成されたことを示す証拠は見当たらず、また、この目的が達成される可能性が低いと考えるのも当然であろう。というのも、大規模で一般的な評価システムというものは本来、特定のプログラムのクオリティを浮き彫りにすることはできないし、洞察に満ちた評価を出す可能性も非常に低いからである。評価結果を比較することができる数値によるデータを算出しようという動きがある限り、定性的な個別のアプローチを実施することは無理である。

- **クオリティ・システムは中身ではなく過程を重視している。**

  イギリスの「分野別評価 (subject review)」の報告書では、分野に関する問題についてほとんど言及されていない。この報告書では、カリキュラムで扱うテーマの妥当性や、学生が研究する概念や学説の特徴などについて、ほとんど分析がされていない。評価では教育、学習、資源、学生へのサポート、教育課程の運営といった問題が重視され、学問分野についてはほとんど焦点があてられていない。こうした状況が起きている理由は先ほどと同様、こうした特定の学問分野の問題は画一的なアプローチでは対応するのが難しい。大規模に実施する全組織的な評価では学問の内容面での吟味がおろそかになる。

- 実際のところ、クオリティ・システムが生産性を阻害することがないとしても（その可能性についてはすでに示しているとおりである）、クオリティ・システムによって、過程のクオリティが向上することは滅多にない。

　この問題については後ほど言及するとしても、クオリティというイデオロギーの正当性については重大な問題点があることをここでは示しておきたい。現在実施されているクオリティ・システムが実際には、教育の過程の改善にほとんど貢献していないのであれば、クオリティ・システムの正当性を一体どこに求めることができるのか。確かに教育機関にしてみれば、自分たちの学習プログラムのクオリティに自信を持つことができるし、また、かなりの部分を税金によって支えられている学習プログラムの質が健全な水準にあることを広く世間に対して示すことができる。しかし、仮にこうしたことがクオリティ・システムの目的であるのであれば、こうしたことがシステムの目的だと明確にすべきである。そして以上のことを公に認め、クオリティの向上が目的だなどと言うのはやめるべきである。

- **政策の枠組みが貧弱である。**

　イギリスではクオリティ・システムの大きな変更を、この10年間で何度も繰り返している（どの変更を「大きな変更」と捉えるかによっても変わるが、およそ4、5回は大きな変更を実施している）。このように短期間で何度も変更を実施するということ自体が、クオリティ・システムの裏にある政策の枠組みが脆弱な証拠である。事実確かにそのような状態になっており、場合によっては政策の枠組みがほとんど無いものもある。例えば、イングランドの教育の質の評価は、プログラムの評価と教育機関の評価という二部で構成されている。この二つの評価の相関関係を明らかにし、この二つの評価を集約したしかるべき施策を実施するべきだとの意見が15年以上にわたり上がっていた。にもかかわらず、互いに協調するアプローチが一部でようやく実施されるようになったのはごく最近のことである。しかも現在のシステムでは、先ほどの意見のほとんどは満たされない。(Brown 2004)

このように反対派の言い分はもっともなものである。しかし、擁護側の言い分にも確かに一理ある。

3 擁護派の主張とそれに対する反証

これまでにもすでに擁護派の言い分についてはところどころで触れてきた。おおよその内容は、以下のとおりである。

- クオリティ・システムに着目することで、公的な資金を使用していることに対する説明責任を果たすことができる。

  公的資金の給付を受ける教育機関は、受け取った資金の活用に関して透明性を備えるべきであると擁護側は訴えているのである。これは正しい見解である。しかし、透明性を備えるべきだからといって、大学間の「比較」評価が可能な複雑な国家システムを実施しなければならない理由とはならない（さらに、クオリティ・システムを実施するにあたり、不当に高いコスト、官僚主義的な対応、ストレスの原因となっているのは、まさにこの比較の要素なのだ）。

- 外部主導のクオリティ・システムを実施することで、公的機関の対応に透明性が備わる。

  この主張もまた、ある程度の妥当性を持つ意見と言える。しかし、透明性があるがゆえに教育が侵害される恐れがあり、また現に侵害されている。そして実際に（先ほどの研究生のコメントからもわかるように）、教育の過程に悪影響を与えている。

- 教育機関同士の比較評価を可能にする唯一の方法は、外部主導のクオリティ・システムである。

  仮にこの見解が事実だとしても、正当化するのは難しい。特に、どうして比較評価が必要なのか、その理由が不明瞭である。また、仮に必要だとしても、常に比較評価を行う必要があるのか疑わしい。最終的には、自分の地元だからという理由で大学を選ぶ学生は多い。こうした学生が必要としているものは、教育機関同士の比較評価などではなく、自分が

通う教育課程の質が健全に保証されていることである。よって、学生やその他の人々が比較評価を望んでいるという前提は、いくらかの妥当性があるにしても、普遍的な内容とはいえない。

- 外部主導のクオリティ・システムを実施することで、高等教育に対する世間の理解が深まる。

　確かにこれはイギリスではあてはまる。QAAが作成した教育課程に関する報告書は、インターネットでの閲覧が可能であり、ヒット数も多い。しかしながらQAAが採用した数値で表わされた評価結果を掲載した「リーグ・テーブル (league tables)」(これもまた世間の理解を深めることを狙った施策である)については、先ほども示したように、世間に誤解を招くものである。

- 外部主導のクオリティ・システムを導入すれば、導入した教育機関の内部のクオリティ・システムも強化される。

　これは妥当性を備えた言い分である。クオリティ・システムに反対する者までが認めるように、教育機関の内部のクオリティ・システムが改善された。しかし、クオリティの手順が改善されたことで、学生の経験の質の改善につながった、ということがあるのだろうか。

　国家主導型のクオリティの評価システムを擁護する意見には、確かに一理ある意見もある。しかし、たとえ一理あるにしても、これまでに示してきたように、こうしたクオリティ・システムの擁護派の意見からは彼等が考えるほどの意義は伺えない。

　仮にクオリティ・システムの擁護派の意見に一理あったとしても(そして実際に一理あるのだが)、クオリティ・システムの反対派はさらに擁護派に対して疑問を浴びせかける。反対派は高等教育におけるクオリティ・システムの目的と価値について以下の疑問を投げかけるのだ。

① 外部主導のクオリティ・システムを導入すると、手順やシステムに従わざるをえなくなる。

　教育機関や教育機関のスタッフは、成果指標の面で良しとされる実績をあげるために、クオリティの手順やシステムを遵守することに力を注

ぐ。こうした手順やシステムは、教育や学習のクオリティの向上には何ら影響を与えることがないのである。

②クオリティ・システムは、本来、評価の対象としていた活動とは異なるレベルで評価するようになっている。

　システムレベルで変化することは、クオリティ・システムの本質である。対して、教育といった人間を対象とする活動においては、そこにかかわる人々の考えやそうした考えの具現化の過程にクオリティが内在する。芸術や職人技と考えられる教育は、内面的に触発を受ける活動を対象としている。芸術とは困難なもので、卓越したレベルに到達するには多大な努力が要求されるものであり、決してシステマチックなアプローチでは獲得することができないものである。

③クオリティ・システムを導入すると、新しい取り組みの導入が制限される。

　クオリティ・システムを導入すると、実験的な取り組みや革新的で大胆な取り組みについては、禁止されるわけではないにしても、その着手を敬遠することになる。クオリティ・システムを導入すると、「卓越（excellence）」という言葉を振りかざしてはいるものの、実は平凡な結果を生み出す従順さがはびこることになる。「卓越」の風潮を生み出すことにはならないのだ。

④クオリティ・システムが「卓越」という言葉を振りかざしているということは、クオリティの概念が破綻している証拠である。

　「卓越」という言葉そのものには確たる概念はなく、動作主が意図をもって解釈することで、「卓越」の意義や実体が発生する。(Reedings 1997)

⑤クオリティ・システムには「演技的（performative）」性質がある。

　クオリティ・システムの存在そのものが「演技（performance）」である。さらに、クオリティの役割と台本が与えられている「芝居がかった（theatrical）」性質を持つとも言えるかもしれない。

⑥クオリティ・システムの導入により、教育といった人間の活動の本来の姿が歪められる傾向にある。

　例えば（先ほどの研究生のエピソードから伺えるように）、クオリティ評価の

手順により、教育の現場が侵害されたり、自由な教育課程の設計が妨げられる恐れがある。

⑦**クオリティ・システムが学者のアイデンティティを歪める恐れがある。**

　クオリティ・システムを導入することで、世間の評価にさらされる学者の間にストレスが生じる。しかしこの問題だけでなく、各教育機関が外部の基準を内部の基準とすることで、専門的な活動や評価に対する内部の有効性ではなく、外部の評価を学者が注目するようになり、学問的活動が歪められるという問題もある。(Morley 2003)

⑧**クオリティがイデオロギーになっている。**

　(イギリスを含め) 多くの国々でクオリティは採用されているが、クオリティに対しては過剰な取り組みが実施されており、また、クオリティ・システムにはあまりにも多くのものが付随している。例としては、役職(例えば「クオリティ・マネージャー」や「クオリティ・オフィサー」や「クオリティ担当学長」のように、個人の身分(アイデンティティ)がクオリティに付随する)、クオリティに着目する組織やセンター、そして、「クオリティ」に関するメッセージを扱うコミュニケーション媒体(ジャーナル、機関誌、インターネットを利用したメッセージ)などが挙げられる。このイデオロギーには、評価システムや役職やメッセージなどをすべて歪めてしまうほどの影響力がある。

4　正当化の危機

　高等教育におけるクオリティが正当化される危機に面している (Habermas 1976)。クオリティ・システムの導入により、高等教育のクオリティが明らかになり、その向上に貢献するという期待があるものの、実際にはそうした期待はいまだ実現されていない。クオリティの本質はそれに対する要求と反対の性質を持っており、ゆえに「危機」なのである。クオリティはものごとの個性を伸ばし、尊重する存在であるかのように見える。さらにものごとに対して真摯に向き合い、さらにはその存在自体を肯定するように見える。また、ものごとの可能性やあらゆる可能性の中で最良の選択を希望しているかのよ

うに見える。しかし実際はまったく違っている。クオリティはものごとの個性をふき飛ばし、平凡で理想からかけ離れたフレームをとおしてものごとを見るのである。

　確かに、高等教育におけるクオリティ評価では、いくつか改善がなされ、学界に対する侵害や悪影響も緩和された。こうした改善としては、以下が挙げられる。

　A　外部評価に頼る傾向を改め、各教育機関が独自に内部で実施する自己評価を重視する評価制度にかわってきたこと。

　B　教育課程やプログラムのクオリティを調査するのではなく、教育機関のクオリティの評価システムの正確さ、洞察力、統一性を評価するようにかわってきたこと。

　C　(情報の集約が非常に容易な)数値による成果指標を用いて成果を測るのではなく、さまざまな側面から成果を測る描出方法を使用するようになったこと。

　D　(「普遍的」であることを特徴とする)能力やシステムを重視するのではなく、(「特定の」「個別の」といったことを特徴とする)「顧客満足 (customer satisfaction)」を重視するようになってきたこと。

　これらの変更は、クオリティ評価に対する国家の直接的な関与を軽減し、評価については市場に委ねるといった国家の決意の表れでもある。そして、市場にまかせることで、教育機関は市場からの評価を考慮し、自主的に自らを律するようになると国家は考えている。こうした変更が実施されることにより、予想していなかったような影響が生じた。今や大学は自己批判的なコミュニティとして自己呈示をすることに力を入れているため、厳しい国家管理を伴うクオリティ・システムによる、大学自治の侵害は緩和されている。

　こうしてみると、クオリティに関する正当化の危機は解決の方向にあるように思われるかもしれない。しかし、これはかなり楽観的な見解である。というのも、現在のシステムが緩和されていったとしても、次に述べるような問題が残るからである。ある根本的な齟齬が残ったままなのである（これは現代性や合理性の象徴である「クオリティ」の概念が誕生したときから存在しているものであ

る)。このギャップとは、クオリティを効率的なシステムデザインの問題と捉えるのか、もしくは生き方の問題と捉えるのかによって生じてくる。すなわち、(外部の規則を)遵守すべきものとしてのクオリティと、(内部の価値から創出され、内部の価値によって維持される)エートスとしてのクオリティとのギャップである。改善されたとはいえ、クオリティはいまだ目的論で右往左往している。

5 高潔なプロジェクト？

クオリティが直面する目的論の問題を解決することはできるのだろうか。外部の規範や規則を遵守するクオリティの傍らで、あるいは、そうしたクオリティに取って代わり、内部の価値の問題としてクオリティを発展させることは可能なのだろうか。

この問題を解決する方法としては、本件では大した問題は何もなく、クオリティ評価とともに、それを向上させる制度を設ける問題に過ぎないとすることが挙げられる。しかしこうした考えの裏には、あらゆる種類の疑問や問題が潜んでいる。「クオリティの向上」の制度で何がわかるのか。「クオリティの向上」とは、既存の評価システムの延長なのか。「クオリティの向上」とは新たな手順やシステムを指すのか。または、「教育とは何か」という本題を重視せず、自己本位の活動を新たに教育機関で実施するということなのか。

こうした問題については後ほど言及するとして、ここで注目すべきなのは、こうした疑問が起きること自体が、クオリティの運動の限界を露呈しているということだ。我々は目的論のまわりをうろうろしているという事実を重視すべきである。高等教育におけるクオリティに対し制度上のアプローチを導入してから30年以上過ぎているにもかかわらず、いまだこうした問題があるということ自体が、クオリティの概念の脆弱さを示している。クオリティの概念が脆弱なのは偶然ではなく、脆弱であることが本来の姿なのである。脆弱であるがゆえに、さまざまな難題を締め出し、「クオリティは効果的なクオリティ・システムを構築して運営するという問題に過ぎない」と考えることもできるのである。

有害な考え方もある。かつてダイアナ・グリーンは、「クオリティとは哲学的な概念である」と考えた (Green 1994)。しかし残念ながら実際は違う。私の解釈によると、グリーンは、クオリティについて真剣に取り組むということは、クオリティの対象となる物体の前提条件について考慮することになると考えた。もし我々が高等教育のクオリティについて考えるのであれば、「高等教育」についての解釈を明らかにしなければならないということだ。しかし、クオリティを考慮するということは、我々がクオリティについてどう考えているかを明らかにすることでもある。我々は問題を規制しようとしているのか、ものごとを説明しようとしているのか、比較対象 (他の教育機関) と行動を比べようとしているのか、それとも、ものごとを改善しようとしているのかなどについて考えることである。クオリティとは、教育課程や教育や私たちの目の前に存在する学生たちの経験といった、対象となる物体に付随するものなのであろうか。それとも、クオリティはそれを見る者の意識の中にあるのだろうか。

　このように、「クオリティ」はさまざまな問題を喚起する。そして基本的な事柄を検討してはみるものの、明快な答えがいまだ得られない。この点において、クオリティは哲学的な概念だということもできる。今後もすぐにはこうした疑問に対する答えが出てくることはなく、さまざまな問題をかかえる見解が噴出するであろう。しかし「クオリティ」がそうした基本的な疑問や見解を喚起するということは、クオリティ運動の本流からそれているということである。

　高等教育におけるクオリティの正当性を求めるには、3つの問題が立ちはだかる。まずは、クオリティに関する疑問に真剣に取り組む余地が社会にあるのか。二番目に、そういった討論の中で、クオリティに関する高潔な概念が新たに誕生することがあるのか。もしクオリティに負の「イデオロギー」という側面が加わることがあるなら、高潔な理想 (イデア) に基づく概念＝「イデアロジー」(idealogy) という側面を加えることもできるのだろうか (Barnett 2003)。すなわち、解放、理性、啓発、配慮、相互発展、進歩といった、高等教育の理想を正当に評価することができるのだろうか。三番目に、学界の外部

の権力や関係者や単なる実用主義が幅をきかせ、クオリティの実益政策が重視されている中で、そういった高潔な「イデアロジー」を制度化する方法を見つけることができるのだろうか。官僚的・手法的な合理性が幅をきかせるなかで、参加型のコミュニティの対話のもとに生まれる合理性は根づくのだろうか(Habermas 1991／MacIntyre 1990)。クオリティが大学の世界そのものの高潔なプロジェクトになる可能性はないのだろうか。そうしたチャンスを逃してしまったのだろうか。解決できない目的論の土台として、大学はクオリティを受け入れているのだろうか。

6 クオリティの正当性

　ヨーロッパ各国で大学の建物を建設した中高年の職人たちは、おそらくクオリティの正式な概念など把握していなかったであろう。ひょっとすると「クオリティ」という言葉の存在自体を知らなかったかもしれない。しかし、クオリティ・システムのようなものがあったと思われる。こうした職人たちが造った建造物は、仕上がりのチェックを受けていたことだろう。職人たちの親方は、建物を登ったり降りたり、忙しくしていたことだろう。しかし正式なクオリティ・システムなどは余分なものであった。だからといって、クオリティ・システムが、批評も行わず、規模の小さい、あたりさわりのないもので良いというわけではなかった。そういうふうにクオリティを解釈しても役に立たなかったであろう。そうではなくて、クオリティとは、作業そのものに、そして、こうした職人たちの仕事に対するアプローチに付随していると考えられていた。

　また、これらの年配の職人たちは、自らが伝統の一部であることを心得ており、先人たちの偉業の上に自らの作業を文字どおり築き上げ、そして後に自分たちの偉業の上に後人が作業を築くということを理解していた。よってこの場合、「クオリティ」とはまさに「エートス」であった。クオリティとは、習慣的に存在する生き様の集合体であった。そして、それぞれの職人の責任で実現されるものだと解釈されていた。

　こうしたエートスが現代の大学の学究活動にもいまだ存在している、ある

いは、自分の活動について自らが考慮する文化や集合体の目的のために働く（よって、当初に想定した卓越したレベルに達することができなければ自らの評価が下がったり、自らの直接的な目標が達成できなくなるというだけではなく、所属する集団の評価が下がる）という見解が存在すると仮定してみよう。こうした状況では、どうして活動に関係のない大規模なクオリティ・システムを構築する必要があるのかと疑問に感じるであろう。さらに、そうした外部のシステムは、自ら考える集合的な価値を持つ作業にはマイナスなのではないだろうか。そもそもクオリティとは内部志向の問題であるのだから、外部システムとは、他者、すなわち外部志向の押しつけも同然である。外部システムは、個人や個人の活動および責任に対する自覚のみならず、こうした共同体のエートスをも侵害するアプローチなのだ。

　大規模な国家レベルのクオリティ・システムが構築されており、このシステムが重視する活動や集団とはおよそ関係のない外部システムが導入されているが、これについてはどう説明するのか。こういった疑問に対する答えにはさまざまなものがあるだろう。（さまざまな答えが考えられるが、めぼしいものとしては、）「説明責任」「コストパフォーマンスの問題」「比較評価」「プロバイダー・キャプチャー（編者注：政策立案を行う組織にサービスの供給機能があると、既得権益を守るため本来の政策立案が歪められる事態）からエコノミー重視への効果的な転換」といった答えが考えられる。しかし今、この問題について追求することは得策ではないだろう。というのも我々がすべきことは、どうして、そしてどのようにして現在の状態が発生したかという分析ではなく、現在の状態から抜け出すことはできるのか、できるのであればどのような方法があるのかを分析することであるからだ。

　クオリティの正当化には三つの要素がある。この三つの要素とは、前述の三つの分析的な問題が持つ実際的な側面である。まず、教育機関や高等教育はクオリティについて議論を続ける余地があるのだろうか。次に、クオリティに関する議論が続けられたとしても、教育機関が推進する主要な概念、すなわち、クオリティの理想とは何なのか。最後に、複数の学部が存在する典型的な大学において、そういったクオリティ・プロジェクトをいかにして

推進していくのか。

　こうした三つの疑問は、もちろん、互いに密接な関連を持つ。クオリティに関して真摯に検討することは、自己学習と集団学習の双方の問題であると、この疑問はそれぞれ示しているからである。クオリティについて真剣に考える際には、向上が目標となる。卓越したレベルという概念は、ここではいささか誤解を招く。この概念は誰もが認める固定された一種の「価値判断の基準 (gold standard)」としての意味合いをもつからである。しかしながら、この卓越したレベルという概念が、(特定の場面において、特定の時点において、そして特定の知的・物質的資源を利用して、) できる限りものごとを改善しようという個人の決意の表れであり、その他に何も意図するところがないのであれば、適切な概念だといえる。結果的に、限定された意味合いでの「卓越したレベル」にむけた努力は、ベストを尽くすことと同様の意味になる。「完璧」とは一瞬のものであるが、達成されたものごとはどんな場合でもさまざまなイメージにさらされる。

　したがって「完璧」そのものには終わりがない。これは学習についても言える問題だが、学習とはルールや規範を学んだり、システムに従うことなどではなく、自分が関わるプロジェクトに関する展望や、そうした展望を実現させる方法について、新しい発想を生み出していくということである。よって「クオリティ」とはクリエイティブなプロジェクトなのである。クオリティとは、「外なる旅ではなく、内なる旅」へと人々をいざなうクリエイティブな学習なのである (Hirst 2004)。しかし、内なる旅は集団的に実施すればさらに役立つものである。実際、「クオリティ」を実現する方法には、集団的な性質を持つものが多い。

　クオリティについて真剣に考えるということは、その過程がやがて対話の一部になるという点で集団的である。この意味において、「基準」はそういった (集団的な) 対話から生まれる。こうした対話に加わることで、クオリティに関するさまざまな意見を交わす余地が生まれ、各個人の新しい学習、新しい自己学習、可能性についての新しい学習が一つになる。

　基本的に、クオリティはシステムに根付いているものではない。また、独

自の専門家のグループによって確立されたルールや規範があったとしても、最終的には、クオリティはそうしたルールや規範に従うものではない。また、判断基準やシステムの要件や「顧客」の期待のあるなしにかかわらず、クオリティは形式的な知識についての問題になるわけでもない。つまり、クオリティとは個人の問題であり、各個人が自分自身をどう理解するか、そして同僚や（そして本件においては）学生との関係をどう理解するかが問題となる。すなわち、学生の可能性をどう捉え、そうした可能性を実現するためにどういった努力を行うかといったことが問題になるのだ。クオリティとは人の成長や存在の問題である。よって、クオリティとは存在論的(ontological)なプロジェクトなのである。

まとめ

　大学が正当なプロジェクトとしてクオリティを実現するためには、クオリティに関連する根本的に人間らしい特徴を取り戻すしか方法はない。単にものごとをうまく成し遂げるだけではなく、ものごとをうまく成し遂げたいという思いこそがクオリティなのである。まとめとして、この意見や先ほどからの検討をもとに、いくつかの提案をしたい。

- クオリティが大学において真剣に取り組むべきプロジェクトとして捉えられるには、まず、クオリティの問題についてオープンに議論する余地が存在しなければならない。
- クオリティの問題に関して考慮・調査を行ううえで、アカデミック・コミュニティの中でいかなる取り組みについても反対がおきる可能性がある。
- クオリティという単語の代わりとなる運営上の単語 (例えば「革新」「教育リサーチ」「学習調査」といった単語) を探す必要があるかもしれない。
- クオリティ・システムを一部構築する必要があるかもしれない。しかし、生産性を阻害するようなものではないにしても、そうしたシステムの構築は、クオリティを支持するエートスを構築・推進する大規模なプロジェクトの一部として実施しなければならない。

- こうした目的を達成する方法の一つは、外部機関が実施するクオリティの監査を見直し、まずは、教育機関のクオリティのエートスを監査対象とするように改めることであろう。監査対象としては、例えば、クオリティが教育機関の文化の一部となっているか、研究プログラムを革新するために集団的な取り組みがなされているか、スタッフ独自の教育手法に対してシステマチックな調査を実施するプログラムが（恐らく教育機関の資金を活用して）導入されているか、といったことが考えられる。
- 恐らくこうしたクオリティのエートスのプロジェクトには終わりがなく、弾力性、人間性、そして見識が求められる。クオリティ・プロジェクトを実施する上で必要となるリーダーシップの性質とは、結局、クオリティとはそういうものだとして真剣に考慮する性質でなければならない。
- クオリティについて真剣に考慮することは、「存在論的なプロジェクト」である。それは自己学習や集団学習の問題である。また、自分の仕事について考慮するようになり、与えられた情況の中で最高のレベルを実現しようと決意することである。そしてまた、自分が関与する目的に情熱を注ぎ、自分の学生に共感をおぼえるようになることである。こうした情熱や共感は単なる現象ではなく、システマチックな知識も含め、個人の理解を深めることにもなる（例えば、学生が学習する上での難題について理解するようになる）。
- こうした理解を深めるには、（学生、学習、カリキュラムのデザイン、評価手法などの）形式的な知識においても、教育の可能性といった概念的な情報収集においても、同僚との対話が役に立つ。そしてこうした対話がコミュニティの「標準」を検討・拡大する上で役に立つのだ。クオリティに対して真剣に検討することで、アカデミック・コミュニティ自体が、自らの活動や活動方法について「学ぶコミュニティ」になる。
- よって、クオリティのリーダーシップをとる者は、そういった相互に学習するコミュニティの実現に向け、喜んで、果てしない努力を続けていく。エートスとは一夜にして生まれるものではなく、また、現時点では自立することもできない。絶えず手をかけて活性化してやらなければな

らない。つまり、エートスのリーダーシップはエートスを鼓舞するようなものでなければならないのだ。

クオリティに対してシステマチックなアプローチを採用することは、現時点における実際の仕事(学ぶコミュニティやクオリティを支持する集団的なエートスの創設)から逸脱しているだけでなく、生産性を阻害することにもなるだろう。となれば、システマチックなアプローチが効果的であると認識されている状況にあっては、そうしたクオリティのエートスをつくることは、間違いなく困難になるだろう。高潔なプロジェクトになるように、クオリティの危機を救うとはどういうことなのか、広義においては明らかだと思われる。よって、学問の世界において、クオリティを正当化するとは何を意味するのか、かすかながらも理解することは可能である。私たちが直面する問題とは「クオリティとは何か」といったことではないし、「クオリティを正当化するとはどういうことか」といったことでもない。むしろ重要なのは、「高潔なプロジェクトとしてクオリティを実現することが、現在可能なのか」「システムが幅をきかせる現在、そういった高潔なプロジェクトを本当に実現することができるのか」といった問題なのだ。

参考文献

Barnett, R. 2003 *Beyond All Reason: Living with Ideology in the University*, Maidenhead, McGraw-Hill.

Brown, R. 2004 *Quality Assurance in Higher Education: The UK Experience since 1992*, London, Routledge Falmer.

Di Napoli, R. 2003 "The PhD: understanding its rules and maximising its pleasures", *Learning Matters,* No 13. (in-house magazine), London, Institute of Education.

Green, D. 1994 *What is Quality in Higher Education?,* Buckingham, Open University Press.

Habermas, J. 1976 *Legitimation Crisis,* London, Heinemann.

Habermas, J, 1991 *The Theory of Communicative Action,* Vol 1, Cambridge, Polity.

MacIntyre, A. 1990 *Three Rival Versions of Moral Inquiry*, London, Duckworth.

Morley, L. 2003 *Quality and Power in Higher Education*, Maidenhead, McGraw-Hill.

Pirsig, R.M. 1989 *Zen and the Art of Motorcycle Maintenance*, London, Vintage.

Readings, B. 1997 *The University in Ruins,* Cambridge, MA, Harvard University Press.

第6章　大学「評価」をめぐる日本の文脈

米澤　彰純
(大学学位授与評価機構)

はじめに

　「大学評価とは何か」という問いは、日本において何度も取り上げられてきた。喜多村などは、まさしく『大学評価とはなにか』(喜多村1992, 1993)というタイトルの本を書いているが、これを含め、「大学評価とはこうあるべき」という規範的な議論を半ばにじませつつ米国や欧州についての比較高等教育論として展開するという著作は、日本では数多く見られる。これは、規範的な問いである部分と、クリティカル(批判的・批評的)な問いとしての部分を両方あわせもった大学評価論といえる。

　新堀(1993)は、「日本人は公的には評価嫌いだが、私的には評価好き」といった、日本人論としての評価論を展開した。また、大学評価・学位授与機構などによる第三者評価の導入過程においては、「そもそも大学評価という行為は日本には合わない」との発言もみられた。日本の高等教育の世界では、大学評価が基本的には国外の動きに押されて、あるいはそれを積極的に取り入れて展開された、外発的なものであるという考え方が強くある。すなわち、大学評価が内発的に自らの高等教育の必要性から発展したという考え方は極めて薄いし、実際そうではないのだろう。

　このことは、日本の評価機関がどのように大学評価の仕組みを設計し、発展させてきたかを見てもわかる。戦後の米軍占領下に米国の大学協会や職業団体による自主的な加盟判定としてのアクレディテーションの在り方に強く影響を受けて発足した大学基準協会は、この米国のアクレディテーションの精神と仕組みを翻訳し、それを学部別の実施として訪問調査を省略可能とす

るなど、日本風にモディファイさせながら評価の仕組みを作ってきた（早田 1995）。そして、社会環境の変化に応じてその評価の在り方の変更を行う場合にも、1990年代には加盟校への定期的な再評価の制度化を図るにあたって再び米国の在り方を参照するなど、常に米国の動きを参照しながら、日本の法制度や国家政策との距離をはかり、自らの考えを構築してきたように見える。

　他方、国の機関として成立した大学評価・学位授与機構は、今度は公共機関への民間的経営手法の導入を目指すニュー・パブリック・マネジメント（大住 1999）の考え方に強く影響を受けた、国立大学に対する達成度を中心とした評価を行う機関として、英国の動向を常に注視しながら活動してきた。

　さらに、2004年から国家政策として展開された認証評価は、同じように米国連邦政府の学生支援プログラムに関するアクレディテーション団体の認証制度をひな形として、制度化されたものである（森 2003）。認証評価の制度化にあたっては、その考え方を提唱した総合規制改革会議（2001）と中央教育審議会（2002）の両方の答申において、社会・経済・文化のグローバル化やボーダーレス化、国際競争への対応のための教育の質の向上の必要性が説かれている。また、それ以前に出されたグローバル化時代の日本の高等教育の在り方を議論した大学審議会答申（2000）においても、質保証をめぐる他国との調整や専門職業教育におけるアクレディテーションの導入や支援が唱えられるなど、この一連の認証評価の制度過程が、日本の高等教育の質の国際的通用力を高めることを主眼として進められたものであることがわかる。

　このように、最近の日本における大学評価は、米国や英国、欧州大陸における大学評価の動きの影響を強く受けて展開されてきた。ところが、どの国においても、こうした公的な大学の法人的評価、アクレディテーションそれぞれの動きが極めて不安定で一貫しないことから、大学評価・学位授与機構の評価自体も国内外の揺れ動く議論や制度に振り回されながら進むことになる。日本において大学評価は発展途上にあり、「進化する大学評価」（大学評価機関（仮称）創設準備委員会 2000）として、「評価文化の醸成」を目指すことが大切だ（大学評価・学位授与機構の評価事業の今後の在り方に関する検討会議 2003）と提唱す

るという大学評価・学位授与機構の論理は、日本の高等教育自身からの評価の内発的要請の希薄さを露呈しながら、国家と、一般的な行政改革を支持する世論、そして国際情勢による強力な支援を受けて展開されているのである。

　後発の日本私立大学協会が設立した日本高等教育評価機構は、大学協会の自主的な設立という点で、米国の機関、アクレディテーション団体の精神に最も近い（日本私立大学協会 2003）。この過程では、日本私立大学協会付置私学高等教育研究所が、ニューイングランド地区基準協会のクック、オランダ大学協会のフローインスティンを招待してアドバイスを求めるなどの経緯があり（Cook 2002, Vroeijienstijn 2002）、米国の影響を受けて事実上国家権力の評価への直接介入を排除する目的をもって展開した1990年代のオランダ大学協会の挑戦も、彼等のシステム設計に大きな影響を与えたものと考えられる。しかし、本家オランダにおいて欧州内での学位の相互認定を目指す「ボローニャ・プロセス」における欧州版アクレディテーションの導入過程で、大学協会、HBO（高等専門学校）協会からそれぞれの評価部門が組織として分離を強いられたように、日本高等教育評価機構は私立大学協会本体とは独立した団体として成立することになった。

　筆者自身は、日本の大学評価を、あるいは日本における「大学評価とは何か」という問題を、外国の先進事例を引いて、「こうあるべき」という規範的な議論を行うことよりも、今はむしろ、日本の「大学評価」が、どのような文脈において、どのような意味合いをもちながら語られ、実践されてきたかを静かに振り返る大切な時期にさしかかっているのではないかと思う。筆者は、英国において英語で語られている「quality」と、日本の大学での「評価」というそれぞれの言葉とその使われている文脈との違いは大きく、その実践やその解釈において、まったく違うものを同じものとして議論する危険性は強いと考えている。

　英国で高等教育の「quality」という言葉が論争のなかにあるように、日本の大学「評価」という言葉も論争のなかにある。また、それが政府側であれ、筆者のように評価機関に籍を置くものであれ、本書第5章執筆者のロナルド・バーネットのように大学の中で生きるものであれ、いずれにせよ、すべ

ての論者がその論争とパワーゲームの当事者としての関わりをもっている。その中で、時に自ら血を流しながら、クリティカルな視点を保ちつつ、他方で自らの基盤の強化も図りつつ、自分の掲げる理想像の実現へ向けて努力をするという苦しい立場で、誰もが大学評価について語っている。日本の大学評価がどのような文脈で語られているかを整理することは、それらの複雑な心理と文脈のなかで語られた言説を読み解くという困難な作業となる。つまり、すべての大学評価をめぐる議論は、規範的言説とクリティカルな言説の間で揺れ動いており、その分析を行う本稿自体が、その規範とクリティークとの矛盾を背負わざるを得ないという限界をもつ。ただ、そのなかで、筆者としては、最大限の努力をして、大学「評価」をめぐる日本の文脈をクリティカルに読み解く努力をしてみたい。

1 「quality」と「評価」

江原 (1984) は、米国の1980年代半ばまでの大学評価 (academic evaluation) のレビューの中で、バーク (Berk 1981) が educational evaluation という言葉を、そして、ドレッセル (Dressel 1976) が academic evaluation という言葉を用いていることを指摘している。しかしながら、今日、英国や、その影響を強く受ける国々においては、高等教育の評価を表す言葉として、「質 (quality)」という言葉が最も一般的に現れているように思える。

本書におけるバーネットの第5章は、基本的には高等教育の質をめぐる議論であるし、制度上も、英国の教育面の評価を担当する機関は高等教育品質保証機構 (Quality Assurance Agency for Higher Education: QAA) と呼ばれる。オランダの経験をもとに英語で大学評価の実践論を展開したフローインスティンも、質という「ウィルス」が高等教育の世界を席巻しているという表現を使っている (フローインスティン 2002、喜多村 2002)。このほかの評価に関する用語としては、アセスメント (assessment) という言葉が公的な活動の検証のような意味で使われ、たとえばイングランド高等教育財政審議会 (Higher Education Funding Council for England) が行う研究評価は Research Assessment Exercise (RAE) と呼ばれる。さらに、質保証 (quality assurance)、高等教育機関の自律

的な活動の監査を意味するオーディット (audit)、ある学問分野の教育活動などを振り返るような意味での分野別評価 (subject review) などの文脈で現れるレビュー (review) など、多彩な言葉が現れる。ただし、そのなかで、評価をめぐる一般論で中心となる言葉は「〜する」という形をとりうる動詞ではなく、それらの動詞の対象となる「質」の方に焦点づけられているようである。

　そして、その議論としては、先述のバーネットのような質をめぐる社会的相互作用または政治学的なダイナミクスの議論となることもあるし、他方で、フローインスティンのように実際に質をどう測るかという実践論として展開することも可能となる。フローインスティン (2002) は、彼の本の中で、「『質』を定義することはできないが、皆が知っているもの」と結論づけている。このように、社会的相互作用論と実践論の双方において、あるいはそもそも高等教育という文脈において「質」という言葉が、最終的には抽象性と多義性という性格から逃れることができていないように思われる。従って、むしろこの言葉を、関係者の間の相互作用のダイナミクスにおいて交換される定義不能な共有される価値を表すマジックワードであると考えて、そこで展開される迷宮的な議論を楽しむほうがよさそうである。

　これに対して、日本の大学評価の世界で最も頻繁に用いられる言葉は、当然ながら「評価」となり、この言葉は、中国、韓国という漢字文化圏で共通に用いられている。他方、評価は、英語では evaluation という言葉に翻訳されることが一般的だが、この言葉は、ドイツ、フランス、フィンランドといった大陸諸国で大学評価の文脈で代表的に用いられる言葉である。たとえば、フランスの評価機関は「科学・文化・専門職に関わる公的機関の全国評価委員会 (Comité National d'Évaluation des établissements publics à caractère scientifique, culturel et professionnel：CNE)」と呼ばれるし、ドイツで最も有名な評価機関のひとつであるニーダーザクセンの「ハノーバー評価・アクレディテーションセンター」Zentrale Evaluations- und Akkreditierungsagentur Hannover (ZEvA)」もまた、evaluation という言葉を含んでいる。この「評価」と evaluation が同じ意味を表しているとは限らないが、この2つがいずれも「評価する」「evaluate」という他動詞としての使用頻度の高い「行為」を表す言葉

であり、「質」、「quality」という言葉がもつ何らかの性質やエートス、あるいは評価という行為の対象を表す言葉とは明確に一線を画している。

そして、日本においても、1980年代後半から大学評価という言葉がホットな政策用語として用いられるようになり、「評価」とは何かという問題が、作用を表す言葉として、展開されていくことになる。

2 米国的文脈の強い影響

他方で、1980年代の大学評価をめぐる日本の文献では、この欧州の大学評価を、高等教育分野におけるニュー・パブリック・マネジメントの新しい動きとして十分に意識してとらえていたとは言えない。むしろ、日本の大学評価の在り方を、米国型のアクレディテーションに、いかに近づけていくのか、という形での議論が一貫して展開されているように思える。あえて、これを規範的な文書としてとらえて筆者が勝手に、後づけ的に「価値づけされている」と感じるところを取り出して語れば、これは、「事前評価としての大学設置基準から、事後評価、あるいは定期的な評価としてのアクレディテーションへ」という提唱である。そして、欧州の評価の代表的なものとしては、英国の数ある評価のなかで、国王が枢密院の審議を経て大学に学位授与権を与えるという「チャータリング」という制度が、日本の大学設置基準による認可行政を彷彿させる制度として、クローズアップして語られている（天城1984、飯島・戸田・西原編1990）。

英国においてサッチャー政権が成立したのは1979年であり、今日の経営主義的大学改革の原点とも言える『ジャラット報告書』が書かれたのは1985年であり、第1回の研究評価が行われたのは1986年である (Shattock 2003) といったように、この時期には、新自由主義の高等教育政策への適用への動きは、すでに英国をはじめとして欧州を席巻し始めていた。このようにして、1980年代後半に、英国、フランス、オランダにあいついで評価機関が設立され（安原 2003、手塚 1990、舘 2003、フローインスティン 2002）、ニーブが評価国家 (evaluative state) 論を1988年に著すことになる (Neave 1988, 1998)。

ところが、この時期に、日本において大学評価のあるべき姿として最終的

に提示されているのは、すでにその時点で50年以上の歴史を持ち、戦後すぐに日本に一度は導入された米国のアクレディテーションの姿であった。しかも、その後欧州に渡ってデンマークやオランダなどに強く影響力を持つことになる米国のケルズ(1998)などに代表されるように、アクレディテーションのための外部評価の前段階としてのセルフスタディとしての自己評価を、大学におけるマネジメント改革、教育・研究活動の向上に積極的に用いていこうという考え方と実践が、推奨されていった。

天城(1984)は、「経営論や行政論において通常原理的に承認されている計画(plan)、遂行(do)、評価(see)のプロセスないしシステムが大学にも求められる」と述べており、この考えは、おそらくこれ自体が『カイゼン』(今井1988)などの議論の中で語られた日本的な経営改善の議論と結びつくものなのだろう。このようにして、臨時教育審議会、そして、その後の大学審議会答申『大学教育の改善について』(1991)へとつながる議論の中では、大学の組織としての改革への取り組みを表わす象徴的な言葉として、「大学評価」が語られることになった。この時点の規範的な言説として、「自己評価の考えが普及していく経緯を振り返ってみれば、日本では『大学評価』がまだ十分に考え方として定着していないので、将来的には本来的な姿としての米国流アクレディテーションとしての大学基準協会による定期的な評価の定着を目指しながら、現状としては、自主的な自己点検・評価をまずは大学間に普及させる」という道筋が示され、合意形成がなされたということになるだろう。そして、このとき、形式的な事実確認としての「点検」と、より自省的な側面を持つことが求められる「評価」とが「・」で結ばれたことから、この後、『東京大学 現状と課題1 1990-1991』(1992)を筆頭として各大学、学部、そして学科などから続々と出されていく自己点検・評価報告書が、「点検」にとどまっているか、「評価」まで達しているかが議論の焦点となっていく。

他方、「大学評価」という言葉自体は、「大学」と「評価」を結びつけた一般性の高い言葉にすぎないことから、理工系を中心として、同じ言葉を使って上記の文脈とはまったく異なる評価の議論が、研究評価に焦点づけられて進んでいく。そこでの焦点は、すでに1980年代から工学部等を中心として論文リ

ストを作成し、国際性のあるデータベースに登録することで、論文数や引用度をめぐる国際的な競争のなかに入り込んでいくという現実的な動きがとられる。慶伊・緒方 (1984) は、1980年代前半においてすでに『ケミカル・アブストラクト (Chemical Abstracts：化学抄録誌) 』の論文数等を用いて、日本の大学の研究生産性の国際比較を試みている。このように、日本の大学の研究水準の国際的位置づけがどの程度であり、また、それを上昇させ、国際的な地位を高めるためにはどうすればいいのか、少数の大学に、より集中的な資源配分を行うことがいいのか、あるいはある程度評価とは離れた財政配分の均等性を保つことで、研究の裾野を支え、長期的な研究の視野を保つことが必要なのかといった問題が、研究面における「評価」と「財政配分」という、現実的な大学政治の問題として、国レベルでも、大学・学部・学科レベルでも語られるようになっていく。

3 行為としての評価とパフォーマンスへの注目

日本における大学評価の議論は、評価「する」という行為において定義されるため、「何を」評価するかの対象については、極めて広範で多様なものが想定される。このため、日本では、英国などのように、qualityに焦点化された評価の対象を定義するための議論が展開されることはなかった。他方、「何を評価するか」というのが、日本ではまったく共通的な概念なしに語られたと解釈することも極論に過ぎよう。おそらく、特に研究に関して、そして大学レベルでの人事評価に関連して、「資源の効率的配分という意味での『パフォーマンス (業績 performance) 』を評価する」という考え方は、ある程度はじめから共有されていたと考えてよいだろう。ここでは、このパフォーマンスの定義づけとして、「大学が自己の目標を自主的に定めるべきだ」との議論や、「現在及び過去のパフォーマンスではなく、将来のパフォーマンスの見込みを織り込むべきだ」などの議論が展開される。これは、「最終的には限られた資源のより効率的な配分の道具として『評価する』という行為が、有効性を持つか否か」という問題として語られることも多かった。すなわち、日本では、一定の水準に達したかどうかという閾値的な「質」を問題とするというよりは、

パフォーマンスの量の多少を強く意識する形で、大学評価論が展開されてきた。そして、そこにおいては、大学の自主的な目標設定と管理運営というものが、時に大学の自治や自律性の問題として、また、時にニュー・パブリック・マネジメント的な意味での資源運用の効率性の問題として、区別されずに語られていた。

　他方で、行為としての評価の議論は、「誰が」評価するかという評価主体の問題として、大きな展開をみせていく。すなわち、英国では質をめぐる議論が、「何を」評価するかによって当然ながら結果が異なることや、また、「何が大学教育で、何が研究なのか」というイデア的な問題を顕在化させることになる。これとは対照的に、日本では、何を評価するのかという対象の問題は、かなり曖昧なまま、むしろ誰が評価という行為を行うのか、あるいは、誰が評価という行為の主体性、ヘゲモニーを確保するのか、という政治的なパワーゲームとしての論争が重ねられていくことになった(例えば金子 2000)。

　1991年の時点で自己点検・評価が、第三者評価に先行する形でまず努力義務化されたことは、大学関係者の「評価」という行為による学外者の学問的営為への介入への警戒感と学問の自由や自主性、繊細さから、「結局大学で営まれる高度な学術的行為はそれを行っている本人たちにしかわからないし、その当事者によって評価をすることが優先されるべきである」との考えによるものと思われる。このことは、確かに金子(1991)の指摘するように、日本において自主性原理へ偏った評価システム像が展開することへとつながり、一方で世界的に見ても最も大学に主体性が与えられ(Yonezawa 2002)、他方で、社会にとっても大学にとっても何のための評価なのかがシステムとしてわかりにくさが残る大学評価システムが作り上げられた。

　ここであえてうがった見方をすれば、1991年の時点で大学基準協会に対して最終的に日本の大学評価全体を担う主体的な役割を与えず、あくまで大学の自主的な活動への期待と将来への可能性を残すにとどめたことは、大学側だけでなく、政府側にとっても都合がよかったのかもしれない。文部(科学)省は、かつて1940年代から50年代にかけて、戦前につながる大学設置認可行政の実権を、占領政策で大学基準協会に「奪われ」、1950年代半ばに大学設置

基準を省令化することで、その実権を「取り戻す」戦いに勝利した経験をもっている (大崎1999)。ここで、政府は、一方で大学設置基準の大綱化という、自らの管理権限を放棄するような大幅な譲歩をしつつも、最終的に再び大学基準協会に評価権限が移行しなかったことで、最終基準としての大学設置基準という考えが残された。この、「大学設置基準の大学評価に対する優先」という原則は、のちに国の機関として認証評価のための評価基準を整えていくことになった大学評価・学位授与機構の機関別評価基準においても、貫徹されている。

また、大学基準協会側も、結果的にはこの時点で、「非政府」「ボランタリズム」「メンバーシップによる同僚主義」という原則を堅持したまま、1990年代に入ってその活動を活発化させている。問題とされていた一度評価を受けた正会員校に対してその後まったく評価がないという在り方を改め、再度のアクレディテーションを、会員校が「相互」に同僚的な精神に立って評価するという「相互評価」をスタートするなど、一連の自主改革に乗り出す。

この過程において、どのような議論があったのかは大学基準協会側からの発言を待たなければわからないが、結果的には、そもそもの母体となったモデルである米国の基準協会の精神によって、政府から独立した大学による評価行為の主体性を確保しようという方針が強化されることになったのであろう。これは、前田 (2003) が指摘しているように、おそらく米国においても、そして、1980年代に大学協会主導による評価システムを確立させたオランダ (フローインスティン2002) においても、政府による評価制度の整備の過程で大学側が結束して主体性の確保に動くという方向は、共通しているといえよう。

ただし、日本において、米国やオランダと決定的に異なるのは、大学基準協会による主体性確保の動きに、肝心の大学が結束もしなかったし、乗らなかったことである。すなわち、大学は個々の大学としての評価の主体性の確保にこだわり、大学全体としての評価システムに対して集合的な自治としての評価の主体性を置く価値を見出すことはなかった。他方、大学基準協会も、そのときにすでに問題になっていた、学外者を含めたより広い利害関係者を取り込んだり、評価結果をより社会に広く提示したりという、大学を社会に

開くことへの一般社会の価値づけに対して、柔軟に対応することができなかった。なお、評価結果の公表自体は、米国の基準協会もまた評価が率直に行われることを保証するために行っておらず、大学基準協会としては、その考え方に沿った形で、公表しないという方針で臨んでいたものと考えられる。

大学基準協会の相互評価においても、全大学が結束してそれを支持するという状況に進むことはなかった。政府もまた、そのように大学基準協会を強化することに強いインセンティブを見出せなかった。マスメディアもまた、評価情報を公表しようとしない大学基準協会について、大学の主体性を全面的に理解して支持するほど甘くもなかったし、むしろその方が、メディアが奉仕すべき社会全体に対して、誠実な態度であったといえよう。

4　文部(科学)省の孤独な闘い

1980年代の臨時教育審議会による内閣の教育政策への直接介入を許して以来、文部(科学)省は、一方で行政改革や、何らかの国家概念を背景とした政治家による教育政策への介入に対して、教育を担当する省庁としての主体性を確保することをより強く迫られることになった。

他方、大学と政府との主体性をめぐる争いは、大学評価というものが話題となる前までは、実は、行政事項と学問事項の棲み分けという日本的な大学行政の構造によって、ある程度解決されていた。すなわち、一方で設置前の手続き的な問題や、あらゆる設置行為に付随して発生する予算行為や認可手続き行政という形で「行政行為」として文部省が入り口での主体性を発揮する。文部科学省は、各国立大学及び相当数の私立大学の事務局をその人的関係の直接・間接的支配下におさめていたし、拡大し続ける高等教育システムは、常時「普請中」であるがゆえに、政府の認可行政としての評価の下にあった。他方、教務事項については、戦後強固に形作られた学部教授会の自治権限の下に置かれ、特に国立大学と伝統的な私立大学では、見かけ上、大学はすべて教授会に支配されているような印象すら与え続けてきた。教員たちは非常に多くの場合、実質的には行政事項についてタッチすることはなかったし、逆に行政及び事務局側は、設置された以後の教務事項については一切を教員

に委ねることで、それ以外の事項に関して法と規則に基づく実質的な支配権と、特に予算づけと認可に関連する事項については、プロイセンにおいて官僚でありながら学問のポストに強い権限を持ったアルトホフ (潮木 1993) ほどではないにせよ、実質的な評価行為すら担っていた部分があった。

このようなディスコミュニケーションによる平和的な支配構造の棲み分けは、大学評価が公的な制度設計として議論に上ることで、崩れていくことになる。「評価する」ということが公の行為となることで、その行為にかかわる情報が、プライバシーにかかわる部分を除いては、公の情報として公開されていくことになる。

そして、この大学評価は、1990年前後の議論では大学改革の論理のなかで語られていたのだが、1990年代半ば以降は、むしろ行政評価の議論との関係性を強めていくことになる。すなわち、文部科学省は、行政官庁として、自らが総務省による行政評価の対象となり、その運営の透明性を求められ、認可における窓口規制や事前規制を行うことが許されなくなる。そして、文部科学省は、国の機関としての国立大学やそのほかの高等教育機関・研究機関を適正に管理・運営していることを証明しなければならず、その中には、私学振興・共済事業団を通じた私学助成、公益法人としての学校法人、さらに学位授与権を持つ私立大学・短期大学に対する適切な公共政策も含まれる。さらに、2001年の省庁再編では、文部省と科学技術庁が統合され、他方で科学技術担当大臣が置かれるが、経済産業省等も含めこのように閣内に大学政策にかかわる主体が複数存在することは、一般的な財務省に対する説明だけではなく、より広く、自分たちの行政判断と立案に対して、社会に根拠を示しながら明示していくことが求められるようになる。

一般的に大学評価の制度化によって、文部科学省の大学に対する支配権限は強まったとの解釈がされることも多いが、筆者は最近二十年に起こったことを省みた場合、もう少し包括的な見方が必要であると考える。1990年代に入って高等教育計画による学生数の管理が事実上崩壊し、もはや計画の体をなしていない (黒羽 2001)、計画から市場へとパラダイムが変化した (Amano 1997) などの指摘がなされている。4年制大学だけを見ると、市場が縮小して

いるのに年間20大学前後の新規参入を許している現状は、常識的には政策として理解しがたい。ただし、これをより深刻な短期大学の大学への定員縮小を伴う格上げによる救済策とみなせば、隠れた「護送船団方式」として、合理的な理解が可能である。これでもさらに説明できないのは、大学院大学やインターネット大学、株式会社大学等の認可であり、これは、新しい形態の大学の参加を認めることで高等教育市場の活性化を図ろうという、規制緩和・行政改革路線の姿といえよう。この意味で、最近20年の間に、窓口規制的な意味での認可行政は間違いなく緩められ、2004年の国立大学の法人化は、少なくとも長期的にみれば、大学に対するより大きな規制緩和への動きとして認識されることになるだろう。

すなわち、文部科学省の規制権限は縮小しながら、文部科学省自体が行政評価の対象として大学のさまざまな不祥事に対する監督責任を求められるという、現在の文部科学省は、内閣と大学との双方が権限を強める板ばさみ的な環境の中に置かれている。もちろん、官僚制度の常として、そこには権限拡大の機会を常にうかがい、自らの組織拡大を図る力学は存在し、実際にそれが起こっている実例を挙げることはたやすい。山岸（2001）が指摘している私立大学に対する直接的補助の開始などとともに、大学評価・学位授与機構の創設自体が、その延長線上にあると解釈することも説得力がある。他方で、第三者評価機関をまがりなりにも政府から独立して作ったことは、そこにいろいろな利害関係者がかかわることを考えても、文部科学省も大学側も、完全な情報・意思決定の支配を行うことは困難となる。

行政評価との一貫性を保つ意味合いもあり、国立大学法人評価のための委員会は文部科学省内に設置され、さらに文部科学大臣が形式的に国立大学の中期目標の最終決定者となっている。また、認証評価は学校教育法の改正により法制度として規定され、法改正では同時に私立大学に対する監督権限の明文化がなされた。このように、大学評価についての制度上の権限は、より文部科学省の権限を強化する方向で「国境が定められた」感がある。他方で、あらゆる行為が明示化、透明化されることで、今まで暗黙に棲み分けることで広範に担保されていた行政行為のなかに埋め込まれた支配権限については、

実質的には自由が利かない場面が増えてくる。そのルールが明示化され、特に国立大学において学長を中心とする執行グループが、大学のサバイバルのためにその「秘密の花園」に入り込むし、入り込まざるを得なくなる。このことによって、あるいは国立大学の事務局が機関としての戦略性の強化を求められて中央行政から距離を置いた意思決定を時に迫られることで、文部科学省、大学の教員、大学の事務局それぞれが、自らの手を縛られるような思いをいだくことになる。

5 外部、第三者、主観

1991年において自己点検・評価がシステムレベルの評価に先行して導入されたことは、その後の日本の大学評価の発展に、どのように影響したのだろうか。これについては、大きな影響を残したとも言えるし、あるいはその後の1998年以降の動きのなかで、自己点検・評価時代の影響は跡形もなく崩れ去ったとも言えるかもしれない。

先に述べたように、日本の大学評価に関する議論は、「誰が評価するか」という主体性の問題にその後も焦点が当て続けられながら、議論が展開することになる。川本 (2001) が、「評価というものは他人がするものであって、自分で自分を評価するというのはおかしい」と、勇気ある疑問提起をしたように、常識的に考えて、自己評価では不十分と主張するのは、とても簡単であるし、筋が通っていると見る人の方が多いだろう。自己評価の背景には、高度な専門性と繊細さをもつ学問的営みについては、その専門家が責任を持って同僚として評価し合うという意味での自治的な評価という意味合いがあり、大学をまるで一人の人格であるように自己評価という言葉を単純化して捉えて議論するのも、これまた文脈を理解していないとは思う。ただし、その大学の内部の自省では不十分で、外部の目が必要だと考えるのは、ごく自然である。英国で、授業の試験や学位授与において学外の試験員を入れることで学位の質の保証を図る制度として定着しているエクスターナル・エグザミナーもまた、試験や学位授与という高度に専門性の有する部分においてすら、外部者としての同僚の目が入り込むことが当然視される社会が存在すること

を示すよい例だろう。

　最初に大学レベルの自己点検・評価をしかけた一人である東京大学総長（当時）の有馬は、1993年に東京大学理学部物理学教室において、外国人を評価者に含めた外部評価を実施している。このように、日本では、システムレベルではなく、大学が自主的に学外者を招いて評価活動を始めたことから、このように大学が自ら学外者を選定し、評価してもらう行為が「外部評価」という用語として定着した。ただし、自己点検・評価の中でも学外者に意見を求めることは当然ありうるし、外部評価といっても、大学が自分で企画し、自ら学外者を依頼するのであれば、これは自己評価の延長線上のものにしかなりえないということになる。弘前大学のように、評価者に覆面性をもたせるなどの工夫もなされた(日英合同推進委員会 2003)が、1997年の時点では、より客観的な、大学から独立しているという意味での第三者的な評価を求める声が強くなった(有本 1998)。

　第三者評価という言葉は行政・政策評価一般にも用いられている言葉であり、大学評価の場合、政府からも大学からも独立していることを意味するものと考えられる。1998年の大学審議会答申では、この第三者評価の必要性が前面に押し出され、一方で多様な評価という意味で、大学基準協会やそのほかのさまざまな評価主体の自主的な評価を認めつつ、国としての第三者評価機関として、大学評価機関の創設が提唱された。さらに、評価結果を何らかの形で財政配分の参考にするとの文言も盛り込まれた。大学基準協会とは別に大学評価機関を創設するというこの考えには、1996年に行われた国立大学協会調査団による英国訪問が大きく影響していると考えられている（天野 2001）。その意味で、大学評価・学位授与機構の主要なモデルは、一義的には当時研究・教育の双方の評価部門を有していたイングランド高等教育財政審議会(HEFCE)と、教育評価をオーディット形式で行っていた高等教育クオリティ・カウンシル (Higher Education Quality Council: HEQC)であったと見なすのが妥当であろう。

　大学審議会答申『21世紀の大学像と今後の改革方策について』(1998)には、国立大学の法人化を直接示すような文言は盛りこまれておらず、その時点で

は、少なくとも公には国立大学法人化について、文部省は反対の立場をとっていたし、そのための準備を行う立場にはなかった。むしろ、この構想を実現へと向かわせた要因としては、文部省側に、「事前規制から事後評価へ」という、行政の在り方一般の流れのなかで国立大学行政システムを再設計するという考えが強くあったことと、理工系を中心とした国立大学関係者の中にも、将来的な大学予算及び科学技術予算の見通しが不透明であり、アジア・ヨーロッパ諸国がそれぞれ国際競争を意識して科学技術政策の戦略化を進めていく中で、日本においても限られた資源を特定の大学に集中的に分配することが求められ、それを業績評価に基づいて公正に行うのが望ましいとの考えが強くあったのだろう。

　大学評価機関構想は、2000年に大学評価・学位授与機構が学位授与機構を改組して成立することで実現するが、その創設準備の過程では、すでに文部省は後の国立大学の法人化を射程に入れていたという見方がある。すなわち、一方で資源配分の集中化や大学改革を意識して、「第三者」による「客観的」な評価を標榜しながら、政策評価や、急速に具体化する独立行政法人構想、さらにこの当時かなり真剣に議論がなされていた国立大学民営化の議論に対して文部省としての主体性を確保する意味で、文部省主導の第三者評価機関の設立を急ぐという、もうひとつのシナリオに基づく仮想戦略が、国立大学法人化方針の決定と前後して、急速に浮上していくことになる。そして、この第三者評価機関としての大学評価・学位授与機構は、文部科学省内に置かれた国立大学法人評価委員会とともに、2004年以降国立大学のパフォーマンス評価を担うことになったのである。

　さて、評価の実施の過程で、この評価主体としての「第三者」が、必ずしも、「客観」的であるとは言えないことが明らかになっていく。客観とは、「誰もが一致した見方」ということになるだろうが、特に、もともと多様でハイアラーキカルな特徴を持つ日本の大学では、そもそも同じ尺度や基準によってすべての大学を評価することは、抵抗が大きいし、実際現実的でないことがわかってきた。これは、例えば米国のアクレディテーションなどでも同じであり、結局は各大学のミッションを最初に明示し、それに基づいて評価をす

る形をとっている。そこで、大学評価・学位授与機構は、その評価の試行において、各大学に目的・目標を明記してもらい、それに基づいた自己評価に基づいて評価することを謳い、これは、その後の法人評価においても、各大学の中期目標・中期計画に基づいて自己評価報告書の作成を各国立大学法人が行い、これを評価する形で受け継がれている。すなわち、ここでは、結果的に大学が評価プロセスにおいてかなりの主体性を有しており、むしろ自己評価のオーディットに近いシステムと考えたほうが妥当であろう。各大学のミッションが異なることは、パフォーマンスを試行しながら、各大学を直接比較することが論理的にはありえないという状況を生み出し、機構は機構で公平性の観点から評価結果をある程度相互に標準化する努力を強いられ、他方で、特に資源配分のための「客観的」基準を求める官僚にとって、不満を残す結果となった。

　そこで、2002年の遠山プランに基づく21世紀COEをめぐる議論では、政府がある程度必要と思われる指標を示すなど、量的なパフォーマンス・インディケータを「客観的データ」とみなし、それに基づく評価をしようという試みがなされようとした(Yonezawa 2003)。ただし、例えばサウス・カロライナ州のパフォーマンス・インディケータによる資源配分(山崎2000)が、結果としてはかなり主観的な要素を取り込んでいるように、「誰が」評価するかという主体を、最終的に人間以外の「インディケータ」に置くことについては、強い賛成論の反面で、現実的な運用の上で大きな問題をはらんでいる。すなわち、あらゆる指標自体が何らかの価値観を含み、その運用において「客観」が何を意味するかが不明確になり、また結果について誰もコントロールできなくなるという問題点が明らかになった。結果として、数量データは集められたが、日本学術振興会が組織した選考委員会の委員長の江崎玲於奈が、委員会で「『主観的』に評価する」という宣言を行い、一般的には社会の理解を得た。

　すなわち、誰が評価するかという問題について、誰かが「第三者」としての役割を担うという考え方が徐々に現実の展開をとおして受け入れられ始め、そこには客観的指標が用いられつつも、最終的にはそこに「客観的」評価は存在せず、「主観的」な「第三者」評価でしかありえないことが、経験的に理解さ

れるようになっていったのである。

6 「質保証」概念の再輸入

さて、このように、「評価」という行為を表す言葉を中心に、評価主体をめぐる議論が進められていたなかで、2002年あたりから、高等教育の「質保証」という概念が中央教育審議会などの報告書に現れるようになる。これは、まず、大学審議会答申『グローバル化時代に求められる高等教育の在り方について』(2000)で、国境を越えて提供される大学教育について、「各国の教育制度間の調和と教育の質の確保」が必要との議論がなされ、それが中央審議会『大学の質の保証に係る新たなシステムの構築について』(2002)で全面展開されるに至る。

この「質保証」という概念は、明らかに英語によるquality assuranceの訳語として作り出されたもので、またもや外発的な政策提起の例といえる。文部科学省の立場から認証評価の仕組みを解説した合田(2004)もまた、質保証のために導入された認証評価制度が、「国による事前規制を最小限のものにすることに対応する」ものであるとする一方で、「評価に基づく質保証のシステムの確立は、国際的にも焦眉の課題となっている」「待ったなしの状況の中で、その導入が加速された」と述べている。すなわち、欧州ではボローニャ・プロセスに関連して独自のアクレディテーション・システムの構築を行おうという話し合いが進められ、また、国境を越えた高等教育サービスへの注目が集まるなかで、オーストラリア、米国でも自国の高等教育の国際的質保証の議論が進められている。さらに、日本にも米国などからWTOを通じた高等教育市場の開放要求が出されるなど、国際的には非常にせっぱ詰まった状況にあったのである(国際的な大学の質保証に関する調査研究協力者会議 2004)。

このようにして、日本が50年以上前にすでに導入しているアクレディテーションが、「質保証」という新しい文脈の中で「認証評価」という新しい和語を添えて法制化され、2004年よりすべての大学・短期大学・高等専門学校に「認証評価」の実施が義務づけられた。

英国のQAAが2001年に分野別教育評価にあたるsubject reviewを、事実上

放棄に近い形で大幅に縮小した影響もあり、また、分野別の国による教育ガイドラインの性格を持つと考えられるQAAのベンチマーキング事業への日本での理解が進まなかったことから、認証評価機関となるすべての評価機関が機関別評価を事実上の標準とし、米国の機関アクレディテーションの基準をモデルとした評価基準を作り始めることになった。すなわち、ここに、日本の評価の歴史のなかで、ほぼ初めて明確に「質」という、何を評価するかという対象の問題に議論の焦点があてられることになった。

　日本の高等教育において、今まで質の問題が意識されていなかったということはなく、むしろ常に質は問題とされてきた。たとえば、大学審議会答申『21世紀の大学像と今後の改革方策について』(1998)では、「学生は一週間にそもそも何時間勉強することになっている」とか、「GPAとはこういう制度なのだ」とか、そもそも政策で誘導すべきこととは思えないような細かな教務事項が、答申に盛り込まれた。ただし、今回の質概念の登場は、国境を越える新しい高等教育の国際化の動きへの国家による対応措置として、評価の中で本来問題にされるべきことが、形を変えて概念の再輸入が行われたとみるべきだろう。すなわち、ここにおいて、再び、「そもそも日本の高等教育において『質』を議論する意味はあるのか」とか、「『質』とは他の国ではこうとらえられている」などという規範的な議論が必要となり、それと同時に、評価の対象、すなわち「何を」評価するかについて、今まで以上に関心が払われることになるのだろう。

おわりに──継続的な対話に向けて

　以上のように、英国において大学評価の問題が「quality」という対象を示す言葉を中心に語られ、日本においてはこれが「評価」という行為を示す言葉を中心に議論が展開されたことは、両国における大学評価の議論と実際の展開に、大きな違いをもたらすことになった。他方で、2003年を前後として、日本では高等教育のグローバル化の過程のなかで、「質」という言葉によって評価の問題が異なる角度から再定義されようとしており、このことは、両国の大学評価の比較を行ううえで、大きな変動の要素になる可能性を含んでい

る。

　英国では実態はともかくとして、哲学としてはすべての学位は同じ価値をもつこととなっており、これをエクスターナル・エクザミナーなどの評価制度が支えている。これに対し、日本は各大学の学位、あるいは卒業時点での能力の価値についての問題に対して、真剣に取り組み始めたのはむしろつい最近のことである(たとえば小方2001)。これは、OECD(2004)の示す2000年時点での高等教育の卒業率において、高いといわれる英国の卒業率が83%にとどまっているのに対し、日本は94%という、先進国最高の値を示していることからもうかがえよう。質保証概念の今さらながらの導入と、アクレディテーションとしての認証評価の義務化は、今後の日本の大学評価の議論に大きな影響を与えることが予想される。それと同時に、この考察をとおして、われわれが外国の情報をいかに偏って、あるいは選択的に取り入れてきたか、また、評価や質についての理解が、日本の内発的な論理と直接的な関連性を持たない規範的な議論の影響を強く受けてきたかが明らかになったのではないか。もちろん、規範的な議論は必要であり、関係者にビジョンを与える重要な役割と責務を担っている。しかしながら、対立した論争を含めた立体的な比較のなかで、日英の高等教育のクリティカルな観点からの対話を続けていくことは、大きな意味があると考える。

引用文献

天城勲 1984「大学評価と設置認可行政」慶伊富長編『大学評価の研究』東京大学出版会、275-288頁

天野郁夫 2001『大学改革のゆくえ』玉川大学出版部

Amano, I. 1997 "Structural changes in Japan's higher education system-from a planning to a market model", *Higher Education*, vol.34, No.2, 125-140.

有本章 1998「大学の評価システムに関する全国調査—機関評価の一断面」『学術月報』Vol.51、No.8、46-56頁

Berk, R.A., ed. 1981 *Educational Evaluation Methodology: The State of the Art*, The Johns Hopkins University Press.

中央教育審議会 2002『大学の質の保証に係る新たなシステムの構築について(答申)』

Cook, C. 2002 （鋤柄光明訳）『アメリカにおける大学評価の新段階』—アクレディ

テーションの本質と日本の評価体制』私学高等教育研究所
大学評価機関(仮称)創設準備委員会 2000『大学評価機関の創設について(報告)』
大学評価・学位授与機構の評価事業の今後の在り方に関する検討会議 2003『大学評価・学位授与機構の評価事業の今後の在り方について(中間まとめ)』
大学審議会 1991『大学教育の改善について(答申)』
―― 1998『21世紀の大学像と今後の改革方策について(答申)』
―― 2000『グローバル化時代に求められる高等教育の在り方について(答申)』
Dressel, P.L. 1976, *Handbook of Academic Evaluation: Assessing Institutional Effectiveness, Student Progress and Professional Performance for Decision Making in Higher Education*, Jossey-Bass.
江原武一 1984「アメリカにおける大学評価」慶伊富長編『大学評価の研究』東京大学出版会、15-29頁
合田隆史 2004「認証評価の仕組み」『IDE 現代の高等教育』No. 464 民主教育協会、5-10頁
早田幸政 1995「大学基準協会の『大学評価』システムの形成」青木宗也編『大学改革と大学評価』大学基準協会
飯島宗一・戸田修三・西原春夫編 1990『大学設置・評価の研究』東信堂
今井正明 1988『カイゼン:日本企業が国際競争で成功した経営ノウハウ』講談社
金子元久 1991「高等教育の構造変化と大学評価」喜多村和之他『大学評価の理論的検討』広島大学大学教育研究センター
―― 2000「大学評価のポリティカル・エコノミー」『高等教育研究』第3集、玉川大学出版部、21-43頁
川本八郎 2001「大学の戦略的経営と人材開発」広島大学高等教育研究開発センター編『大学の戦略的経営と人材開発』広島大学高等教育研究開発センター、17-30頁
慶伊富長・緒方直哉 1984「研究活動-化学のケース」慶伊富長編『大学評価の研究』東京大学出版会
ケルズ H.R. 1998(喜多村和之、館昭、坂本辰郎訳)『大学評価の理論と実際:自己点検・評価ハンドブック』東信堂
喜多村和之 1992『大学評価とはなにか』東信堂
―― 1993『大学評価とはなにか　新版』東信堂
―― 2002『大学は生まれ変われるか』中公新書
国際的な大学の質保証に関する調査研究協力者会議 2004『国境を越えて教育を提供する大学の質保証について―大学の国際展開と学習機会の国際化を目指して―〈審議のまとめ〉』
黒羽亮一 2001『新版戦後大学政策の展開』玉川大学出版部
前田早苗 2003『アメリカの大学基準成立史研究』東信堂

森利枝 (2003)「認証評価機関による評価　それはどんな評価になるのか」『カレッジマネジメント』121、リクルート、14-17頁

Neave G. 1988 "On the Cultivation of Quality, Efficiency, and Enterprise: An Overview of Recent Trends in Higher Education in Western Europe, 1986-1988", *European Journal of Education*, 23 2-3, pp.7-23.

―― 1998 "The Evaluation State Reconsidered", *European Journal of Education,* 33 3, pp.265-284

日英合同推進委員会 2003『新しい時代の大学の管理運営』大学評価・学位授与機構

日本私立大学協会 2003『私学に特化した第三者評価機関の設立にむけて(中間報告)』

OECD 2003 *Education st a Glance 2003.*

小方直幸 2001「コンピテンシーは大学教育を変えるか」『高等教育研究』第4集、71-91頁

大崎仁 1999『大学改革1945-1999』有斐閣選書

大住荘四郎 1999『ニュー・パブリック・マネジメント』日本評論社

Shattock, Michael 2003 *Managing Successful Universities,* Open University Press.

新堀通也 1993『大学評価』玉川大学出版部

総合規制改革会議 2001『規制改革の推進に関する第1次答申』

舘昭 2003「大綱化と自己評価の新政策―オランダ」大南正瑛編集代表『大学評価文献選集』エイデル研究所、64-69頁

手塚武彦 1990「フランスにおける大学の評価」飯島宗一・戸田修三・西原春夫編『大学設置・評価の研究』東信堂、91-107頁

東京大学 1992『東京大学　現状と課題1 1990-1991』東京大学出版会

潮木守一 1993『ドイツ近代科学を支えた官僚』中公新書

フローインスティン A.I. 2002（米澤彰純訳）『ヨーロッパにおける大学評価の新段階―オランダを中心に』私学高等教育研究所

―― 2002(米澤彰純・福留東土訳)『大学評価ハンドブック』玉川大学出版部

山岸駿介 2001『大学改革の現場へ』玉川大学出版部

山崎博敏 2000「アメリカの州立大学におけるパフォーマンス・ファンディング」米澤彰純編『大学評価の動向と課題』広島大学大学教育研究センター

安原義仁 2003「イギリスの大学評価」大南正瑛編集代表『大学評価文献選集』エイデル研究所、98-108頁

Yonezawa A. 2002 "The quality assurance system and market forces in Japanese higher education", *Higher Education* 43, Kluwer Academic Publishers, Netherlands, pp.127-139.

―― 2003 "Making 'World-class Universities': Japan's Experiment", *Higher Education Management and Policy,* Volume 15, No.2, OECD, pp.9-23.

第7章 イギリスにおける研究評価の問題点
―― 研究評価を評価する

アール・キンモンス
(大正大学、前シェフィールド大学)

はじめに

　研究評価(Research Assessment Exercise: RAE)が1986年に初めて実施されてから、イギリスの大学教員の活動や大学運営の中で、RAEが大きな存在感を示すようになった。大きな存在感どころか、「支配している」という者さえいる。日本を含む各国では、RAEが契機となって評価活動を実施しようという動きが見られる。RAEあるいは同様の制度がイギリス内外の大学の世界に何らかの形で定着する可能性、あるいは恐れがあるのである。しかしRAEは、その影響力が拡大する様相を呈する一方で、イギリスでは今なお大きな論争を呼んでいる。イギリス科学界の重鎮の中には、RAEの廃止を求める者もいるほどだ。また、RAEは、実施するたびにプロセスの不備や歪曲された結果を修正しようとして、相当に制度をいじっていることが特徴となっている[1]。研究評価のための何らかの制度が必要だと認める者の中にも、RAEは、その活動内容に比べるとあまりにコストがかかり過ぎていると考えている者は多いのである。

　本稿では、RAEのコストと価値について考察する。ここで提起する基本的な問題として、「RAEは、それに投じた資金に見合う価値があるのか？」そして「RAEは、それがもたらす弊害よりも、有用性の方が大きいのか？」の2点を挙げる。

　前者の問題に対する答えを出すには、RAEの目的が何であるのかを知る必要がある。しかし驚くべきことに、特にRAEの評価等級の導入に対して、どのような成果や結果を期待しているのかといった点については明確な所見が

本国イギリスにもないのである。ガレス・ロバーツ卿(Sir Gareth Roberts)が4つの (註2参照) 財政審議会から委託を受けて作成した『研究評価のレビュー (Review of research assessment 2003)』は、RAE を包括的に考察した最新の報告書であるが、この報告書ですら、RAE の主要な目的が何であるのかについては、過去・現在を問わず明言できないことを認めている[2]。ロバーツ卿は、「RAEには二つの重要な目的がある。一つは財政審議会の補助金配分モデルを裏づけすること、もう一つは、それぞれの分野におけるイギリスの研究のクオリティについて、包括的で最も信頼できる情報を提供することである」という。しかし、「これら二つの目的は異質なものである。そして、時としてこれらは背反することもあった」と続けている。そしてさらに、一つ目の目的を最大限に達成することを目指して RAE を改定しても、それが二つ目の目的から見ると、必ずしも最善の内容になっているとは限らないとも語った。そして、ロバーツ卿の結論は次のとおりである。「我々は、ほとんどの場合において、一つ目の目的 (補助金配分の基本情報とする) の方が、二つ目の目的 (さまざまなステークホルダーに対し、研究のクオリティに関する情報を提供する) より重要であると考えるようになった[3]」。

本稿は、「財政審議会が補助金配分を決定する際の基本情報としての RAE」という観点に限定して論じるものではない。しかし、この観点は、RAE のコストと成果の関係を評価するにあたり、具体的な出発点となるものである。そして、この文脈から考えると、RAE は、莫大なコストをかけながらも、極めて限られた成果しか上がらない取り組みだということになるのである。

1 コストの算定

「監査制度」という仕組みにはよくあることだが、初期の RAE においても、基本的には RAE 自体が精査の対象となることはなかった。このことは、「大学に関していうと、唯一「評価」を受けないと思われるもの、それは高等教育に対する中央政府の見識とクオリティである」というマーチン・トロウの言葉を実証する形となっている[4]。また、RAE についても、あるいは RAE に参加する大学についても、評価の実施にかかわる経費を調査する取り組みは

まったく行われなかった。ようやく調査されるようになったのは、1996年の第4回RAE以降のことである。調査の結果は2,700万ないし3,700万ポンドであったが、これは恐らく控えめの数字である。このうち、直接原価はわずか300万ポンドで[5]、残りの金額は「機会費用」、すなわち、単刀直入に言うと「浪費した時間」である。さらに、RAEの運営に際して適切に資金が供給され、「見せかけの」ボランティアに頼ることがなかったとすれば、直接的な支出はさらに跳ね上がっていたであろう。

　上記の数字は、5年間で40億ポンドを配分するために使われた費用であるので、RAEの結果に基づいて配分された資金のわずか0.8％を占めるに過ぎない、とRAEの支持派は指摘するだろう[6]。しかしながら、それは、誤解を招きかねない非常に虫のよい計算結果である。RAEを実施すると、変更はわずかに一回のみで、次回のRAEまでの補助金は固定される。1年間の補助金額をもとに計算すると、この数字は実に4.6％となる。さらに、96年のRAEによって配分し直された額の割合が、平均でわずか10％であったことを考慮すると、成果に対するコストの割合は、46％という驚愕の数字になる。例えば96年のRAE後の初年度には、およそ8,000万ポンドが配分し直されている。その後の配分はすべて、96年以前と同じ、もしくは、96年のRAE後の初年度の配分にのっとっている。言い換えると、8,000万ポンドを配分し直すために、2,700万ないし3,700万ポンドのコストがかかったのである。仮にこのコストが丸5年をかけて償却されたとしても、相対的にわずかな変化を生み出すために、莫大なコストをかけていると言えるであろう。

　イングランド高等教育財政審議会（Higher Education Funding Council for England：HEFCE）はコスト計算が得意でないだけでなく、また、コスト計算に熱心に取り組むつもりもないようだ。このことは、「HEFCEがRAEに価値があると信じるのであれば、RAEにかかる費用を明確に示し、また、なぜRAEにそれだけの費用をかける価値があるのかを説明すべきである」とする下院科学技術委員会（House of Commons Science and Technology）の提言に顕著に表れている[7]。2001年のRAEに関する報告書（前述の提言に従って作成されたとは言い難い）では、運営費だけで、96年のRAEをはるかに上回ったことが示された。

当初の予算は360万ポンドであったが、この金額ではRAEに直接要する諸費用をまかなえないことは、すぐさま明らかになった。最終的に、2001年のRAEでは、財政審議会の直接的な運営費として、510万ポンドを要したのである[8]。大学側にどれほどのコストがかかったのかは明らかではない。しかし、HEFCEと同様の割合(1996年から2001年に68％の上昇)でコストが上昇したと仮定すると、2001年のRAEでは、なんと4,500万ポンドないし6,200ポンドかかったことになる。補助金をわずか9％配分し直すために、これほどのコストを要しているとは驚きである[9]。

上記のような数字を示すと決まって出てくるのが、「たとえ、配分し直される補助金額に比べて、RAEはコストがかかり過ぎているとしても、こうしたコストを正当化するだけの利益がRAEにはある。それは無形の利益であるが、非常に重要なものである」といった反論である。こうした無形の利益としてよく挙げられるのは、(1)RAEによりイギリス科学界の知名度が上がる。(2)RAEがあるがために、大学や学科は計画的な戦略に乗り出し、研究活動にさらに集中するようになる、というこの2点である。しかし、これらの主張を実証する事例は極めて少ないのである。

2 研究の改善

RAEを支持する理由として、恐らく最も頻繁に挙げられるのは、「RAEによって、イギリスの研究水準が向上した。これは、「5」以上の評価を受けたユニット（一般的には学科）の数が、評価対象ユニットの55％、すなわち半分以上に増えたことからも明らかである」というものだ[10]。こういった話を聞くと、シニカルなアメリカ人としては、ギャリソン・キーラー（中西部のユーモア作家）の「ミネソタにあるレイク・ウォビゴン(Lake Woebegone in Minnesota)」という架空の街の話を思い出す。レイク・ウォビゴンでは「すべての子どもが平均以上」なのだ。イギリスでは、すべての学科ではないにしろ、大多数の学科が平均以上であるとのことだが、これは、レイク・ウォビゴンの子どもたちと同様に馬鹿げた話である。イギリスの研究の水準が上昇しているように見えるのは、評価点のインフレとブラケット・クリープ（編者註：(経済用語)イン

フレと所得税の累進制により同一の購買力を持つ所得への税率が上がることにより、実質負担額が増大すること)によるところが大きいからであり、また、大学や学科が「RAE というゲームの駆け引き」が上手くなってきているからである。このことは HEFCE ですら概ね認めている[11]。RAE の反対派として有名なスーザン・バスネット氏(ウォーリック大学前学長—編著者註:Vice-chancellor を「学長」と訳す)は、次回の RAE では「国内の全学科が「5*」の評価を受けるのでは」との予想をしているほどである[12]。

RAE の評価点のインフレが起きたという意見のほかに、イギリスの科学の水準が実質的に向上したことを示す「動かぬ証拠」として、イギリスの論文の被引用率を持ち出す論者もいる。例えばロバーツ卿のレビューでは以下の内容が示されている。

　　最新の研究によると(中略)、最も被引用回数が多い上位1%の研究論文の中にイギリスの論文が占める割合は、評価を実施して以降11%から18%に上昇した。また他国と比較すると、イギリスの論文の平均被引用率は12%上昇した。今やイギリスの研究者の論文は、世界平均を38%上回る割合で引用されているのである[13]。

ロバーツ卿のレビューでは、どの研究結果を引用したのかは明らかにされていないが、恐らくエビデンス社 (Evidence Ltd.) の『研究の卓越性と量の維持 (*Maintaining research excellence and volume*)』という研究によるものと思われる[14]。もしこの調査が、前述の主張の根拠であるならば、これこそがまさに、RAE を容認し、支持している論文が、どれ程事実をもてあそんでいるかを示す好例である[15]。

実はエビデンス社の調査では、イギリスの研究全体が調査対象となっているわけではない。医学・生物科学、環境科学、数学、自然科学、工学といった分野に対象が限定されているのだ。人文科学や社会科学といった分野については触れておらず、歴史、経済、ビジネスの他、多くの分野は取り上げられなかった。調査で取り上げられなかった分野についても、調査対象となった分野同様のレベルにあると考えることもできるかも知れない。しかし、ビジネスなど今回の調査では対象外とされた分野に対するこれまでの調査結果を見

ると、論文数は増えているものの、被引用率は低下しているのである[16]。これは、RAE の実施によって良い影響を受ける研究分野もあれば、悪い影響を受ける研究分野もあるということだろう。さらに、調査対象を限定したエビデンス社の調査結果は、RAE 自体に研究分野に対する偏向があることを示している。すなわち、人文科学や社会科学よりも、自然科学や医学を重視しているのである。

　このような計量書誌学的調査において、最も重要になってくるのは、調査の方法であろう。この調査では、事実上、一番良いものを対象として、その他多数については対象から除外しているのである。今回の調査で使用された方法では、すべての論文の中で最も頻繁に引用される上位 1% の論文のみを対象としており、発表されたすべての研究論文を対象としているわけではない[17]。スポーツの世界にたとえると、イギリスの上位 1% アスリートと、アメリカの上位 1% のアスリートを比べるようなものである。こうした比較をしてみたところで、両国のその他 99% のアスリートのことは何も分からないし、アスリート以外の人々の健康状態については言うまでもない。また、こうしたことは、高等教育の問題にたとえた方が良いかも知れない。イギリスにもアメリカにも世界レベルの大学が数多く存在するが、両国には、母語でありながら、基本的な読み書きのできない成人が 5 人に 1 人といった高い割合で存在しているのだ。

　もう一つ重要な問題は、「イギリスの研究」とは一体何をさすのか、ということである。ガーディアン（*The Guardian*）が委託し、エビデンス社（HEFCE の御用会社）が実施したある調査によると、「国際的な水準」にある研究分野において、その水準にまで高める牽引役となった学者は、実はイギリス人ではなくアメリカ人やヨーロッパ人であったという分野が一部に見られたという[18]。確かに、日本などの国々とは対照的に、イギリスが外国人に門戸を開いていることは評価すべきであろう。しかしその一方で、イギリスの一部の研究分野において、実は外国人が牽引役を担っているという現実は、これらの分野では、高い能力を持ったイギリス人を生み出すだけの力が伝統的に欠けていたということを示すものでもある。

研究力や研究のクオリティを示す指標として被引用回数を使うことについては、このほかにもさまざまな問題がある。多くの研究者を有する分野では、引用される回数は必然的に増える。例えば、ガンの研究分野は日本の中世文学の研究分野より規模が大きい。日本の中世文学に関する優れた論文であっても、被引用回数が、最新のガン研究を扱った論文の被引用回数に届くことは——例えそのガンに関する論文が平凡な内容であったとしても——まずないだろう。方法論を扱った論文は、特に医学・生物学の研究において、非常に高い割合で引用されている。しかし、一般的な方法論による分野や、個々人の研究と方法論との結び付きがない分野においては、こうした方法論が引用されることがあっても、それはごくわずかでしかない[19]。

エビデンス社の調査対象となった一部の分野において、イギリスの研究論文の量的、質的な向上が、RAE 実施の時期に見られたことは確かに事実かもしれない。しかし、このことをもって、RAE が研究論文の質的、量的向上をもたらしたと証明することはできない。「Bの前にAが起こった」あるいは「AとBが同時に起こった」という事実のみをもって、AとBの間に構造的な因果関係が成り立つわけではない。これは、社会科学の研究の基本である。せいぜい断言できるのは、RAE が存在したこと、そしてこの時期にイギリスの論文の量、そして恐らく質も向上したことぐらいであろう。この時期にはRAE の他にもさまざまな取り組みが進められていたので、こうした論文の向上についてほとんどはおろか、その一端が RAE の成果だとするのにも、さらに詳細な分析が必要である。実際、エビデンス社の調査では、「研究業績と特に研究審議会の補助金交付額の関係は、研究業績と RAE に基づいて交付する補助金よりも相関性が高い」と明言している[20]。

研究のクオリティの傾向について、そしてそれは RAE が要因となっているのかについて、学会誌などの編集者を対象に調査したところ、46％はクオリティが向上したと回答した（向上してないと答えた者は36％）。しかし、こうした向上は RAE の成果であると積極的に認めた者はわずか15％で、44％は RAE の成果だとは認めず、40％が不明と回答した[21]。

3 戦略的計画力の向上か、ゲームの駆け引き力の向上か？

　RAE の実施によって、イギリスにおける研究のクオリティが向上したことを示す証拠は限られている。これに対し、RAE の実施により、大学、学科、そして個々の取り組みに変化が生じたことを示す証拠は数多くある。しかしながら、このような取り組みの変化は、主に、次回の RAE で高得点を取るためであって、ここには、イギリスの研究にとって何が最も望ましいのかという観点などなければ、ましてや学生にとって何が望ましいのかといった観点もない。このように、RAE 中心の考え方となってしまっていることには、HEFCE の関係者でさえ驚きを隠せないでいる[22]。RAE が誘発したこうした取り組みの変化を理由に、当の下院科学技術委員会では、RAE を「有害なる撹乱」と烙印を押している[23]。また、王立協会 (The Royal Society) は、RAE が「誤用され、数多くある学科、ひいては大学の威信というものを一元的なものにしてしまった」としている[24]。

　ガレス・ロバーツ卿の『研究評価のレビュー』では、RAE に追従した「駆け引き」の量の縮小 (「排除」とまではいかないにしても) のために多くの紙面を割いている[25]。常識で考えてみれば、駆け引きを排除したところで、「もぐら叩き」をするようなものであろう。もぐらを一匹叩いて穴に戻すと、今度はもぐらが2匹飛び出てくるのである。逃げ道を一つ閉ざしたところで、頭の良い人間は、今度は逃げ道を2つ見つけるものである。HEFCE は、ロバーツ卿のレビューで示された提言を部分的に受け入れて策定した『2008年 RAE の計画』を発表したのだが、そのわずか数日後には、最小限の労力と費用で評価を最大限上げる方法が現れ始めたのである[26]。

　「戦略的な計画 (別名、ゲームの駆け引き)」に RAE がどのような影響を与えているのかを理解するには、RAE が何をして何をしないかを正確に押さえておく必要がある。最も基本的なポイントは以下の2点である。

(1) RAE による評価は、評価の対象となったユニットに交付される研究補助金額を決定するものではない。
(2) RAE は、研究そのものを評価しているのではない。

ジャーナリスティックなコメントや、さらには RAE の専門家の論評のほとんどは、この2点に関して誤解を与えかねない内容であるか、あるいは RAE に直接的には関係している者でなければ、理解できないよう内容になっている。

評論家の多くは、「RAE で評価を受けたユニットの格付けによって、そのユニットが受け取る研究費の補助金額が決定する」ということを前提にしているように思われる。しかし実際はちがう。RAE が行っているのは評価を出すことであって、その評価がもととなって、大学（評価を受けたユニットではない）に交付される研究関連の所要経費に対する補助金額が決まるのである。さらにいうと、この「研究用補助金」とは、実費というよりは名目上のものである。「RAE に関連する補助金は、研究に係る所要経費に限定して使用しなければならない」とする決まりはなく、また、「大学に交付された補助金は、各ユニットに対する RAE の評価に応じて、各ユニットに配分しなければならない」とする決まりもない。よって、大学は、評価の高い学科が「稼いだ」補助金を、評価の低い学科の強化に使うこともできるのである。実際、RAE がやっていることは、学長が自由に使える「(次回 RAE のための)多額の賭け金」を与えているようなものだ。この「多額の賭け金」のほとんどは使用されているであろうが、必ずしも研究支援に使用される必要はなく、また、各学科の評価に基づいて学科に配分する必要もないのである[27]。簡単にいえば、個人が研究をし、学科が評価を受け、学長がゲームをするためのお金を得ているのである。

また、さらに重要なポイントは、「研究評価 (Research Assessment Exercise)」という正式名称は、実際の RAE の活動を正確に表したものではないという点だ。RAE は、研究に関する論文を評価するのであって、研究そのものを評価している訳ではない。研究が進行中で、RAE 指定の期日までに論文を発表することができない場合、その研究は評価の対象外となる。途中で断念せざるを得なかった研究も、論文を発表していない限り対象外である。こうしたことを考慮すると、現在の RAE は、「研究論文評価 (Research Publication Assessment Exercise)」に名称を変更すべきであろう。しかし、この「研究論文評価」と

いう名前をもってしても、現在の RAE の活動を正確に表しているとは言えない。

　RAE の活動の大半を占める評価部会の運営状況を対象として、HEFCE が委嘱した調査がある。その調査によると、論文数が非常に多い分野の中には、提出書類のうち、わずか10％しか査読されていなかった分野もあったという。全部会の平均では約25％であった[28]。このように、RAE に提出された莫大な数の論文のほとんどは、読まれてもいないのだから評価などされようもない。読まれもしない論文を、どのような意味であろうと「評価された」ということはできない。よって、現在の RAE については、「研究論文数のカウント活動 (Research Publications Counting Exercise)」と呼ぶのが適切であろう。

　RAE によって大学の「戦略的な計画」が促進されると主張するのであれば、RAE が各大学に対して何らかの指導を行うことを提言しても良いのではないだろうか。しかし、こういったことも実施されていない。2001年の RAE まで、大学が提出書類に基づいてフィードバックを受けることはなかったのである。その後、正式にフィードバックをする仕組みが整備されたが、今のところその範囲は限られたものとなっている。「RAE の目的の一つがイギリスの研究のクオリティの向上である」と強く主張されていることを考えれば、こうした現状は奇怪としかいいようがない。現在の RAE は、まるで意味のないテストのようでもある。テストを実施した教師は学生には点数しか教えず、どの問題で間違ったのか、次のテストではどうすればもっと良い点数をとることができるのか、といったことを学生に教えることを拒んでいるのである。このような意味で、RAE は、大学に対する指導を行うことによってコスト以上の価値を得ることができる貴重な機会を見逃しているように思われる。

　2001年の RAE ではフィードバックが一部で実施されたが、こうしたフィードバックについては、量の面においても質の面においても、満足した大学はほとんどなかった。財政審議会のある報告書には次のとおり示されている。

　　大学に対して行ったフィードバックについては、各教授の反応は、肯定的なものではなかった。再審理の懸念、時間不足、準備にあたり事務的

なサポートがなかったこと、実施目的が不明瞭であったこと、などが原因となって、フィードバックの所期の効用が薄れてしまった。また、大学にも熱意がみられなかった。極端な例では、フィードバックを単なる気休めだと考えている人々もおり、肯定的な反応が非常に少なかった[29]。

RAEによって戦略的な計画が促進されるという主張は、フィードバックの実施により実質化されることには疑いがない。だとすればなぜ、各ユニットは評価に際して本格的なフィードバックを受けることができないのか。この理由について財政審議会はほとんど明らかにすることがない。財政審議会のさまざまなコメントから推測すると、一番の理由は、訴訟を恐れているからであろう。具体的なフィードバックを実施すればするほど、評価に不満を持った大学の言い分が増えると考えられる。実際、本格的なフィードバックを実施しなかった2001年のRAEにおいてさえ、60件の異議申し立てがなされ、そのうち1件は、結局は取り下げられたものの訴訟寸前まで話がもつれたのである。HEFCE自身が委託したRAEに関する調査ですら、内部の事務的な問題や各部会の運営の不統一が指摘されており、評価点の決定に関する詳細なフィードバックを実施すれば、異議申し立ての件数が増え、損害賠償を求めて大学側が訴訟を起こす可能性も容易に想像できる。

もう少し皮肉な見方をすれば、フィードバックを実施しない理由は、評価にムラがあることや、(組織)内部の統制がずさんであるといったことを、HEFCEが暴かれたくないからである、と考えることもできる。これを裏付けるものとして、シェフィールド大学の東アジア研究学部(School of East Asian Studies: SEAS)の例が挙げられる。大学に不満を持った元職員が、1996年のRAEで実体のない論文を提出するなど、学科内で不正があったことを『ガーディアン』に暴露したのである[30]。これには、私的利益を得ようとする疑念はないものの、この暴露は、評価を上げるために、提出書類に細工をして不正を働いている事実を裏付けているようである。

この一件は、『ガーディアン』という知識階級や教育関係者を読者層とする権威ある新聞で、大きく報じられたものの、HEFCEは正式な申し立てを受けた訳ではないとして、非公式なものも含め調査は一切実施しなかった。そ

の後の新聞報道や信頼できる情報筋からのコメントをみると、調査を実施しなかった本当の理由は、こういった不正が頻繁に行われていることにあるらしい。今回の1件を調査すると、他大学でも内部告発が起きるであろう。少なくとも、調査を実施すれば、RAE の内部手続きはずさんなものであり、不正を行えば、たとえわずかな範囲であるにせよ評価の点数を変え得ることを露呈してしまう可能性があったのである[31]。『ガーディアン』の報道によると、96年の RAE で政治学の提出書類を審査した部会長は、政治学の分野では、提出書類の6分の1に「誤った報告」があったと証言したという。さらにこの部会長は「彼ら(財政審議会)はこうした事態を直視しようとしなかった。こうした事態は評価の信憑性に疑念を投げかけるものであるが、こうした問題と戦うためには、多数の人的資源を投入して監査を実施しなければならなくなるであろう[32]」と明確に述べた。

　もう一つの事例は、ロンドン・メトロポリタン大学(旧ポリテクニク2校が合併して誕生)から提出された歴史学の書類である。これには、正式な申し立てが行われ、調査が実施された。HEFCE はこの件に関する疑惑について、疑惑の「ほぼすべては実際に行われたことである」としながらも、申し立てがあった記載の逸脱については、正当と解釈される範囲内であると結論づけた[33]。つまり、ロンドン・メトロポリタン大学は提出書類に不正をしたが、ルールの枠内で不正をしたというのである。シェフィールド大学のケースと同様、本件でも HEFCE は、即座にリプレイ画面が映し出されることのなかったひと昔前のスポーツのレフリーのようでありたいと願っている、との印象を人々に与えた。たとえ反則行為をしても、レフリーが見ていなければ、その反則はなかったことになるのである。

　実際のところ、RAE は研究を評価しているというよりは、論文の数をカウントしているだけなのだから、大学にしても、また大学教員にしても、最高の研究成果を生み出そうとするのではなく、論文の数を増やす戦略に向かうのは当然のことである。大学教員としては、主として(1)論文につながらないような研究やその他の活動は行わない、(2)研究成果は細かく分けて、論文の数を最大限に増やす、(3) RAE の締め切りに間に合わせるためであれば、十分

に吟味された内容でない論文でも発表する、という戦略を採るようになる。大学としては、主として(1) RAE に弱い学科は閉鎖する、(2)論文発表の数が少ない教員には退職を促す、(3)特定の教員を「非研究従事者 (non-research active)」として、RAE に参加させない、(4)論文発表の数が多い研究者、もしくはその見込みがある研究者を大量に雇い入れる、という戦略を採るようになる。まずは、大学の戦略について検討する。

　RAE への参加を管理監督する者にとって大きな問題は、「研究従事者 (research active)」として指名する教員の数である。ここで失敗すると、補助金額だけでなく大学の名声にも大きな影響がある。補助金額の算定に際しては、評価点数に教員数が掛けられるので、一般的に、研究従事者の数は多ければ多いほど良い。しかし、論文をほとんど、あるいはまったく発表していない教員や、全体の評価を下げるような内容の論文を発表した教員を RAE に参加させると、かえって補助金額が下がるということがあり得るのだ。ただ、付け加えると、RAE に参加資格がありながら、参加しない教員がいる場合は、RAE の評価点には、参加した教員の割合を示す文言が付記される。わずかではあるが、このような付記のない評価点の方が格上とされ、交付される補助金額も多い。

　「研究従事者」の戦略の成否は、補助金の交付額に影響するだけでない。それが常識では考えられない結果を招くこともあるのだ。すなわち、規模が大きく質の高いユニットより、規模が小さく質の高いユニットの評価点が高くなるのである。有名な例として前回の RAE では、オックスフォード・ブルックス大学の歴史学が「5*」の評価を受けたが、一方、オックスフォード大学の歴史学の評価はただの「5」であったという一件がある。いわゆる「リーグ・テーブル」や論文発表の面からすれば、オックスフォード・ブルックス大学という「新大学」が、オックスフォード大学というイギリスで最古の、そして恐らく最も有名な大学を追い抜いたように思われたであろう。しかしながら、オックスフォード大学の歴史学部の規模は、オックスフォード・ブルックス大学の歴史学科の規模よりはるかに大きく（オックスフォード：132／オックスフォード・ブルックス：教員数12)、しかも、その全員が RAE に参加したのである[34]。

仮に、オックスフォード大学が、研究業績の振るわない教員をRAEに参加させていなかったとすれば、間違いなく、同じように「5*」の評価を受けていたであろう。RAEによって促進されるという「戦略的な計画」の多くは、こういった類のものなのである。
　評価が下がることを覚悟の上で、教員全員をRAEに参加させた理由の一つは、一部の教員を「非研究従事者」としてしまうと、教員に優劣をつけることになり、「劣」のレッテルを貼られた教員の心理的な影響については言うまでもなく、教員全体の関係に悪影響を及ぼすからである。ロバーツ卿のレビューでも示されているように、「研究評価を受ける際に、誰を対象とし、誰を対象から外すのかを決めてしまうと、これによって不和が生じる可能性がある」[35]。また、「劣」に区分される教員の割合は、かなり高くなると思われる。2001年のRAEでは、有名大学の多くの学科が高い評価点を獲得したが、それは、RAEを受けるに際し、同僚教員のうち20%、あるいはそれ以上の者を対象から外したからにほかならないのである[36]。
　教員間の不和が少ない方法として、論文発表の数が少ない教員を雇用者名簿からはずす（といっても、解雇するわけではない）というものがある。しかし、これは全体的に見るとマイナスの影響を起こしかねない。RAEに関する外部からの批評では、こうしたやり方により、数多くの大学が「非研究従事者」（すなわち、論文を発表していない）教員に早期退職を「促す」ようになったと指摘している。こうした早期退職を誘導するため、さまざまなインセンティブが用意されている。退職金算定の基礎となる就業年数の割り増し、多額の一時金の支給、そして有期契約による再雇用の約束などである。こうした早期退職の件数や詳細な条件、さらにこうした早期退職がない場合の賃金コストの比較といったデータがないため、RAEが引き起こしたこのような退職により、大学全体として純益があったのかどうかは分からない。これらに関する包括的なデータはなく、また、RAEに権限を委任する財政審議会を始めどの行政機関もこうした問題を取り上げて調査していないという事実は、RAEがどのような悪影響を及ぼし得るかも考察することなく実施されていることを示すものである[37]。

RAEと深い関係がありながら、計算に含まれないコストとして、いわゆる「移籍市場」の発達がある。これは、優れた研究業績を有する教員を大量に採用することで、評価を受けるユニットの地位を大学が上げようとした結果、発生したコストである。RAEは締め切り日を設定し、その日までに発表された論文の数をカウントするのだが、論文のもととなる研究が実際にはどこで行われたのかを考慮しないために、このようなことが起きた。例えば、ある研究者がある研究をオーストラリアの大学で完了し、その後、イングランドの大学のある評価対象ユニットに採用されたとする。RAEの締め切り日の時点で、イングランドの大学に所属しているこの研究者の論文は、たとえこれらの論文のもととなる研究がそのイングランドの大学で行われず、また、イングランドの大学から一切の資金援助を受けていなかったとしても、イングランドの大学の論文としてカウントされることになるのである。

最近示されたRAEの改正案の中には、このように雇用に資金を投入して評価点を上げるやり方を食い止めようとする試案は見られなかった。本稿作成時点でのイギリスの高等教育に関するメディア報道によると、「教授」職の求人件数は100件を超えており、いずれも明らかに次回のRAEを意識したものであるという[38]。イギリスにおける「教授」は、アメリカや日本における「教授」とはまったく異なり、非常に高い地位と収入が与えられる職業である。このことを考えても、求人件数としては異常な数であることがわかる[39]。またこれを別の角度から見ると、多くの大学が学科の閉鎖や合併に着手し、RAEで高い評価を受けた実績のあるユニット、または高い評価を得ることが期待されるユニットに、資金を集中させているということになる。大学教員連盟 (Association of University Teachers：AUT) の推計によると、「4」以下の評価を受けた学科を閉鎖すると、なんと8,000名もの職が奪われることになるという[40]。

研究者本人にしてみれば、こうした移籍市場はプラスの効果をもたらすと言えるかもしれない。ただしそれは、研究市場により研究者の「入札価格」がつりあがり、結果として、研究者の収入も増え、場合によっては研究を行う環境 (特に実験科学の分野において) の改善が行われることもあり得ることを前提にした話である。このような移籍市場がもたらす経済全体への影響はプラス

か否か？この疑問に答えるための研究はまだ行われていないようである。給与が上昇することや、高価な研究設備を整備するという点では、コストが上昇することは明らかである。野心を持った研究者や研究チームが移籍すると、彼らが所属していた大学には、他の研究者では容易に扱うことのできない高価な研究設備が残される。また、学部生や大学院生の指導にあたる教員に欠員が出ることも言うまでもない。さらに、移籍に際し、新しい環境に慣れるためには金銭面と時間の両方においてコストが発生し、短期的に個人の効率を低下させる恐れがある[41]。この他、RAEによって取り組みが変わった点の多くについても、変更によるプラスの面がマイナスの面を上回っているのかどうか、しかるべき研究が行われていない。しかし、政府が実施したいくつかの調査によると、大学や学科は研究論文の数を増やすことに躍起になっており、生み出される結果以上のコストをつぎ込んで数々のプロジェクトに着手していることが述べられている。すなわち、長期的にみると莫大な犠牲を払いながら、短期的な利益を得ているのである[42]。

　RAEに関しては、研究発表の数を重視するあまり、研究発表の経験が少ない若手研究者の雇用が敬遠されているという指摘が多い。もしこの指摘が事実であるのなら、考慮すべき副次的な悪影響が少なくとも2点ある。まずは、大学院生に与える影響である。大学での研究または教職が第一の、もしくはそれしか就職の選択肢がない、という分野もある。もしRAEが若手の研究者の就職市場に悪影響を及ぼすのであれば、これは大学院への入学希望者数にも影響する。そして、大学院生が(特に科学分野では)上級研究員のアシスタントとして、その作業のほとんどを行っていることを考えると、大学院への入学希望に悪影響が及ぶということは、上級研究員の研究にも影響が及ぶということである。そして恐らくもっと重要なことは、ベテランの科学者がよく口にすることだが、若いころ、特に20代の頃は、「突拍子もない発想」をし、これが、精巧に検証され、磨かれてその後の研究につながったというものである。もしこれが本当であるなら、そしてRAEが若手研究者の雇用機会を縮少しているのだとすれば、無難な従来型の研究を奨励することで、イギリスの科学研究の力を削いでいることになるであろう。

若手の女性研究者には、これよりもっと大きな影響が生じる可能性がある。一般的に、彼女たちは二重のハンディを負うことになる。まずは、若くて研究発表の業績がないことである。そしてもう一つは、家族や子供の世話に追われ、次回のRAEに提出する業績数をあまり増やせないのではないかといった懸念を抱かれることである。しかも実際、こうしたことが現実となることは非常に多いのである[43]。

RAEを改定し、若手の研究者の養成やその他の社会指標も評価すべきかどうか、ロバーツ卿の『研究評価のレビュー』で取り上げられた。しかしながら、こうした指標の導入は、非常に複雑なため制度が機能しなくなるうえ、RAEに付託されたこととは直接関係がないとして、圧倒的多数をもって却下された。この却下は、RAEに関わる機関(HEFCE等)や研究評価というゲームを楽しんでいる人々(大学の学長、研究の管理監督者)の意見を代表するものであって、一般的な研究者、中でも若手の女性研究者の意見を代表するものではないと言えるだろう。

シェフィールド大学の進化生物学の教授、ティム・バークヘッドは、自らの専門知識を用いて、「RAEはある種の『適応性』を持った男性に有利な制度である」として、次のように語る。

　　現在の環境は、ある特定の表現型(生物の外見に現れた形態的・生理的性質)に適したものである。極端なものでは、攻撃的、仕事中毒、テストステロンが多く分泌する利己主義的な人であって、競争という名の回転木馬にしがみついて、RAEという怪物が要求する生産性を実現するためなら、他人を踏みにじることは厭わないのである。さらに、こうした性質は明らかに男性の特性であるので、選考では男性が有利になり、女性は犠牲者となる。非常に残念なのは、見識を持った政策立案者が、科学分野に従事する女性にチャンスを与えても、すぐにRAEという怪物がこれまでより速く回転木馬を回してしまうことだ。女性が、「懸命に取り組んだところで、結局、現状維持しかできない」と感じたり、「あまり要求が厳しくない怪物の分野で頑張ろう」と心に決めてしまったりするのも、無理もない話である。

そのうえ、RAE に脅かされているのは女性だけではない。

　RAE の回転木馬で最も恐ろしいことのひとつは、大学教員が年齢を重ねた時に襲いかかる。ここには三つの選択肢があるようだ。一つは、所属する学科の責任者が年配の大学教師の首根っこをつかみ、しがみついている回転木馬から落としてしまう。もう一つは回転木馬に必死にしがみつくものの、結局、手に力が入らなくなって回転木馬から振り落とされてしまう（ただし、命は助かる）。三つ目は、自らの意思で回転木馬から飛び降りる。選択肢が三つあるとはいえ、結果は同じである。

少しでも余裕を持って働きたいと考えるのであれば、選択肢は限られている。

　かつては意欲的な研究者であった者が、補助金を獲得できなかったり、研究発表しなかったり、あるいは単に競争から離れて一息入れたいと考えただけで、執行部に首にされてしまう（仮に、幸運であっても、教育業務を増やされる）。結局、もうひとつの怪物がいることを悟るだけだ。この怪物は、研究の怪物ほど即座にその正体が分かるものではない。いろんな形をとって現れるのである。大学という群島のいろいろな島に、新しい怪物が生まれているのである。これは官僚主義という怪物である。このような怪物の一つひとつが、非常に邪悪なものとなるのは、私たちの心の中にある怪物がそれを大きくし、かわいがっているからである。少なくとも、RAE という怪物は褒賞を与えている。私がアドバイスできること、それはいったん回転木馬に乗ったら、そこにしがみつきなさい、ということだ。

これらを語ったのが、研究発表の数が少なくいまだ講師レベルにある中堅の大学教員というのであれば、単なるやっかみとして片付けることもできるだろう。しかし、実際は、教授職にある人物で、しかも RAE というゲームの勝者であった明白な証拠があることを考えると、これらの言葉には注目すべきものがある。[44]

4　評価オリンピック

「攻撃的、仕事中毒、テストステロンが多く分泌する利己主義的」なタイプの人々が、RAE という怪物に仕えているのかどうかについては、もちろん議論の余地はある。しかしイギリスの学長は圧倒的に男性が多く、しかも表立って RAE を批判する者はほとんどいない[45]。さらにまた、学長が公に批判することがあったとしても、そうした批判の内容のほとんどは、評価点の上昇に応じて政府が補助金を増額しなかったことへの批判であり、RAE の存在そのものについての批判ではない[46]。政府が目標を変え、当初の約束どおりの賞金を勝者に与えなかったことに対し、今後の協力を約束しないと大半の学長が政府を脅しはしたものの、実際学長は、RAE というゲームを楽しんでいるのだという意見もある。また、学長の給与の増額と、RAE の成果の上昇には、論証可能な強い関連があるとまで指摘する評論家もいる。学長の給与の増額と RAE の評価の関係は、企業の重役の給与と株価の関係に似ている。もし株価（評価）が上昇すれば、給与もあがる。しかし、もし株価（評価）が下がっても賠償金を支払う必要はなく、さらに最悪のケースとなって、重役が退職する場合でも莫大な退職金を手にすることもある。

　恐らくこうした議論の中で最も強引な論法を展開しているのは、ウォリック大学の経済学の教授、アンドリュー・オズワルドであろう。学長の給与は、一般の大学教員の給与をはるかに上回る額であり、インフレの進行の何倍もの割合で増額しているとして、学長の給与に対して批判的なコメントが THES に数多く寄せられているが、こうした批判的な意見とは反対に、オズワルドは、学長の高い給与はその職責に値するものであると主張する。というのも、学長は非常に複雑な経営問題を抱えているからである。その典型が RAE であるという。この論法の結論は、「大学のさまざまな側面をますます支配しようとする官僚勢力と闘うインセンティブなど、学長にはほとんどない」というものだ。というのも、こうした官僚的機構を主導していることこそが学長の高い給与を正当化する観念的な支柱となるからである。さらにまた、RAE はいわゆる「二重支援システム」（編著者註：1992年に導入されたシステムで、大学の研究費用として 1. 高等教育財政審議会（HEFCs）と 2. 研究審議会（Research Councils）の二方向から補助金が配分されているシステム）の片翼として、学長に対

する補助金交付の算定基礎となっているが、この補助金にはかなりの自由裁量が認められているのである[48]。『研究評価のレビュー』で提案されているにもかかわらず、費用を抑えてRAEを実施する透明性のあるメカニズムがなぜ導入されないのか、答えはこの評価と給与の疑わしい関係の中にあるのかもしれない。

　RAEではすべてのユニットの評価を5年ごと（最近では6年ごとの実施が提案されている）という比較的短期間で実施するため、財政面でもそれ以外でも、必要以上にコストがかかる。RAEが6年ごとに実施されるとなると、どうしても5年間は活動が制限され、残り1年間で慌しく取り組むことになる。のんびりと過ごす間に、ベテランの運営スタッフや「制度に関する記憶」はどこかに消えてしまう。コンピューターのソフトは使えなくなり、テストをしたこともない新しいソフトに交換することになるのだろう。そして、漸次導入したりテストするといったようなメリットもないままに、新たな手順が導入される。仮にすべてが順調に進んだとしても（ありえないことだが）、短期間で大量の仕事をこなすとなると、長期間で同量の仕事をこなすのにくらべ、コストがかかるのは避けられない。こうなれば、全ユニットをおよそ6分の1ずつに分け毎年継続的に評価するシステムに賛同する声もあがるであろう[49]。

　しかしながら、このように一見合理的で効率が良いように思われるモデルの導入は、学長たちからの反対により却下された。学長たちが主張するのは、RAEを毎年逐次的に実施していたのでは、「戦略的な計画」が立案できないというものであった。しかしながら、このような主張の論拠は非常に理解しがたい。一般的に、急激な変化よりも、徐々に生じた変化の方が対応しやすいからだ。しかし、6年かけて全学科の評価点が出揃ったとしても、ある一時期に全学科一斉に発表される評価点が持つほどのインパクトはないだろう。また、大学のホームページやパンフレットに、「XXXX年のRAEでXXの学科においてX以上の評価を受けました」と記載して宣伝することもできない。現代のイギリスは、リーグ・テーブルを好む文化を持っているので、6年間にもわたって断片的に結果がでる「トーナメント」には、6年ごとに開催されるアカデミック・ワールド・カップほどの「迫力」はないのである。

第7章　イギリスにおける研究評価の問題点　147

　2001年のRAEに対するHEFCEの監査では、現代のビジネスの世界では信じられないような手続上の非効率が明らかになった。最も顕著な例としては、セキュリティの問題から、ファクシミリやe‐メールの使用を厳しく制限し、財政審議会が直接に関与しない状況の中でRAEのデータをコンピューターや記憶媒体に保管する場合は、RAEの責任者の承諾を書面で得なければならないというものがあった[50]。21世紀最初のRAEが、19世紀の後半や20世紀の前半のコミュニケーション技術を用いて運営されたというのは、少々皮肉であるというしかない。

5　隠れた政策課題

　RAEが成し遂げなければならないこと、言い換えると、どのような費用便益の分析をしてもRAEが「有益」であるとするには、これが隠れ蓑として使われている可能性があることを考える必要がある。これまで発表された批評や、RAEの運営や改革に深く携わる情報筋から得た情報で、一つ目の「隠れた」目的としてしばしば指摘されているものに、「旧ポリテクニクをその地位にとどめること」があった。

　マーガレット・サッチャーは一見すると大衆向けと思われる政策を推し進めたのだが、そんな彼女の政策の一環として、大学入学者数を大幅に増加させるというものがあった。既存の大学(旧大学)が受け入れる学生数を増やす一方で、ポリテクニクを大学に「昇格」させるという方策も採った。学生数が大幅に増加した主な原因は、後者の方策にある。後にこの方策は高等教育カレッジにも波及した。「新生労働党(New Labour)」のもとでは、中等後教育を実施するほぼすべての教育機関が「大学」と名乗る日も、遅かれ早かれやってくるように思われる。

　以上のことはすべて「安価な高等教育」のために実施されたことであった。「新大学(旧ポリテクニク)」の補助金レベルは「旧大学(1992年以前の大学)」とは異なるものであったし、また、受け入れる学生数を増やした「旧大学」でさえ、学生の増員に比例した補助金の増額を受けることはなかった。また、RAEにおいてさらに重要なことは、イギリスの定義で「大学」とは、研究を行う機関

であり、大学は研究に特化した予算を受け取っていたという点である。ポリテクニクでは研究を実施せず、仮に実施したとしてもその補助金は地方自治体か企業が負担するのであって、政府が負担するものではなかった。しかし、ポリテクニクが大学に昇格すると、政府から研究補助金を要求するようになった。この要求を認めるためには、次の二つのうちいずれかの方法によることになるであろう。(1)大学の研究を支援するために、政府の支出を大幅に増額させる。(2)従来の支援枠内で配分先を見直し、その結果、「旧大学」を犠牲にして「新大学」が研究予算を受け取る。

　イギリスには「カリフォルニア・システム」に類似した制度を実施した前例がなかった。「カリフォルニア・システム」では、「研究大学（カリフォルニア大学）」と「教育大学（カリフォルニア州立大学）」に明確に分けられ、両者では、補助金交付額、あるいは教員の採用や昇進などの基準が異なる。これまでイギリスでは、すべての大学が ── 少なくとも考え方の上では ── 同等の地位にあった。外部評価システムといった制度やオックスブリッジを除いてほぼ一律に配分される補助金は、少なくともオックスブリッジを除いたすべての大学を同等な水準に保つための施策であった。

　今日でさえ、イギリスに二元構造の大学制度を導入すべきだと提案すれば、かなりの議論を呼び起こすことになるであろう。こうした提案をサッチャー政権時代にすれば、なおさらのことであったと思われる。そこで、従来のイギリスの「大学」の定義の下で、大学入学者の数が増えているように見せかけながら、二元構造を維持する一つの方法として、RAEが導入されたというわけである。ポリテクニクは主に教育を実施する機関であり、そのスタッフは主として教師か実務家であって、研究者はほとんどいなかった。ということは、RAEの実施により、政治的にも批判を受けることなく、「新大学」への資金の配分を防ぐことができるのである。評価に際してRAEは過去の実績を重視するので、研究面でほとんど実績のない「新大学」が研究費の名目で補助金を受ける可能性はほとんどなかったのだ。思わぬ副作用として、「旧大学」の中でも補助金が減額される学科もあったが、財政面で考えると、RAEの実施によって、「旧大学」の中で補助金の再配分が実施されることよりも、「新大

学」に補助金が流れるのを食い止める効果の方が格段に大きいのである。

　ロバーツ卿による『研究評価のレビュー』では、イギリスにある132校の大学のうち、40校に交付される補助金を合計しても、RAEの結果に基づいて配分される補助金総額のわずか2％にも満たないことから、これらの大学にはRAEへの不参加を認め、RAEの参加によって生じる時間、エネルギー、資金を節約することを認めるべきだと提言している[51]。この提言に対しては反対意見が非常に多く、HEFCEはこれを採用しなかった。効率性の面では合理的で筋の通った話ではあるが、反対が非常に多かったということは、大学にとってステータスという要素がいかに重要であるかを示している。ロバーツ卿の提言が実施されていたとしても、大学が持つステータスを旧ポリテクニクが主張することができなくなるということはなかっただろうが、「研究」大学と「教育」大学の棲み分けは一層明確になっていたことだろう。

　二つ目の隠れた政策課題は、アメリカの専門用語でいう「終身在職権と昇進」に関するもので、これがRAE導入の背後にあると言えるであろう。アメリカ人が日本について驚くことの一つに、「年功序列」と「終身雇用」という制度が広く行きわたっていることが挙げられる。しかし、これらの制度はイギリスにおける大学教員の雇用の特徴でもある。イギリスの方がむしろ日本よりこうした制度が硬直化している。というのは、日本では、特に非常に大きな割合を占める私立大学では、大学によって給与水準に幅があるが、イギリスの「旧大学」の教員には、国が定めた一律の給与水準が適用されるからである。

　アメリカの研究大学には、「研究発表するか、失職するか(Publish or perish)」といった慣行があり、6〜8年の間に相当数の研究発表をした後にようやく終身在職権が与えられるのだが[52]、イギリスにはこれまでこういった慣行はなかった。また、アメリカの研究大学の中には、特定の地位にある大学教員は何年かごとに定期審査を受け、研究発表をしていない場合には、「業績による昇給」が受けられないという制度を持つところもあるのだが、これに相当する制度もイギリスには見当たらない。業績による昇給が受けられない場合、インフレが起きると、実質的な減給となる。仮に、インフレが起きなかった

としても、「業績による昇給」を受けられなかった者は、こうした昇給を受けた者から大きく遅れをとることになる。さらに、一般的には、こうした定期審査の結果は他の同僚も知っているので、金銭面での影響はもちろんだが、心理的なプレッシャーも大きくのしかかる。まして、アメリカで頻繁に行われている、他大学からの野心を持った研究者の引き抜きや、研究者が所属大学にカウンター・オファーをかけるために、他大学からのオファーを熱心に探すといったことは、イギリスではまずなかったことだ。これまでイギリスでは、「教授」職にある者の給与だけは個別に交渉が行われていた。「教授」とは、イギリスの「旧大学」の教員の中で、ほんの一握りの人物に過ぎないのである[53]。

アメリカの研究大学のような「あめとムチ」の制度がなくても、イギリスの大学教員は確かに研究を行い、研究発表をしていた。しかし、イギリスのトップレベルの大学においてさえ、研究発表をしないため、アメリカの大学であればその地位を失うような研究者が相当数いたという。こういった研究者は、恐らく終身在職権の再審査にパスできなかったり、給与面で同僚に大幅な遅れをとったりしただろう。それでも極めて強情な者であれば、研究業績が給与額や昇進の基準とならない大学に移籍したかもしれない。本稿執筆の時点においてもまだ、国家が決定した給与基準、年功序列、そして採用時点での実質的な終身雇用がイギリスの標準となっている。

しかしながら、RAEの開始により、「旧大学」では各個人の研究業績に注目することが正当化されるとともに、インセンティブにもなった。そして、若手の教員は、研究発表が近々に可能か否かに基づいて審査される。現職の教員は「非研究従事者」と判断されると、RAEの申請から外される。これはRAEの評価点を上げるためのゲームの駆け引きの一環であるだけでなく、研究業績の乏しい教員に対し、退職を迫るための心理的プレッシャーをかけているのである。こうした教員に早期退職を促すために、金銭面でのインセンティブを設けている場合もある。また、研究業績を重視する風潮が生まれた一方で、移籍市場が発生し、従来にない規模で教授職の求人が行われているのである。

意図的なのか偶然なのかは不明だが、RAEを導入したひとつの結果として、徐々にかつ部分的にではあるが、イギリスの大学は、アメリカの研究大学をモデルとして変化しつつあるようだ。昇進や終身在職権取得の手続き面で急激に制度を変更すれば、労働組合と衝突することはほぼ確実なのだが、そうした衝突を起こすこともなく、こうした変化は起きている。また、このような変化は「旧大学」をアメリカ型にシフトするためだと指摘する評論家もいるが[54]、このようなシフトは基本的にはイギリス独自のRAEというシステムの下で起こっていることであり、よって、アメリカ型のモデルをあからさまに適用することで生じる「国家の威信の失墜」は起きないのである。

このような点において、また、「教育」大学と「研究」大学とに分類するという点においても、RAEとは、直接的な政策論争を回避するためのメカニズムであるということもできる。もちろんこうした考えについては、論争を回避することの意義や、なし崩し的に実施される改革と明確な指示のもと実施される改革ではどちらが良いのかといった見方によって、評価は変わるであろう。「人頭税」や英国国有鉄道の「民営化」などのサッチャー政権の大失敗を考えると、じっくりと練った政策の変更だからといって、場当たり的な政策変更より優れた結果をもたらすとは、必ずしも言えないのである。

6　卓越した研究の拠点か、豊かさの拠点か

近頃では、研究補助金を「旧大学」に集中させるために、RAEは利用されるだけでなく、「旧大学」の中のさらに一部の大学に補助金を集中させるためにRAEが利用されていることが言明されている。こうしたことを正当化する理由として、これらの大学には実績がある上に、大規模大学ならではのスケールメリットや相乗効果がある、ということが挙げられている。さらにまた、中国やインドの例を引き合いに出して、研究補助金の集中化政策に言及することで、こういった考えのさらなる理論武装を図る場合もある[55]。

日本にも同様の補助金集中化政策があるが、あまり注目されていないようだ。イギリスでの研究を評価する上で、参考にすることが多いアメリカでは、非常に多様な補助金源があり、国家による監査制度や配分制度のようなもの

はない。しかし、議論に際してこうしたアメリカの事実を指摘したところで、都合よく無視されてしまう[56]。例えば、あるアメリカのアドバイザーが「イギリスでは研究補助金が、数少ない一部の大学に極度に集中しているのは明らかである。これでは、人事、学生、財源といった面で、他のすべての大学の弱体化を招く。このことを、アメリカの大学と比較すべきである。アメリカでは、高い水準の地方大学があり、これには私立大学も公立大学もあるのだ」[57]と忠告している。これは HEFCE の出版物ではなく『ガーディアン』に掲載された。これまでにもイギリス社会ではしばしばあったことだが、補助金を数少ない一部の大学に集中させるこの政策は、政府や HEFCE に浸透しているある哀れな格言を生み出しているのである。すなわち、「最上のもの（ベスト）には資金を、その他（レスト）には犠牲を」である。

　イギリスの懐疑論者も、RAE の反対派同様、日本についての詳しい情報は知らず、アメリカについてはわずかに知っているという程度である。だからといってこうした人々が、イギリスがおかれた状況を踏まえての意義ある論争ができないというわけではない。彼らが指摘するのは、二流の大学や評価の低い学科に所属しながらも「卓越したレベルにある一部の研究者」や「著名な研究者」のことである。ある程度の補助金を獲得するのに必要な RAE の最低評価点が、もし高めに設定されていたなら、こうした学科や個人は資金不足に苦しむことになるだろう。

　同じように重要なことは、大きな学科が潤沢に補助金を受けて相乗効果が生まれたとしても、莫大な運営経費、緩慢な意思決定、巨大建築志向を持った経営方針、これらが、それを打ち消してしまうという主張があることだ。資金力のある大学や学科は、安くて使い勝手がよくそれでいて目的を十分に果たせるような建物ではなく、その分野で傑出した機関としての地位に相応しい記念建築物（殿堂）が必要だと判断するであろう。仮に、RAE の結果によって配分された補助金が、「インフラ整備」のためであって、特定可能な研究プロジェクトのようなものに関連していないとすると、それが建築家への費用や殿堂建設に使われることを防ぐことはできない。ましてや、研究にほとんど関係のない無数の使途に関しては、なおさらのことである。仮に、安

くて使い勝手のよい建物と殿堂との費用の差額が、研究が精力的に行われていながら評価が低いため補助金支給の下限にわずかに達しない学科に回されていたならば、もっと実りのある研究業績が生まれていたであろう。

　さらにまた、具体的な調査データがないにもかかわらず、RAEにメリットがあるとする考え方が支配的である。たとえば、補助金を特定の大学に集中して交付する方が、補助金を分散して交付するより効率が良いということについて、それを示す具体的な調査データはない。それどころか、「必要最小限度額を超えると、補助金を追加投入しても、それに応じた研究成果の向上は見られない」とする研究を、複数の評論家が引用している。研究に対する補助金や組織の面でスケールメリットが実際にあるのかもしれないのに、高等教育の分野には収穫逓減の法則があてはまらないのだとすれば、それは非常に驚くべきことである。さらにまた、非常に高価なハードウェアを利用する粒子物理学など、ある程度の補助金の集中が必要となる分野もあるだろう。しかし、年間の研究予算が「巨大科学」の設備稼働にかかる電気料金1ヵ月分にも満たない額で、十分な研究を行うことができる歴史学のような分野にまで、補助金を集中させる必要があるのかどうかは定かではない[58]。

　もし補助金を集中させることで実際にスケールメリットが発生するというのであれば、その効果を測定してRAEに組み込むべきである。例えば、一つの分野から二つの学科を選び出す。一方の学科の一人頭の補助金額をもう一方の倍に設定し、補助金額が多い学科は低い学科の倍の研究業績を出さなければならないと決める。もし補助金額の多い学科が低い学科の研究業績の倍を下回れば、補助金を集中させる効果を立証することができないのだから、今後、その学科への補助金額は減額する、という具合である。

　イギリスの大学の学長で構成する全英学長協会(Universities UK：UUK)の委託を受けてエビデンス社が実施した調査結果が提示されると、HEFCEの研究ディレクターであるラマ・サルナマチャンドラン氏が、即座にこれを退けたことは、象徴的な出来事であった。この調査の目的は、政府は補助金の集中化にメリットがあるとする根拠を示していないことを明らかにするというものであったのだ。全英学長協会が委託したこの報告書の内容について、サ

ルナマチャンドラン氏は明確な対応を行うこともなく、「公的な研究補助金の額には常に限度があるという事実を何ら考慮していない」として、反故にしたのである[59]。サルナマチャンドラン氏のこの弁に異論を差し挟む余地はない。それでも、問題の本質が「限られた財源」にあるのであれば、政府の政策課題を隠すという偽りの目的のためだけに、そうした限られた財源を大量に、しかも5、6年にわたって使う必要がどこにあるのか、サルナマチャンドラン氏に尋ねる権利はあるだろう。もし財源が非常に少ないのであれば、基本的に無意味なRAEに資金を投入するよりは、研究自体に使う方が賢明だと言える。

　保守党も労働党もともに、雇用の拡散とコストや物価の低い地域での雇用の定着を狙い、政府の諸機関をロンドンから移転させる政策を実施しているが、皮肉なことに、トップレベルの大学に補助金を集中させるやり方は、こうした施策に逆行するものである[60]。それどころか、物価やサービスのコストが、ロンドンよりオックスフォードやケンブリッジの方がはるかに高い場合が多い。これもまた、RAEがその他の政府の政策と連携をとることはもちろん、参考にすらしない「場当たり的政策」であることを示す一例である。

7　過去の実績がものをいう

　RAEには数多くの矛盾が内在するが、RAEそのものの複雑なロジックを考慮しても、最も大きな矛盾と言えるのが、評価対象の期間に各ユニットに交付された補助金額を考慮せず、すべてのユニットに対して同一の基準を用いて評価を実施する点である。スポーツの世界でいうと、例えば、ボクシングに体重別の階級がない、競走において身体障害者と健常者が一緒に参加し、しかも健常者の一部が他の選手のはるか前方からスタートを切る、といったことになる。前回のRAEの評価で、「4」の評価に相当する補助金しか支給されなかった学科は、「5*」の評価に相当する補助金を受けた学科と同じ土俵に立たなければならない。「5*」の評価を受けた学科が自らの地位を維持するには、「5*」の補助金で「5*」の研究をすればよいだけの話である。しかし、「4」の評価を受けた学科が「5*」の評価をめざす場合、「4」の補助金額で実質的に

「5*」の研究をしなければならない。これに成功した場合、この学科は「5*」の評価の学科より、補助金をはるかに効果的に活用したことになる[61]。

先ほどのスポーツの例を続けると、ボクシングのヘビー級の選手がウェルター級の選手を下すことは予想できる。しかし、ウェルター級の選手がヘビー級の選手を下したとすれば、これこそが偉業であり、そういった試合は称えられてしかるべきであろう。RAEが想定しているのは、潤沢に補助金を交付された学科が、補助金に応じたレベルの成果を出すことだけであって、補助金のもととなった評価をはるかに凌ぐレベルの成果を出した学科については、特に注目していないのである。これでは事実上、補助金額の高い学科が月並の成果を出すことを助長し、補助金額の低い学科がひときわ優れた成果を出そうとする意欲を殺ぐことになってしまう。

HEFCEは、2001年のRAEの結果をもとに当初見込んでいた補助金額の支給に消極的な姿勢を見せた(すなわち払えなくなった)際に、新たに「5**」(ファイブ・スター・スター。シックス・スターと呼ばれることもある)という評価区分を追加するという方法を採った。この「5**」は、2001年のRAEと1996年のRAEで「5*」の評価を受けた学科が対象となる。評論家が指摘しているように、これでは、2006年もしくは2007年までの研究補助金の配分を決定する際に、部分的であるにせよ、15年以上も前の研究がベースになることになる[62]。「4」の評価を受けた学科への補助金を減額して(後にこの決定は見直され、修正されたが)、「5」以上の評価を受けた学科に補助金を支給する[63]。ということは、「3」から「4」に評価が上がったユニットに対しては、HEFCEが「大変よくがんばりました。でもあと一歩。賞金はなし！」と言いつつ、一方で、「過去に補助金を受けた人は、これからも受け取る権利があります」と言っているようなものだ。もし、財政審議会が過去の実績を準用して補助金の配分を決定するつもりなら、審議会の単なる儀式とも言える評価活動に、どうしてこんなにも大掛かりに時間や資金を費やす必要があるのだろうか？「5**」の追加に対しては、反発が非常に厳しく、前回のRAEの部会長の半数が、この制度を導入するのであれば、今後は協力しないと脅しをかけるほどであった。事実上、HEFCEはこの案を撤回せざるを得ず、また「5*」の評価区分に対する補助金への影響も大幅

に縮小し、補助金額を決定する主要な要素というよりは、学科の勲章という意味合いが強くなったのである[64]。

8 場当たり的政策

RAEを擁護する理由づけにはさまざまなものがあるが、そのうちの一つに、「RAEを導入することで、研究補助金が最も有効に活用される学科に確実に補助金が交付される」というものがある。RAEは学科もしくは学問分野ベースで比較評価を実施しているため、RAEは特定の分野内で成果の高いユニットを報奨すべきであって、異分野間のバランスを変えるべきではないということになる。歴史学で高い成果をあげている学科の補助金額は、低い成果しか出していない学科の補助金額を上回るべきではあるが、歴史学と政治学など他の分野との全体的な補助金額のバランスは変えるべきでない。仮にこうした再配分が実施されるのであれば、「歴史学は政治学より重要である」もしくは「政治学は歴史学より重要である」との大所高所からの政治判断をもとに実施されなければならない、というのである[65]。

しかし、実際の運用では、RAEは同一分野の中で、ある研究ユニットを報奨するだけではなく、他の分野を犠牲にして、ある一部の分野を報奨しているのである[66]。これは、「イギリスの研究はXよりもYに力を入れるべきである」との意識的な政治判断の結果ではなく、さまざまな分野の評価基準が多くの点で一貫性に欠けているために生じたものである。Xという分野で「5*」の評価を受けるユニットの割合が、Yという分野より多いからといって、Xの生産性がYの生産性を全体的に上回るとは限らない。Xの分野を評価した部会のメンバーのほぼ全員が、Xの分野に携わっており、Yの分野を評価した部会のメンバーより評価がかなり甘かったということもあり得るわけだ[67]。実際、規模の小さい分野の平均評価は、規模の大きな分野の平均評価より高くなる傾向にあると言える。高い評価を受けた小規模で難解な分野には、その規模に不釣合いな割合で、才能あふれる生産性の高い研究者が集まっていると考えられないわけではない。しかし、規模が小さく全員が顔見知りという中で、また、被包囲心理も働いて、個人的なつながりの少ない大規模の分

野に比べると評価が甘くなっている可能性が高いのである。

　もちろん、事情に通じた政策立案者が慎重に検討した結果、特定の研究分野に配分する補助金を他の分野より多くするというのであれば、何ら問題はない。しかし、RAEの組織的なきまぐれが生み出した予期せぬ副作用の結果、分野間での補助金額のバランスが変わるというのであれば、話はまったく違う。RAEそのものがもたらす悪影響、改善されつつあるとはいえRAEの「細かな数字を一つ一つ数えるような」発想がもたらす悪影響の結果、「アジア研究」を扱うユニットが数多く閉鎖されていると、評論家は指摘している。これにより中国と日本という二大マーケットで働く人々を養成する資金が削減されているのである[68]。

　「戦略的重要性はあるかもしれないが、多数の入学希望者や多額の外部研究資金は期待できない」という非科学系の分野に対し、本格的な支援をするプログラムが現在のイギリスにないことを考えると、RAEの予期せぬ副作用が、特に国家の安全保障の面で、非常に深刻な影響を及ぼす可能性がある。日本についての専門家である私としては、真珠湾攻撃や極東のイギリス領が占領された後で突貫計画を始めるのではなく、日本が攻撃する前の段階で日本の専門家を養成するプログラムがあれば、両国とも被害はもっと少なかったのではないかと考えている。同様な考えは、すでに切り捨てられた、あるいは将来切り捨てられそうな地域研究のプログラムについてもあてはまる。世界大戦や国際的なテロの勃発といった惨状はともかく、海外の団体や海外の政府から補助金を受けていた学科や、その存在によりイギリスの国際的な認知度を高めていたような学科を閉鎖すると、深刻な外交問題にならなくても、海外から反感を買う恐れもある[69]。

　大学全体の研究評価の点数を上げるために、コースや学科を閉鎖する方法を採ると、「大学」がまるでテクニカル・カレッジのようなコース構成になりかねない。例えば、スワンジー大学では、哲学、社会学、人類学、開発研究、化学といった分野を閉鎖し、RAEで「賞金」を稼ぐ可能性が高い学科に資金を集中させたと報じられている[70]。閉鎖されたこれら学科の分野はどれ一つとっても、他の学科より知的な意義が低いとか、アメリカの大学に見られる

ような「技術不要の単純作業」の課程と揶揄されるようなものでもない。イギリス国内にはこうした分野を教える課程は数多くあるので、スワンジー大学での閉鎖は、大きな損失ではないのかもしれない。しかし、それでも少なくとも二つの疑問が残る。まず、1)大学が設置する学科をRAEが決定すべきなのかどうか。そしてもう一つは、2)設置する学科がどれだけ少なくなっても、「大学」と名乗ることを認めるのかどうかである。イギリスでは、その研究政策を正当化するために、都合の良い部分だけを選んでアメリカを引き合いに出すことが多い。しかしそのアメリカでは、科学や工学で有名な大学は、非常に威信の高い人文科学や社会科学などの学科も設けている。例えば、MIT（マサチューセッツ工科大学）は工学部だけの単科大学ではないのである。

さらに、RAEの影響で学科などが閉鎖されるという問題は、社会学のような「取り組みやすい」研究分野や、中東やアジア研究といった比較的「深遠な」研究分野に限らない。RAEの結果によって、物理学や化学といった分野も閉鎖されているのである。物理学や化学の基礎となる知識が他のさまざまな科学分野にとって不可欠であることを考えると、長期的にみて、こうした事態がイギリスの科学分野にとって好ましい傾向とは思えない。

さらにこうした事態は、階級的偏向を引き起こしていると指摘する者もいる。学費の高い科学系の学科が地方の大学で閉鎖されると、その大学への入学を希望していた者は、その他のエリート大学への入学許可を得るための能力が求められるだけでなく、こうしたエリート大学で学ぶ際の多額の諸費用も見込まなければならない。ほとんどの場合、エリート大学は非常に物価が高い地域に位置しているのである[71]。

9　ステークホルダーなのか、バッグ・ホルダー(騙され役)なのか

財政審議会とその委託を受けた業者が発表した出版物には、アメリカ流の「マネージメント・スピーク(management speak)」を頻繁に用いる傾向がある。しばしば登場する「ステークホルダー」という表現も、文字どおり利害関係者というよりは、「マネージメント・スピーク」的な意味合いが強い。というのは、RAEの資料では「ステークホルダー」として、産業界、研究者、学生、そし

第7章　イギリスにおける研究評価の問題点　159

てイギリス国民が挙げられているが、現実にはこれらに対してほとんど注意が向けられていないからだ。実際に RAE がやっていることといえば、大学教員の論文数をカウントしているだけであることを考えると、RAE の手抜かりの中でも顕著なことは、大学教員が RAE をどのように捉えているのかについて、RAE から独立した機関による包括的な調査を適切な時期に発表していないことである。一部の調査については外部に委託して実施しているものの、現状は、RAE の実施後かなり遅れて調査するか、調査終了後かなり遅れて発表するか、財政審議会が結果をコントロールしようとしていることを匂わすような方法で実施するか、もしくはその組み合わせといった具合である。

　これを証明するひどい事例として、RAND ヨーロッパ社に委託した2001年の RAE の調査がある。これは、1992年の RAE の調査(1997年にようやく発表)と比較するもので時宜に適ったものではあったが、大学の研究行政官や、これら行政官から RAE の調査である集中審議に参加が求められた人々にとって、明らかに有利となるような方法を RAND 社は採用したのである。基本的には、HEFCE が RAND 社に対して、集中審議に参加する大学を指示した[72]。そして選ばれた大学が、参加するメンバーを選んだ。こうして、現行のシステムに既得権を持つ人々に有利に働くような、非常に歪められた結果を生んだのである。注目すべきことに、人文科学や社会科学の代表はいないも同然であった。実際、私の研究分野からは RAND 社の調査には誰一人参加していないし、人文科学から参加したメンバーはわずかに1名のみであった。RAE の審議に参加するメンバーを HEFCE が選ぶということは、裁判で被告人が自らの裁判官や陪審員を選ぶようなものである。批判的な意見も出ずに、無罪判決が出たとしても誰も驚かない。現実に、RAND 社の調査結果には非難が寄せられた(ただし、トーンダウンした)のだが、このことは、イギリスの大学の行政管理職のトップを除くと、現実に RAE がどれほど不評であるかを示すものである。

　技術系出身の HEFCE 官僚(ただし、極めて少ない)が、個人的には研究者のことをどのよう考えているのか。これは、RAE に関する下院科学技術委員会の報告書に対する次のコメントから窺うことができる。

下院科学技術委員会

　RAEにより、大学側は多額のコストと、官僚的なやりかたを押しつけられ、教育や研究は阻害され、大学の他の活動が軽視されるようになり、そして教員の意欲を削いでいる。RAEがもたらしたこのような懸念については、私たち下院の耳にも届いている。

HEFCE

　下院は単なる噂話を報告しているのか、下院としての結論を述べているのか定かではない。前者であれば、結論を述べていただく方が我々のためになるし、後者であれば、その根拠を示していただきたい。このような疑念を持たれているとすれば、ゆゆしき問題であり、RAEを点検する中で私たちもその根拠を追求することになるだろう。しかし一般的に、研究補助金は他の活動の補助金に比べ競争が激しく、そして、それゆえに研究に集中して取り組もうというインセンティブが生まれるのだと、私たちは考えている。できる限り成果を出そうと、大学が必死で取り組むことは間違いないだろう。そして、求められる以上にさらに努力をして研究課題に取り組むことになるのだ[73]。

　現在、『THES』や『ガーディアン』あるいはAUTの報告書などさまざまな所で、研究者の不満が次々と報告されていることを、技術系出身のHEFCEの官僚が知らないとは考えにくい。RAEが引き起こすストレスが博士論文のテーマになっているほどだ[74]。「油を注いだ車輪はキーキーいわない」とのことわざがあるように、満足している人間が声高に不満をぶちまけることはない。だとすれば、前述の懸念、とりわけ研究者の意欲という点に関しては、単なる噂話とは言えないのである。

10　産業界に何をもたらすのか

　本稿では、これまで、RAEに直接関わる者として、大学と研究者としての教員に焦点をあてながら、RAEのコストと価値について論じてきた。しかし、RAEで多少なりとも利害をもつ「ステークホルダー」には、大学や教員だけではなく、産業界、政府、慈善団体、学生なども含まれる。

RAEは歴史が浅いこともあって、産業界に貢献している点はほとんどない。RAEのレビュー部会にも産業界の代表が出席することはほとんどなく、また、産業界が研究者に研究を委託する際に、RAEの評価を参考にしていることを示す証拠もほとんどない[75]。しばしば指摘されるように、大学での研究は基礎研究であったり、「空理空論的」研究であったりすることから、産業界との関わりがほとんどないのも当然と言えるかもしれない。しかしながら、現在のイギリスの大学制度は、単なる象牙の塔、すなわち「夢見る尖塔」ばかりで構成されているわけではない。旧大学の中ですら、さまざまなタイプが存在している。その中には、19世紀の段階で、「高等教育における研究が産業界に貢献する日がくるだろう」と予想し、そうして発展してきた大学もある。また、メディカル・スクールやマネジメント・スクールのように、産業界と明らかに繋がりを持つ分野もある。しかしその一方、哲学や考古学のように、産業界との繋がりが、ほとんど、あるいはまったくない分野もある。

　RAEに関する産業界の意見には、穏便なものからかなり手厳しいものまで、さまざまなものがある。トップの評価を受けている学科は、基本的に、「世間の認識」と一致していることもあり、RAEが産業界に提供できる目新しい情報などほとんどない。この他にも、RAEによる学術分野の区分は、産業界で主に適用されている専門の区分とは異なるため、RAEの評価が産業界に直接役立つということもほとんどない。また、RAEでトップの評価を受けていない大学については、産業界は、RAEの評価ではなく研究者個人の業績を見ると言われている。ここで危惧される問題は、RAEの評価が低く、補助金が減額された場合、RAEでの評価が高ければ、産業界からの補助金を期待できたような研究者にとっては、その研究環境に悪影響が及ぶということである。

　さらに、政府は現在、スピン・オフの奨励に力を入れているが、大学の研究部門を対象としたスピン・オフを査定する規準としてRAEが使用されることへの懸念もある。官僚的で厄介な問題がさらに増えるだけでなく、RAEの「細かな数字を一つ一つ数えるような」発想がスピン・オフに適用されるとなると、スピン・オフの数を増やすために、本来あるべき規模よりも小さな規模のユニットが数多く存在するという事態につながるだろう。また、特許

の件数も考慮されるとなると、その件数を増やすために、よく練られた一つの特許を複数の小さな特許に分けて申請するという事態も起きるだろう[76]。

ビジネス研究のような分野には、RAE はマイナスの影響を及ぼすと言われている。というのも、教員は研究を実施しても、産業界との秘密保持契約を結んでいるために、研究成果を発表できないからである。RAE は研究を評価するのではなく、研究論文数をカウントするのだから、ビジネススクール系の教員の研究は、たとえそれが高いクオリティを誇るものであっても、意味がないのである[77]。芸術・デザインの分野においては、RAE は、現物や試作品を提出するのではなく、書面による成果物を提出するよう求めている。というのも RAE は書面による成果物の数をカウントするのであって、現物や試作品の数をカウントする制度ではないからである[78]。

産業界のトップの中には、いわゆる二重支援システムの廃止を求める者までいる。二重支援システムとは、HEFCE などの財政審議会と ESRC (Economic and Social Research Council) などの研究審議会の双方から研究補助金が交付されるシステムのことである[79]。二重支援システムの片翼である財政審議会は RAE に依存していることから、二重支援システムの廃止を求めるということは、実際、RAE の廃止を求めているに等しい。こうしたことから、RAE や財政審議会の発表には、「二重に補助金を交付する制度は、(中略) うまく機能している」といった根拠のない主張が必ず含まれているのであろう。

また、RAE や財政審議会の発表には必ず、「イギリスの科学分野に RAE が及ぼすプラスの影響は非常に大きい」といった主張が含まれているのだが、このような主張を証明する根拠も、同様にない。その上、RAE に賛成を唱える者の中には、卓越したレベルの科学者や、科学者を代表する著名な団体はほとんど含まれていないという事実を無視している。現実はこうした主張とまったく反対なのである。卓越したレベルにある科学者の大半は RAE を批判しており、王立協会などの権威ある科学者団体も RAE の廃止を求めている[80]。以上のような非論理的な擁護意見は RAE や HEFCE の発表の随所に見られ、RAE はイギリスの産業や科学分野に大きく貢献していると主張している。しかし、イギリスの産業界や科学分野に携わる人物の意見を読んでみる

第7章　イギリスにおける研究評価の問題点　163

と、一見、RAE を賞賛していると見せかけて、その実、手厳しく批判しているものや、単刀直入に廃止を求める声が多いのである。

　RAE に関する論者の中には、大学教員が論文を発表する慌しさに追われ、大学外の活動を敬遠するようになると指摘する者もいる。中でも政府の諮問委員会の委員やコンサルタント業務を引き受けると、以後論文を発表する際に、政府や企業から内容に関して制限を受ける可能性があることから、このような任意の活動においては、特に顕著になると言うのである[81]。実際、RAE 自体、今後は部会の適任者を集めるのが困難になる可能性もある。というのも、部会の作業には時間がかかるからだ。部会の委員になると、自分自身の研究業績を積み上げることに使える時間を失うことになる。特に評価部会の部会長は過重な負担となっており、HEFCE が委託した調査ですら、「1年間の研究活動の中で最も良い時期を失ってしまった」とか、仕事の負担が原因で「体調を壊した。大病ではないが、完治することはない」といったものまで、部会長の証言を紹介していた。さらに RAE の活動に対する謝礼金は非常に少なく、コンサルタント業務の謝礼金として、一般的に研究者が受け取る額をはるかに下回る[82]。この点に関して具体的なデータがあるわけではないが、RAE での委員の業務を敬遠する理由こそあれ、進んで取り組もうというインセンティブは何らないということは言えるであろう。仮に、RAE にそういったインセンティブがあったすると、それは、あまり成果の上がらない取り組みのためにイギリス国民の税金が使われていることを意味するのである。また、「情報通の国民」や「オピニオン・リーダー」(悪く言えば「おしゃべり階級」)も、RAE により得るところは何らないどころか、恐らく損害を被っている。というのも、RAE は大学教員しか読まないような論文の発表を奨励しているからである。

　研究というものは、どれほど完成度が高くかつ革新的なものであっても、その成果が普及しない限り、その研究者本人以外には何の意味ももたない。RAE の活動は、実は論文数をカウントすることであるから、普及という点では、当然プラスの影響を及ぼしていると考えられるかもしれない。ところが、必ずしもこのとおりにはいかない。最近の RAE では「研究業績4点」との条件

が設けられたのだが、この結果、研究成果の普及が進まなくなった分野が一部で現れたのである[83]。「研究業績4点」という条件を、学術論文4点と解釈すると、医学を含むほとんどの自然科学分野にとっては簡単な条件である。しかし、人文科学分野にとっては非常に厳しい条件であり、人文科学分野ほどではないにしても、社会科学分野にとっても厳しい条件である。自然科学の研究業績には、進行中の研究に関する、比較的短い雑誌記事が大量に含まれていることが多い。しかし一方、人文科学の論文はモノグラフがベースになることが多く、これは、社会科学にもある程度あてはまることなのである[84]。

特定のRAEの対象となる研究期間内に、内容はともかくとして、モノグラフを4点仕上げるというのは、例えば歴史学の研究者が個人で取組むことを前提に考えれば、まったく非現実的な要求である。また、仮に仕上げたとしても、それを出版するとなれば、尚更のことである。もちろん、1つのモノグラフにまとめるべきテーマを、4点もしくはそれ以上に分割して、RAEの要求をクリアすることも可能かもしれない[85]。しかし、人文科学や社会科学のモノグラフは、非専門家が読んだり、ジャーナリストの目に止まったりして、学界の外から注目されることはあるかも知れないが、その道の専門家以外の人々によって読まれるというのは稀なことなのである[86]。さらに、特にアメリカの大学の出版部など、学術的なモノグラフを扱うことで有名な出版社は、すでに何らかの形で発表された資料があまりにも数多く盛り込まれたものについては、その出版を敬遠している。このように、論文の形態を変えてRAEの要求を満たそうとすると、人文科学や社会科学の読者数を制限してしまうことになり、また、「ある資料が別の形で出版され、その結果、さらに世間で広く読まれることになる」という可能性も低くなる[87]。

またモノグラフの出版に関してさらに問題となるのは、RAEの締切日までに出版することを求めている点である。これは、アメリカでは「出版が認められた」件数を業績に含めるのが慣行であるのとは異なる。この結果、学術系のモノグラフの出版社は、RAEの締め切りが近づくたびに、大量の出版に追われることになる[88]。中には、臨時にスタッフを増員し、急激に増える作業をさばかなければならない出版社もある。これもまた、表には出ないRAEのコス

トである。さらにまた、出版業界の専門家が指摘しているのは、特定の期間に大量の書籍が発行されると、その書籍の一冊一冊の注目度は下がり、適切な時期に書評を受けることができなくなる[89]。

RAE反対論者が頻繁に口にする意見には、RAEは教科書の執筆意欲を妨げるというものがある。というのも教科書は、未発表の研究に基づいた論文とはみなされないからである。一般的にはそのとおりかもしれない。しかし、著者が未発表の研究成果を大量に教科書に盛り込むということも、十分あり得る話である。執筆に際しての労力という点からすると、研究所で行う科学論文より、しっかりとした内容の教科書を執筆する際に必要となる研究量(調査、文献チェック、情報の取捨選択)の方がはるかに多いと思われる。研究所での研究作業の大半は、名目上の著者ではなく、研究所の助手が行っているケースが多いのである。また、基本的には同じ題材を扱っても、これが教科書に掲載されると業績としてカウントされないものの、学術論文誌に掲載されると業績としてカウントされることもある。例えば、近代日本史に関するさまざまな解釈を大量に考慮した教科書は、RAEの見方からすると単なる1冊の教科書である。ところが、近代日本の歴史学方法論の評論という観点で、同様の内容が学術論文として出版されれば、それはRAEで業績としてカウントされるのである。

こうした現状の中で、仮にRAEにマイナスの影響があるとすれば、どれほどのものなのかについては、疑問がある。RAEは過去の制度でもなく、また、高等教育に与える波及効果を測定するために今から構築する制度でもない。全般的に見ると、RAEによって教科書の執筆が妨げられることがないとしても、誰が教科書を執筆するのかという点には影響するであろう。旧大学のトップレベルの教員には、教科書を執筆しようというインセンティブなどほとんどない。というのも執筆により、自らのマイナス要素になったり、自らが所属する評価ユニットのマイナス要素になったりするかもしれないからである。これに対して、RAEに参加する権利があっても、実際問題としてはRAEの競争から締め出されている新大学の教員には、失うものなど何もなく、教科書執筆によって、金銭的なメリットや認知度が上がるなどの利点がある

かもしれない。

　いずれにしても、この問題は十分に検討する必要がある。というのも、イギリスの大学教育、特に社会科学や人文科学分野では、教科書を使って授業を進めており、アメリカのトップレベルの大学のように学生が選択科目に関係する学術系のモノグラフを購入して読むことを求める、というシステムにはなっていないからである。また、一般的に、図書館についても、学生の数に見合った施設設備内容になっていないため、図書館の書籍に代わるものとして、ますます教科書が重要になっているからである[90]。

　基本的に、RAEは活字として発表された研究業績に基づいているため、実践やパフォーマンスが重視される分野の大学教員や代表団体は、RAEは自分たちに不利な制度だと主張している。こうした分野の例としては、建築学、音楽学、歯学、助産学、看護学、臨床医学などが挙げられる。これらの分野が被る不利益について言うと、直接的なものとしては、補助金が減額されるということ、間接的なものとしては、教育能力の優れた者や優れた実践家を犠牲にして、研究論文の多い教員を大学が優遇するようになることが挙げられる[91]。医学の場合、さらに問題は多い。それは、RAEにより、いわゆる「ゴールデン・トライアングル（オックスフォード大学、ケンブリッジ大学及びロンドン大学）に研究が集中し、イギリスの他の地域はその犠牲になると考えられることである。すなわち、今以上にイギリスの南東部に最前線の医師や医療が集中することになるのである[92]。

11　学生に何をもたらすのか

　RAEの策定時には特に考慮されなかったものの、今になって、RAEを正当化する理由として頻繁に挙げられるのが、「大学進学志願者に大学選択のための情報を与える」というものだ。しかしながら、志願者が志望学科を決定する際、RAEの評価を大いに参考にした、ということを示す具体的なデータはほとんどない。実際、志願者の大半がRAEの活動内容についてはもちろん、RAEの存在そのものを知らなかったとしても、驚くことではないであろう。志願者向けのガイドを読むと、RAEの評価は、特定の学科の評価というより

は、その学科を持つ大学の全体的な威信を示すものとなっており、このような点において、志願者に影響を与えているという印象を受ける。

　志願者が志望校を決定する際に、明らかにRAEが影響しているのは、シンガポールのケースだけである。シンガポール政府は、イギリスに留学する学生に対して奨学金を支給する際、評価の高い学科に入学できた学生のみを支給対象としているのである。これとは対照的に、いわゆる二重支援システムの一端を担う研究審議会では、大学院生への奨学金の給付に際し、あまりRAEを重視していないようである[93]。

　こうしたシンガポールのシステムの前提には問題がないのかどうか、議論の余地がある。恐らく、高い評価を受けた学科で学ぶ学生は、それだけ良い指導を受けることができるはずであり、シンガポール政府としては、評価の低い学科で学ぶ学生に奨学金を支給するより、「費用対効果が高い」との前提に立ってこの制度を運営しているのだろう。RAEの評価の基準となる論文発表数が多い研究者は、論文発表数の少ない研究者に比べて、学部生の指導に優れていると言えるのかといった疑問は残るが、この他にも、もっと制度的な問題が残る。すなわち、こうした論文発表数の多い教員が、果たして実際に学部生の指導にあたっているのか、という疑問である。これもまた直接の証拠はないものの、過去の論文発表数が多い研究者の労に報いるため、そして、次回のRAEに向けてさらに論文を発表する時間を与えるために、学部生の指導は、大学院生、RAEにおいては「非研究従事者」である教員、あるいは特定の科目を指導するために一定の契約条件のもとで採用された講師などが担当する傾向にあると言われている。まだ歴史の浅いRAEには、研究が教育の分野にまで影響を及ぼすのかどうかを判断する仕組みはなく、また、こうしたことを判断する外部の監査制度もないのである[94]。

　理屈の上では、大学院生は、学部生より多くの情報をRAEから得る必要がある。というのも、大学院生は、学部生よりその活動が研究に直結しているからだ。にもかかわらず、RAEの評価は大学院への入学希望者にはほとんど役に立たないと言われている。RAEの評価で使用されているユニットの分類は、研究を目指す学生の関心からすると大き過ぎるからである。例えば、高

い評価を受けたある大学の地理学科に、その学生が希望する分野についての高度な知識を持った教員がいない可能性もある。入学を希望する学生がRAEの評価を参照したとしても、古いものだと5年前のデータを参照していることになる。これでは、その評価に貢献した教員が退職していたり、他界していたり、あるいは他の大学に移籍していたり、という可能性もある。入学希望者がRAEの評価を参照したばかりに、低い評価を受けた大学に在籍する優秀な教員の指導を受けるチャンスを逃すこともある。希望者の研究内容からすると、その研究者の指導を受けた方が良かったということになりかねない[95]。

　RAEで研究補助金の支給基準を大きく下回る評価を受けた学科も、理論的には、教育専門の学科として存続することが可能なはずである。RAEの評価は、政府が学生一人当たりに交付する補助金額や、全体的な大学の予算には何ら影響を与えない。そして学生一人当たりの補助金額は、研究中心の大学においてさえ、RAEに基づいて決定される補助金額をはるかに上回る額である。にもかかわらず、低い評価を受けた学科は、学部生の人気が続いているような場合であっても、その研究業績の低さが原因となって閉鎖されているのだ。ある学科が低い評価を受けた結果、その学科に所属していた優秀な研究業績を持つ教員が、高い評価を受けた学科に異動し、挙句の果てには、低い評価を受けた学科が人材難に陥り、教育専門の学科としても存続することができなくなったというケースもあった。また、体面を重視する学長が、自ら課した「RAEでは、全学科ともX以上の評価」という目的を達成するために、低い評価を受けた学科を閉鎖したケースもあった。RAEの結果発表の時期が近づくと、学生が進学先を決定する際にこうしたことが不安定要素になってくる。最もひどいケースでは、翌年の入学生を決定しておきながら、学科が閉鎖されるような場合である[96]。よくあるシナリオは、評価が下がった学科は、ある学年の卒業後に縮小または閉鎖されたり、もしくは「沈みかけの船に乗っている」と学生が悟るほど、大幅に予算を縮小されたりするというものである。いずれにせよ、教員にとっても学生にとっても意欲が削がれるだけである。要するに、彼らはステークホルダー(利害関係者)というよりは、バッ

グ・ホルダー(騙され役)になっているのである[97]。

12　国際的に認められる〜誰が認めるのか

　RAEの基本構想で重要な要素が、「国内での卓越性」と「国際的な卓越性」のどちらに重点を置くのかという点である。非常に曖昧で、適用できる分野が限られている指標であることはいうまでもないが[98]、当初のRAEでは、イギリス国外の研究者による批評を求めていなかったとして批判されたのである。評価部会にイギリス国外の研究者が参加していなかったとして批判されたことは言うまでもない[99]。

　部会のオブザーバーによると、タイトルに「international」と付けてイギリスの学会誌に発表されていれば、たとえその学会誌が実際には海外で発行されていなかったとしても、「国際的な水準」の研究を行ったことになるという分野もあったという。2001年のRAEでは、本当の意味での「国際的な視野」を持つために、かなりの努力が払われたのである。しかし、HEFCEによる2001年RAEの運営報告書によると、海外の研究者に依頼しても、イギリスの事情に不慣れで、「一体自分たちに何が求められているのかよく分からない」という研究者が多かったことを報じている。つまり海外の評者は、おざなりに目を通しただけで、「5」や「5*」の評価を認めたも同然なのである[100]。

　もし、事情によく通じた海外の研究者に全面的に協力してもらい、RAEの「国際的な水準」を認証する取り組みに真剣にあたるとすれば、RAEの運営コストは莫大な額になるだろう。海外から集められた数少ない著名な研究者が、しかるべき報酬も受けずに、莫大な時間を割いてイギリスの論文を評価するという事態になると考えられる。仮に交通費や宿泊費を除いても、海外の大学教員、中でも給与の高いアメリカやヨーロッパ各国の大学教員に対する報酬は相当な額になる。ロバーツ卿のレビューでも、形式的な参加ではなく、本格的に海外の研究者に参加してもらうのであれば、さらに200万ポンドが必要になると推定している[101]。この金額は、年収25,000ポンドとして80人分の人件費に相当する。イギリスの大学界にとっては、かなりの高額である。「国際的な水準」というRAEの言葉に現実性をもたせるためだけに、こんな

にも莫大な資金を投入する必要があるのか、間違いなく議論が必要である。

RAE が国際的な批評も受けずに、「国際的な水準」という言葉を用いている限り、少なくとも、信頼性を失うことは明らかである。また、この信頼性の格差は、RAE が他の用語に置き換えればなくなるというようなものでもない。アメリカ人の立場からは、これまでの RAE の評価やガレス・ロバーツ卿の提案にもある「星印」の使用は、イギリスの研究に対する威厳を損なうものだと言いたい。「星印」や「カイトマーク（編者註：日本でいえば、JIS マーク）」の使用は、イギリス国内では、政府や大学教員の業績を示すものとしては良いのだろうが、かといって、このことが必ずしも、英語を母国語とする国々すべて、中でもアメリカにもあてはまるとは限らない。アメリカで「星印」は、日曜学校に出席したり、小学校でスペルテストの点数が良かったりした時にもらえるようなものである。この他には、ホテルや公衆トイレなどの公共施設での評価に使われるぐらいである。RAE が明らかにイギリスの研究に対する国際的な格付けを懸念していることを考えると、海外でイギリスの威厳を損ねたり、さらに言うとイギリスを滑稽に見せたりすることのない表記方法についても、検討すべきであると思われる。

13 結 論

RAE に費やされている経費と時間は莫大なものがある。いわゆる「ステークホルダー」にとって、RAE がプラスの影響をもたらしているというのが明らかで、また絶大なものであれば、このことは正当化できるだろう。しかし、それを示すデータはほとんどない。それどころか、RAE を実施することで、イギリスの納税者を含めた大半のステークホルダーに損害をもたらし、予期できずかつ望まないようなさまざまな歪みが生じていることを示すデータは数多く存在しているのである。そういった歪みにはさまざまなものがあるが、ここでは、最も深刻なものとして二点を挙げたい。

一点目は、イギリスの高等教育の性格と構造に歪みを生じさせているということである。高等教育に変革が必要であることに疑いはないが、変革の前には、しっかりとした検討や議論を通して、選択肢の中からしかるべきもの

を慎重に選ばなければならない。RAE を実施していく中で、場当たり的な改革をするというものであってはならないのである。現在では、「大学」と称するすべての教育機関に対し、1992 年以前と同じレベルで補助金を交付するなど無理な話で、イギリスにはそれだけの財源がないことは明らかである。さらに言うと、仮に、すべての大学に 1992 年以前のレベルで補助金を交付できたとして、それによって存続できるほど多くの大学で教育・研究ともに行う必要があるとは思えない。何らかの形で大学の階層化や差別化を図ることはまず避けられないだろう。しかし、こういった問題は事実上政治問題であり、政治家やステークホルダーがオープンに議論すべきである。決して、RAE を巧妙に利用しながら「HEFCE の美辞麗句」によって進められるべき問題ではないのである。

　二点目は、RAE を実施しなければ、大学が純潔の象牙の塔になるわけでもなく、例えサッチャー主義の考え方がかつての大学の概念とは異質なものであったとしても、単なる見せかけや儀式を大学に奨励する必要などない、ということだ。RAE は主に大学教員によって実施・運営されているが、RAE 自体、特に RAE の出版物の中には、根拠のない主張が多く、これは調査対象とするよりは、政治的な課題とした方がよい。HEFCE は、「評価点を用いて公的資金を配分するという重要性を考慮すれば、これまで行ってきた RAE は費用効果が非常に高いものであった」[102]と主張するが、これに対し、考えられる唯一の反応は、既得権を守るための発言に対して、イギリス人が昔から使っているいつもの反撃のセリフである。つまり、「あなたのためになることだから、そんなふうに言うんでしょ」である。

　RAE の出版物を目にすると、まるで RAE の応援演説でも聞いているかのような感覚から抜け出せない。その上、RAE の運営に参加している大学教員や、少なくともそうした発表原稿を書いている大学教員は、政治・経済の施策のために自らの魂を売ってしまったのではないかと思わざるを得なくなる。大学や学科に、自己宣伝や誇大広告あるいは不正が通用するゲームの駆け引きのようなやり方を促す構造は、道理の面でも望ましいことではなく、また、公の資金の使用用途という実際面に照らしても相応しくない話である。こう

した構造を決定し、RAE を運営している人々は、RAE は基本的に政治的な道具であると素直に認める方が良いだろう。表面上だけ客観性をもたせるのではなく、自らの政策課題を推進していくべきである。誇大広告を打ったり、裏付けのない主張を声高に発したりするのは、広告業界にまかせた方が良い。サッチャー主義を掲げる人なら誰もが認めるように、そういったことは民間企業の方が得意なのだ。

RAE には莫大な労力が費やされている。このことは、ロバーツ卿のレビューでも詳細に述べられている。しかし、莫大な犠牲や立証可能な悪影響が生じているにもかかわらず、RAE は継続しているのである。このような現実が正当化されるのは、結局のところ、RAE より有効な制度を誰も考えられないからなのだ。

RAE という名の患者は、臨床的にはすでに死んでいる。この現実を受け入れるべき時が来たのである。安楽死に反対する人はもちろんのこと、この患者の友人や家族からどれほどの反対を受けようとも、そろそろこの患者の生命維持装置のプラグを抜こうではないか。そして残された者は、これまでの嫌なことなどすべて忘れ、自分たちの研究にも前向きに取り組めるような環境を作らなければならない。これが緊要な課題として今、求められているのである。

引用及び註
引用フォーマット

　本章では主にインターネット上で入手可能な文献を引用した。印刷物で入手できないものについては、URL を示した。通常、インターネット上の新聞記事にはページ番号が示されていないことから、ここではページ番号は記載していない。また、HTML 形式のドキュメントについても、HTML にはページという概念や形式がないことから、ページ番号は記載していない。Adobe™ の PDF 形式のドキュメントについては、可能な場合にはページ番号を記載し、ページ番号の記載が無理な場合はパラグラフ番号を記載した。本章で使用したいわゆる灰色文献では、ページ番号に整合性がとれていないケースが多いため、可能な限り、以下のフォーマットを使用した。

　, [章], [ページ], [# パラグラフ]

註

1 本稿では、RAEのすべての事例に共通する問題や、最近のRAE(1996年と2001年)に関する問題に限定して検討している。初期のRAEを理解するにあたり、イアン・ガウ(Ian Gow)氏による非常に明快な解説書、『イギリスの大学の研究管理―RAEを振り返る(*The management of Research in UK Universities ― Reflections on the Research Assessment Exercise*)』(2001年9月)を主として参考にした(講義ノートのため非公表)。

2 4つの財政審議会については、ロバーツ卿(Sir Gareth Roberts)による『研究評価のレビュー(*Review of research assessment*)』の付録Bに詳述されている。財政審議会は、教育及び研究のインフラを提供するための政府の補助金を配分する。また、研究審議会は、特定の研究プロジェクトに対して補助金を交付する。研究に関する補助金の支給源がこのように伝統的に2種類存在するので、こうしたシステムを一般的に「二重支援システム(dual support system)」と呼んでいる。

3 Gareth Roberts, *Review of research assessment,* chapter 4, pp.10-11. この矛盾は、"Is it still relevant?, an interview with Robert Baxter, pro-vice chancellor for research at Queens University in Belfast", *Guardian* (14 December 2001) でも指摘されている。

4 Brown, *Evidence Based,* p.9, #35.

5 こうしたコストに関する記述は、Gareth Roberts, *Review of research assessment,* chapter 6, pp.40-41 (特に #249-250) を参考にした。

ロバーツ卿の『研究評価のレビュー』には、「財政審議会は、RAEをサポートすることによってスタッフやさまざまな資源に負担がのしかかっていることを考慮すべきだ。そして、その負担についてはしかるべき説明をすべきだ」との指摘がある。この指摘は、財政審議会の中ですらRAEのコストに対する管理が実施されていない、あるいは、実施されていたとしてもずさんなものであることを事実上認めるものである (*Review of research assessment,* summary, p.17, recommendation 14c)。他のセクションでも、「補助金が支払われない活動(unfunded work)」「隠れたコスト(hidden costs)」などについて触れている(*Review of research assessment,* chapter 3, p.9, #99; p.23, #77 and p.48, #175.)。

ただ、非常に皮肉なことに、『研究評価のレビュー』の中には、レビューを実施するにあたり、どの程度のコストがかかったのかは、明らかにされていない。

6 Gareth Roberts, *Review of research assessment,* chapter 1, p.1, #62.

7 *RAE: HEFCE Responses to the Report of the House of Commons Science and Technology Committee,* Appendix 2, #10 及び House of Commons Science and Technology Committee, *The Research Assessment Excercise: Government response to*

the Committee's Second Report (House of Commons, 2002), p.8, #10.
8   *Research Assessment Exercise 2001 Manger's Report*, May 2002, p.18, #12.6.
9   HEFCE はインフレによる調整をした後で、「2001年のRAEの結果、研究補助金の9%の交付先が変更された」と推定した。政治的な配慮により変更のレベルが緩和されなければ、こうした変更はもう少し大きなものになっていただろう (Gareth Roberts, *Review of research assessment*, chapter 5, p.14, note 4.)。
10   最近のRAEの等級は、「1」「2」「3b」「3a」「4」「5」「5*」となっている。
11   ロバーツ卿による評価の目的の一つは、新たな評価指標を策定し、「平均以上 (above average)」にあるすべての評価単位ユニットの中での差別化を図ることであった。"An exercise in change," *Guardian* (28 May 2003) を参照のこと。
12   Susan Bassnet, "Fruitless exercise", *Gurdian* (15 January 2002).
13   Gareth Roberts, *Review of research assessment*, chapter 1, p.2, #70.
14   Evidence Ltd., *Maintaining research excellence and volume* (Evidence Ltd., July 2002).
15   エビデンス社 (Evidence Ltd.,) では、『ガーディアン』(*Guardian*) の依頼によってさらに包括的な調査も実施しているが、ロバーツ卿による評価に見られる主張をその調査の基としていないようである ("RAE results reflect world standing", *Guardian* (14 December 2001); "World-class", *Guardian* (11 December 2001)。
16   Talib, "RAE and publications", p.33 (1994年12月のTHESレポートの引用)
17   エビデンス社のアプローチ方法については、同社代表取締役ジョナサン・アダムス (Jonathan Adams) が、"Evidence Analysis" *Guardian* (20 November 2001) の中で解説している。
18   "World-class" *Guardian* (11 December 2001).
19   こうした被引用回数に関する問題は、"Paper prizes" *Guardian* (20 November 2001) でも紹介されている。
20   Evidence Ltd., *Maintaining*, p.7.
21   Talib, "RAE and publications", p.36.
22   "Unexpected power", *Guardian* (4 January 2002).
23   "MP's report calls RAE damaging distraction", *Guardian* (26 April 2003).
24   Royal Society, *Supporting basic research in science and engineering, Policy Document 25:03 (November 2003)*, #3.
25   このテーマは『研究評価のレビュー』の随所に見受けられる。特に pp.10-11及び13-14. を参照のこと。
26   "RAE loophole closed but confusion remains", *THES* (20 February 2004).
27   大学の補助金の詳細については、『クロスカッティング・レビュー』(*Cross-Cutting Review*), pp.22-26を参照のこと。39章では、「大学が補助金の使途として

適切であると判断すれば、その使途は制限されない」ことを指摘している。
28 Gareth Roberts, *Review of research assessment,* Annex D, p.75, #24.
29 Gareth Roberts, *Review of research assessment,* Annex D, p.79, item 45. Assessing Research, p.36. *Operational Review* 2001, p.57, #207.
30 "Fair funding?" *Guardian* (8 August 2000).
　RAEでは、臨時的に発表された学内論文についても「論文」としてカウントするため、「実体のない幽霊のような論文(phantom publications)」が存在する可能性があった。一般的に、アメリカでは、このような論文は、研究者の業績を評価する上での「論文」とはみなされない。
31 　私にこの点を指摘する情報通は多い。『ガーディアンへ』の投書でも同様の指摘がされていた。"Honesty Hurts", *Guardian* (12 September 2000) を参照のこと。
32 "Fair funding?" *Guardian* (8 August 2000) で引用されたヒュー・ベリングトン教授(Professor Hugh Berrington)の弁。
33 "Whistleblowers: HEFCE to take no action over London Met errors", *THES* (08 August 2003); "Whistleblowers: Scholar to complain about Hence inquiry", *THES* (05 September 2003).
34 "Oxford University beaten at history by Brookes", *Guardian* (14 December 2001).
35 Gareth Roberts, *Review of research assessment,* 5章, p.34, #224. こういった運営に際しての区分けの例としては、"Goodbye to all that" *Guardian* (20 February 2001) を参照のこと。
36 "Going it alone", *Guardian* (18 December 2001).
37 　大学教員連盟(AUT)では、失職の可能性のある教員の数を推定している。しかし、RAEによる精神的重圧の結果、これまでに何名の者が実際に「失職に追い込まれた」のかを示す包括的なデータはない ("Bleak winter ahead for academia", *Guardian* (21 October 2003))。
38 "Revamp as Brunel aims for RAE glory", *THES* (19 December 2003); "Ad splurge kicks off war to lure top staff", *THES* (03 October 2003); "Jobwatch: Nottingham offers 20 chairs", *THES* (03 October 2003); "Jobwatch: Lancaster begins RAE push", *THES* (17 October 2003); "Jobwatch: High-fliers welcome", *THES* (21 November 2003); "100 new chairs created in bid to lift RAE scores", *THES* (12 December 2003).
39 　RAEをにらみ、講師レベルのスタッフの雇用も、間違いなく促進されているが、教授職レベルと比べた場合には、講師レベルの採用がRAEと関係しているとは言い難い。
40 "Research fund plans 'threaten 8,000 jobs'" *Guardian* (19 June 2003).

41 イギリスの移籍市場の未熟さについては、"Jobwatch: Beating a retirement Bulge", *THES* (16 January 2004) で指摘されている。この記事では、移転コストを支給できないイギリスの大学の現状や、他の地方都市よりかなり生活費の高いロンドンへの移住に際し、事前に補助金を支払わないロンドンの教育機関の実情が紹介されている。

42 このような傾向は、Evidence Ltd., *Maintaining,* pp.11-12 でも指摘されている。

43 Natalie Fenton, "Discrimination of female academics", *Guardian* (1 April 2003).

44 "Manic research roundabout is the only ride in town", *THES* (06 February 2004).

45 ウォリック大学前学長のスーザン・バスネット (Susan Bassnett) は、大学運営の要職にありながらも、RAE に批判的な数少ない高名な研究者である。以下の文献を参照のこと。Susan Bassnett, "Aggrieved over assessment", *Guardian* (14 October 2003); "Comment", *Guardian* (07 February 2002); "Fruitless exercise", *Guardian* (15 January 2002)

46 2001年の RAE で評価が上昇した学科に対し、政府がその評価の上昇に見合った補助金の増額をしなかったために、強い批判が巻き起こった。以下の文献を参照のこと。"One good cut deserves another", *Guardian* (25 April 2002); "Testing Times", *Guardian* (5 February 2002); "Universities fear funds may not match performance", *Guardian* (14 December 2001); "A dead end?" *Guardian* (11 December 2001); "Too many winners", *Guardian* (30 October 2001); "Muffled cries", *Guardian* (22 October 2001).

47 "Top pay for top dogs", *THES* (07 February 2003).

48 Royal Society, "Supporting basic research in science and engineering", *Policy Document 25:03* (November 2003), #7.

49 RAE を継続的にではなく、定期的に実施することで生じる問題については、Gareth Roberts, *Review of research assessment,* Annex D, 特に p.73, #8-12. で指摘されている。制度に関する記憶が薄れたり、訓練を受けたスタッフが退職してしまったりすることについても、*Operational Review* 2001, p.3, #8. で指摘されている。このレビューでも、継続的に実施する方法を支持している。p.3, #10を参照のこと。

50 *Operational Review,* p.41, #144.

51 Roberts, *Review*, Summary, p.9, recommendation 4; chapter 5, p.19, #144.

52 このセクションでは、主として、1979年から1992年にかけてのカリフォルニア大学デービス校 (University of California, Davis) での実例に基づいている。

53 *Cross-Cutting Review*, p.61, #173 には、硬直化した給与構造についての指摘が

ある。

54 例えば、"The American way", *Guardian* (20 June 2003).
55 "Government hints at research elitism", Guardian (9 June 2003); "Cash is lavished on RAE giants", *THES* (23 January 2003).
56 「アメリカモデル」に対する選択については、"A very peculiar British practice", *THES* (09 May 2003) に指摘されている。
57 クリストファー・ウィリー教授 (Professor Christopher Wylie) が生物科学の研究についてコメントしている。"World-class" *Guardian* (11 December 2001).
58 "Unite to conquer", *Guardian* (14 December 2001) の中で、補助金額が少なくてすむ分野の例として歴史学が挙げられている。また、歴史学は、補助金を集中させても、プラスになる見込みのない分野の例としても取り挙げられている。なお、電気料金のたとえは筆者自身によるものである。
59 レポートそのものについては、Adobe™ の PDF のフォーマットで、http://www.universitiesuk.ac.uk/diversity から入手可能である。HEFCE の回答や関連するコメントについては、以下の文献を参照のこと。"UUK: No evidence to back research focus", *THES* (24 October 2003); "Devise research plan axed", *THES* (31 October 2003). 理路整然とした異議申し立てに対しても、このように横柄に対応する態度は、HEFCE の技術系出身のスタッフ対応としては典型的なものである。"The RAE: HEFCE Responses to the Report of the House of Commons Science and Technology Committee". にもこの様子が見て取れる。
60 "Leader: Time running out for dual support", *THES* (21 November 2003).
61 RAE の評価と補助金額の間には厳密な相関関係が成り立っているわけではない。というのも、学科の評価点で補助金額が決定されるものの、その補助金は（学科ではなく）大学に支給されるからである。そのため、学科が受け取る補助金額が、その学科が受けた評価に見合う金額より多いこともあれば少ないこともある。しかしここでは、RAE の評価に見合った補助金額を受けていることを前提としている。
62 "A very peculiar British practice", *THES* (09 May 2003); "Fifty schools await fate in elite standoff", *THES* (21 February 2003); "No stars for RAE funding change", *THES* (02 May 2003).
63 この提案に対する当初の反応については、"Funding allocations: Winners and losers in research cash stakes", *THES* (07 March 2003) を参照のこと。
64 "RAE chairs: 'we'll pull out'", *THES* (02 May 2003); "Rethink doubles 6* winners", *THES* (15 August 2003).
65 クロスカッティング・レビュー (Cross-Cutting Review) ではこの問題が指摘されており (p.54, #146–147)、「（財政審議会は）歴史が浅い弱小の分野が、最低限の

力をつけ、継続維持できるようにするには、どのように補助金を配分するのが最も良いのか、検討すべきである」と提言している (p.49, recommendation A49)。

66 "Focus on history: What future for study of past?" *THES* (11 July 2003).
67 同一分野内の評価単位ユニット間の比較と異なり、異なる分野間での評価の比較はあまり参考にならない。この考えについては、ロバーツ卿の『研究評価レビュー』でも、基本的に認めている (5章, p.24, #169-171)。
68 こうした問題の具体的な例として、ダーハム大学 (University of Durham) の東アジア学科 (the Department of East Asian Studies) が、2001年の RAE で「4」の評価を受けたために閉鎖された例がある。反テロリズムの問題については、"Asian studies cuts may hit anti-terrorism effort", *THES* (11 July 2003) を参照のこと。

特にダーハム大学については、以下を参照のこと。"Academics vote to close East Asian department" *Guardian* (29 September 2003); "Graduates challenge Durham's Asian studies closure" *Guardian* (26 September 2003); "Durham votes for department closures" *Guardian* (16 July 2003); "Fight to Save Asian Studies" *Guardian* (16 July 2003); "Durham axes Asian studies in 8.7m revamp" *Guardian* (19 July 2003).
69 "University risks Chinese ire by axing department" *Guardian* (30 September 2003).
70 "Swansea axes 35 jobs in unpopular courses purge", *THES* (30 January 2004).
71 これらの論拠は、"The chemistry of closure" *Guardian* (23 March 2004) による。
72 RAND 社の手法については、Gareth Roberts, *Review of research assessment*, Annex F, p.88, #4. に簡潔に示されている。報告書自体の名称は、*Assessing Research: The Researchers' View* (RAND Europe, May 2003)。この中で、集中審議の仕組みについては pp.8-9及び42-43を参照のこと。
73 *The RAE: HEFCE Responses to the Report of the House of Commons Science and Technology Committee*, Appendix 2, #9.
74 "RAE under fire for 'pressurising' researchers", *Guardian* (10 August 2001).
75 本章の執筆にあたり、「RAE による研究補助金の集中化は、産業界の意向に沿ったものか」との調査を行ったところ、これを肯定する者はわずか1名であった。しかも、それはロンドン大学の学長であり、産業界の人物ではなかった ("Holey trinity that leaves gaps", *THES* (20 June 2003))。
76 "Hefce plan threatens RAE-style nightmare", *THES* (08 March 2004).
77 "Impure thoughts", *Guardian* (14 May 2003) 問題を軽くしている要因として、次のことが挙げられる。こうした学校は産業界とのつながりを持っているため、

政府の補助金にあまり頼る必要がない。中には、政府の補助金をまったく受けていない学校（ロンドン・ビジネススクール）もある。

78　"Designs on art funding", *Guardian* (18 December 2001).
79　"Pay for project costs in full, say business leaders in call for an end to dual support", *THES* (10 October 2003).
80　"Society to seek rejig of funding", *THES* (14 November 2003); "Royal Society calls time on dual support", *THES* (21 November 2003).
81　"Why I ... am better off outside academe", *THES* (01 August 2003); *Cross-Cutting Review*, pp.55-56, #152.
82　このような可能性は、*Operational Review 2001*, p.23, #76. に示唆されている。引用文は、p.38, #135. より。報酬については、p.39, #138. と #141. を参照のこと。
83　RAE の指導書の中では、「上限4点」と明記されているにもかかわらず、この項目は、通常、「論文4点」と解釈されている。RAE の指導書については、*Research Assessment Exercise 2001 Guidance to Panel Chairs and Members*, p.8, section 2.26 を参照のこと。Gareth Roberts, *Review of research assessment*, chapter 5, p.30, note 15. 及び *Operational Review 2001,* p.33, #116. には、誤った解釈が見受けられる。
84　"A little tailoring can sew up chances of success", *THES* (07 November 2003).
85　タリブ（Talib）が編集者を対象に実施した調査によると、大学教員はできるだけ多くの論文を「搾り出す」ための取り組みをしていると回答した者は、およそ4割いたという (Talib, "RAE and publications", p.42)。
86　学術誌は読者層が限られているという点については、アトキンソン-グロスジンとグロスジン（Atkinson-Grosjean and Grosjean）の『パフォーマンス・モデル（Performance Models）』の中で指摘されている（本件は、ネット上で公開されているが、ページやパラグラフ番号がふられていない）。
87　同じ内容や似たような内容の記事を複数の学術誌に提出することについては、イギリスはアメリカより寛容である。アメリカの学術誌の中には、他の学術誌に投稿した内容の提出を禁じると明言しているところもある。
88　このような傾向は書籍に限ったことではない。学術誌の編集者も同様の傾向について報告している (Talib, "RAE and publications", 35.)。また、論文発表に追われた結果、学術誌が大量に執筆されることになり、最終的には図書館の運営コストが上昇することも指摘されている。ただし、この点の根拠についてはさまざまなものがある (Talib, "RAE and publications", pp.37-38. を参照のこと)。
89　"Research exercise hits publishers", *Guardian* (1 August 2000).
90　アメリカとイギリスのこの比較は、個人的な経験や感想に基づくものである。図書館の状況については、以下の文献に指摘されている。Bob Pope, "Writing

Textbooks in a Cold — but Changing? — Climate", *Teaching Forum* (Oxford Brookes University) 50 (Autumn 2002).

91 "Improving the quality of undergraduate education?" *gkt gazette* (April 2003). "Performers must face music and write", *THES* (28 November 2003); "Funding allocations: UUK tells of threat to clinical sciences", *THES* (07 March 2003); Association of University Teachers (Scotland), "Submission to review of research assessment" (AUT Scotland 2002?), #5; John Drummon, "Cavity in staff supply", *THES* (30 January 2004); "Closed Doors", *Guardian* (29 July 2003).

92 "Will savage pruning fell the tree of knowledge?" *THES* (10 October 2003).

93 『クロスカッティング・レビュー (*Cross-Cutting Review*)』, p.24, #43, で指摘されているように、「二重支援 (dual support)」という用語は時代にそぐわない言葉であるが、広く一般的に使われている。

94 ロバーツ卿の『研究評価のレビュー』では、こういった監視に関する試案が掲載されている。しかし HEFCE はこれを取り上げなかった (Gareth Roberts, *Review of research assessment*, p.8, n2. 及び ILTHE, *Response to the invitation to contribute to the joint funding bodies review of research assessment* (29 November 2002), #5を参照のこと)。さらに批判的な意見としては、"Friendly fire shatters Hefce strategy", *Guardian* (19 August 2003). を参照のこと。

95 これらの批判意見は、"University beauty parade" *Guardian* (20 March 2004). に基づく。

96 こうした事例としては、ロンドン・キングス・カレッジ (King's College London) が、化学と生命科学の学科の閉鎖を決定したことが挙げられる。次の文献を参照のこと。"If I ever have to close a department ....", *Guardian* (7 August 2003); "King's culls course after staff exodus turns away entrants", *Guardian* (1 August 2003); "King's withdraws chemistry offers", *Guardian* (31 July 2003); "King's to cut life sciences", *THES* (05 December 2003)

97 この例として、ダーハム大学 (University of Durham) の東アジア学科 (the Department of East Asian Studies) の閉鎖が挙げられる。決定承認の手続きや決定の裏付けとなったデータに問題があるとして、卒業生や在校生からの強硬な反対があったが、事務局はこれを無視したのである。"Outrage at this decision", *Guardian* (23 June 2003) を参照のこと。

98 こうした用語の定義に関する問題については、*Operational Review*, p.28, #93. を参照のこと。

99 "World-class", *Guardian* (11 December 2001).

100 *Operational Review 2001*, pp.7-8, #39, p.50, #184-185.

101 これまでの参加は限定的なものであったこと、そして今後、国際的な参加を本格的要請するのであれば、コストが増額することについては、Gareth Roberts, *Review of research assessment,* chapter 5, pp.29-30. で指摘されている。コストの算出については、同書の Annex H, p.95, #2. を参照のこと。

102 *Research Assessment Exercise 2001 Guidance to Panel Chairs and Members: Criteria and Working Methods*, p.2, section 1.3e.

第8章　日本における大学評価の問題点

清成　忠男
(財)大学基準協会、法政大学）

はじめに

わが国においては、この数年、高等教育政策が大きく転換した。とりわけ「事前規制から事後チェックへ」といった方向転換が進み、事後的な大学評価が重要性を増している。こうした転換はきわめて急であり、すでにさまざまな問題が生じている。

この小稿では、現時点における大学の質保証に関わる問題点を摘出し、質保証のあるべき姿について検討を加える。

1　これまでの大学評価

1990年代において、大学設置行政のうえで規制緩和が進展した。それまで大学、大学院、学部、学科等の設置については、文部科学大臣の諮問機関である大学設置・学校法人審議会による事前の審査に基づいて、認可されるという方式がとられていた。すなわち、事前規制によって大学の質保証が行われてきたのである。そして、こうした事前規制が傾向的に緩和されてきたのである。

規制緩和の内容は、手続の簡素化と審査期間の短縮が中心であった。設置する側からすれば、設置が年々容易になったのである。こうした規制緩和に伴い、大学の質保証を事後的に行う必要がしだいに強まった。

そして、(財)大学基準協会では、1996年から二通りの大学評価を行うことになった。協会は会員制をとっており、正会員になるための「加盟判定」と正会員の「相互評価」がそれである。協会は、国立・公立・私立を問わず、わが国

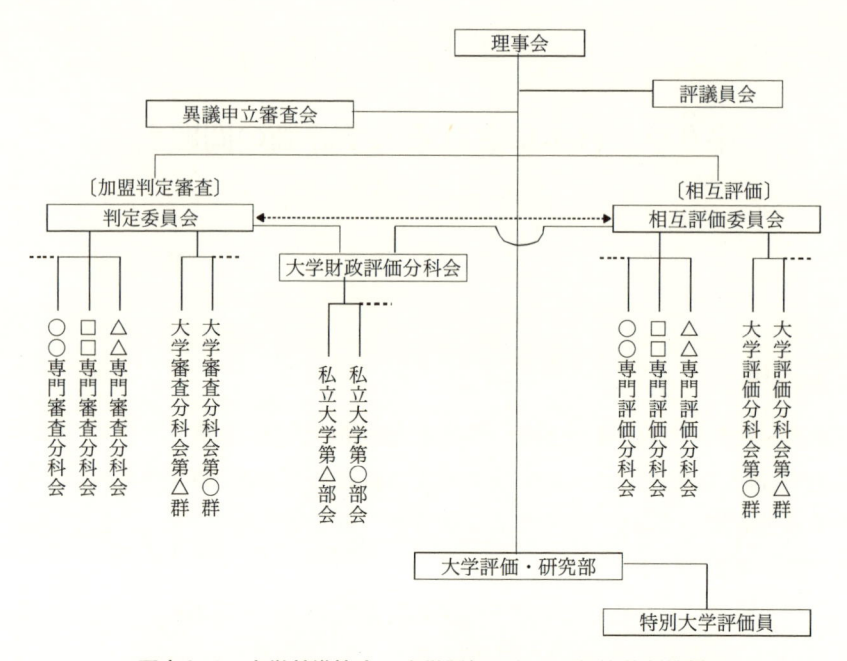

```
                          ┌──────┐
                          │ 理事会 │
                          └──┬───┘
          ┌──────────┐       │        ┌──────┐
          │異議申立審査会│──────┤        │評議員会│
          └──────────┘       │        └──────┘
     〔加盟判定審査〕          │        〔相互評価〕
     ┌──────┐                │        ┌────────┐
     │判定委員会│◀┄┄┄┄┄┄┄┄┄┄┄┄┄┄┄┄┄▶│相互評価委員会│
     └──┬───┘                │        └────┬───┘
        │      ┌─────────────┐│
        │      │大学財政評価分科会││
        │      └──┬──────────┘│
    ○専門審査分科会  私立大学第○部会  ○専門評価分科会
    □専門審査分科会  私立大学第△部会  □専門評価分科会
    △専門審査分科会                   △専門評価分科会
    大学審査分科会第○群              大学評価分科会第○群
    大学審査分科会第△群              大学評価分科会第△群
                    │
            ┌──────────┐
            │大学評価・研究部│
            └────┬─────┘
                 │
            ┌──────────┐
            │ 特別大学評価員 │
            └──────────┘
```

図表8-1　大学基準協会・大学評価のための組織体制機構図

図表8-2　大学基準協会の評価実績

年度	加盟判定	相互評価
1996	18	22
1997	8	16
1998	17	12
1999	10	9
2000	14	18
2001	19	18
2002	15	16
2003	15	22
合計	116	133
国立	14(12.1)	6(4.5)
公立	16(13.7)	11(8.3)
私立	86(74.1)	116(87.2)

(注)（　）内は構成比

の4年制大学が会員となっている全国的な大学連合組織である。

評価基準は、「大学基準」「学士課程基準」「修士・博士課程基準」の三つである。評価方法は申請大学から提出された「点検・評価報告書」等に基づく書面評価と当該大学に対する実地審査から成る総合的な評価である。評価の実施体制は、**図表8-1**のとおりである。評価を担当するのは、正会員大学の教員及び外部有識者である。評価の周期は、加盟判定を経て正会員となった大学の次の評価は5年後、相互評価は7年に1度である。

なお、これまでの評価実績は、**図表8-2**のとおりである。加盟判定が116大学、相互評価が133大

学である。合計249大学に達している。もちろん、これらの大学は、事前規制に基づいて設置された大学である。

現在、4年制大学の数は702に達しており、その約3分の1が協会の評価を受けたことになる。

2　高等教育政策の転換

総合規制改革会議による「事前規制から事後チェックへ」という提唱を受けて、高等教育政策も大きく転換した。中央教育審議会大学分科会の答申、学校教育法及び大学設置基準の改正が続き、参入規制は大幅に緩和された。すなわち、学部、学科等の設置の準則主義化が進んだ。

こうした規制緩和は2003年度から実施され、2004年度からは第三者評価機関による評価が大学に義務づけられた。評価は、機関評価と専門分野別評価に大別される。評価の周期は、大学は7年に1度、専門職大学院は5年に1度である。

評価機関は、文部科学省の認証を必要とする。認証機関の第1号は、㈶大学基準協会である。独立行政法人大学評価・学位授与機構と㈶日本高等教育評価機構がこれに続く見込みである。どの評価機関も、建前としては国立・公立・私立を問わず評価対象とすることになっている。

以上のように、大学の質保証は事前規制から事後評価へと転換することとなった。ただ、大学設置は、依然として事前規制の対象にされている。

さて、高等教育政策の転換のうえで、いま一つ注目すべきは、2004年度における国立大学の法人化である。法人化により大学の自主性が増し、反面で自己責任が問われることになった。国立大学の評価には、大学評価・学位授与機構が関わることになる。なお、公立大学の場合には、法人化を選択しうる。

また、2003年には、構造改革特区法によって、構造改革特区において株式会社が大学を設置することが認められた。すでに東京都千代田区において、大学と専門職大学院がそれぞれ1校スタートした。

いずれにしても、2004年度には、私立の学校法人をも含めて、大学の法人

間競争が始まった。

3 政策効果

　高等教育政策は大きく転換したが、政策効果は果たしてどうであったか。一言でいえば、18歳人口の減少にもかかわらず、過剰参入が生じている。

　まず、大学設置が増えている。大学設置は認可事項とはいえ、規制緩和の流れのなかで設置はかなり容易になっている。

　18歳人口のピークは1992年であり、以降急減期に入り2004年には31.2％の減少を示している。しかし、4年制大学の数は、この間に523校から702校へと34.2％という大幅な増加ぶりである。しかし、生涯学習の需要が増加しているとはいえ、全体的に見ると需要の減少は著しい。大学はいわば「構造不況業種」であるにもかかわらず、参入が多いのである。こうした動きは、**図表8-3**を見れば明らかである。

　設置形態別に見ると、国立は統合によって減少しているが、公立は倍増に近い。私立は40.9％という大きな増加を示している。増加寄与率では、私立が87.7％を占めている。私立大学の増加においては、短大の4年制化が目立っている。生存を賭けての参入であるが、必ずしも合理的な行動とはいえない。大学の質の低下も否定できない。

　次に、学部、学科の設置に準則主義が導入されたから、やはり新設が著しい。ここでも、私立大学が目立っている。**図表8-4**は、4年制私立大学における学部等の新設の動向を見たものである。2004年度には学科の新設数が85に達している。うち届出によるものが81で95.3％を占めている。また、学部の新設は57、うち35で61.4％が届出である。今後、学部、学科の新設や再編が急

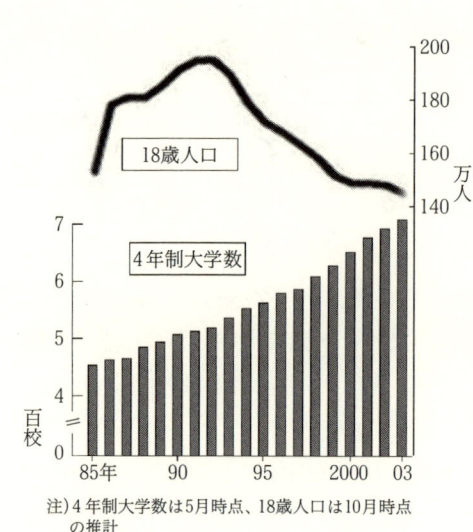

注）4年制大学数は5月時点、18歳人口は10月時点の推計
出所）文部科学省、総務省

図表8-3　全国の4年制大学数と18歳人口

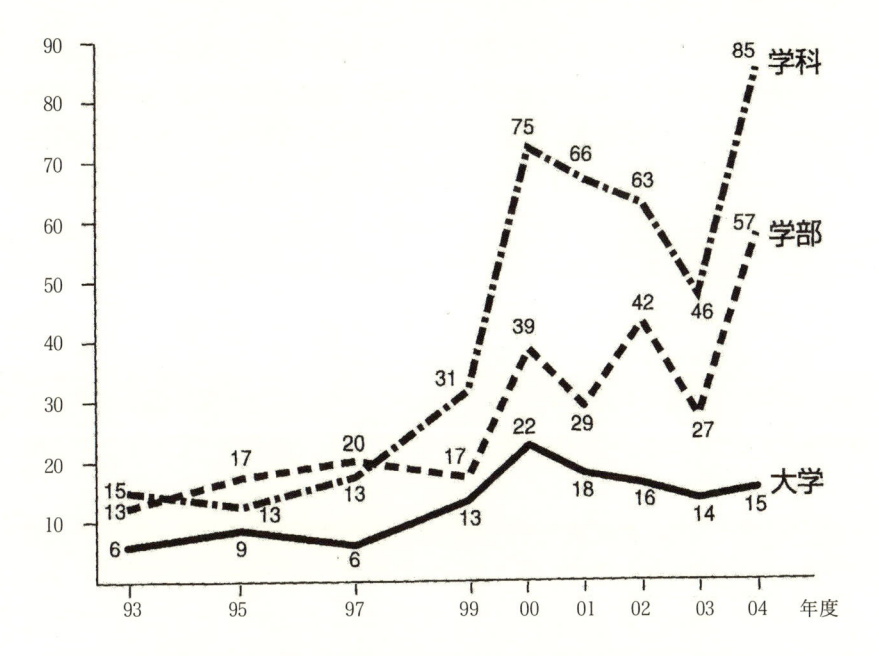

図表8-4 大学、学部および学科の新設数（4年制私立大学）

速に進むと思われる。参入規制は、現実に崩れている。

　それどころか、過剰参入と過度競争が生じている。2007年には、いわゆる全入時代が到来する。それだけ大学間競争が強まる。入学者が定員割れを起こしている大学も増加している。経営破綻が顕在化する学校法人も出始めている。

4　事後評価の問題点

　規制改革・民間開放推進会議においては、「大学評価の一層の充実、事前規制から事後チェックへの移行の徹底」が主張されている。こうした立場からすれば、大学設置も届出にすべきだということになる。アメリカ方式の導入である。しかし、こうした方式は、わが国にはなじまない。

　たしかにアメリカにおいては市場が重視されている。だが、アメリカには、市場を支えるセイフティーネットの役割を果たす公益的なNPOセクターが

歴史的に広範に存在している[1]。例えば、シリコンバレーにおいては市場原理主義が支配しているといわれる。そして、同時に市場に由来する問題の解決をはかるNPO組織が数多く存在している。所得格差が拡大し貧困問題が生じ、教育に問題が生じたとする。NPOが直ちにこうした問題の解決にあたるのである。同様に、環境問題や福祉問題の解決をはかるNPOが数多く存在している。だからこそ、市場において企業家は思い切って活動できるし、したがって企業家はNPOに多額の寄付を行う[2]。

大学評価においても、評価機関は民間の公益的組織である。評価を担うのは、大学教員のボランティア活動である。しかも、こうした評価活動がすでに100年の歴史を有している。公益的なボランティア活動がアメリカのカルチャーのなかに定着しているのである。

大学基準協会は、公益法人である。だが、評価活動を長期にわたって大学教員のボランティアに依存することには限界がある。評価を全面的にボランティア活動に依存できないとすれば、評価コストは当然に高くなる。高額の評価コストを誰がどのように負担するのか。十分な検討が必要である。

大学評価・学位授与機構は独立行政法人であるから、その運営には財政資金が投入されている。まさに「官」であり、「民」である大学基準協会は「官」と競争しなければならない。世界に例を見ない不合理な競争関係であるといえよう。いずれにしても、民間の評価機関の経営は容易ではない。「事後評価の徹底」といわれても、活動のための条件整備が前提になる。

ヨーロッパ諸国においては、1990年代に大学評価システムの整備が進み、同時にその国際的ネットワークが形成されている。ただ、どの国も、事前規制は残されている。事前規制と事後評価の有機的連携[3]がはかられている。

わが国においても、事後評価に限界があるとすれば、大学の質保証は事前規制と事後評価のバランスにおいて進めるべきであろう。それが、質保証の社会的コストを低下させることになる。

むすび

いま、高等教育は国境を越えつつある。その背景には、経済のグローバル

化の進展、IT 活用の遠隔教育の展開などがある。こうした状況に対応して、学位や質保証システムの共通化がはかられている。

　学位や修業年限については、アメリカが標準になりつつある。インターネットの使用言語が英語中心であれば、こうした傾向は不可避であろう。しかし、質保証のシステムでは、アメリカは市場と NPO 組織の組み合わせ、ヨーロッパ大陸諸国では市場、政府規制と NPO 組織の組み合わせという類型的違いが見てとれる。わが国においても、ミニマムの政府規制は必要であり、質保証のためには政府の役割が存在する。

註

1　この点は、A. トクヴィル『アメリカの民主政治』(井伊玄太郎訳、1972年、講談社)を見れば明らかである。
2　こうした動きについては、Henton, D., Melville, J. and Walesh, K., *Grassroots Leaders for a New Economy,* 1997(加藤敏春訳『市民企業家』1997年、日本経済評論社) に詳しい。また、最近では NPO 組織の新しいリーダーは市民社会を再構築する「市民革命家」(Civic Revolutionarie) として位置づけられている (Henton, D., Melville, J. and Walesh, K., *Civic Revolutionaries,* 2004.)。
3　例えば、ドイツにおいては、私立大学の設置に際して州政府の許可が必要であり、さらに事前のアクレディテーションを受けることが推奨されている。また、事後評価も義務づけられている。*Wissenschaftsrat, Empfehlungen zur Akkreditierung priwater Hochschulen,* 2000

第9章 イギリスにおける研究評価とSDの課題
──イギリス最大の大学マンチェスターの事例

ロバート・アスピノール
(滋賀大学)

はじめに

　現在、イギリスでは、大学の今後の役割に関する議論が活発に行われている。イギリスの一部の大学は、慢性的な凋落傾向にあると懸念されている。特に、アメリカの一流大学と比べて、イギリスの大学の競争力の低下が指摘され、また、資金面の不足も顕著である。こうした危機的な状況を打開する方策の一つとして、研究評価(Research Assessment Exercise：RAE)では、公的研究資金を一部のエリート大学及びカレッジに集中させている。エジンバラ大学をのぞき、こうしたエリート大学は、イングランド南東部のいわゆる「ゴールデン・トライアングル」地帯に位置している。

　これらの特権的な大学はともかく、その他の大学では、研究の質を維持する（または向上する）ために、さまざまな戦略をひねり出さなければならない。研究資金を増額させる手段として用いられている作戦の一つが、合併である。複数の教育機関が一つに集まり、力をあわせて共同資金を蓄えるという発想である。理屈上では、大学の合併という発想は魅力的なものに思われる。しかし、実際には、さまざまな弊害や思いがけない落とし穴などが存在し、これまでのところ、イギリスの主な大学の合併は実現されていない。ただし、例外が一つだけある。その例外とは、2004年に実施されるマンチェスタービクトリア大学とマンチェスター工科大学との合併である。本章では、両校の合併を詳しく検証し、両校の合併が関係者全員にとってどのような選択であり、資金面の配慮がいかに重要であったかを説明する。

1 なぜマンチェスターなのか

2004年9月30日、マンチェスタービクトリア大学 (the Victoria University of Manchester　編者注：以後、「ビクトリア大学」と記す) とマンチェスター工科大学 (the University of Manchester, Institute of Science and Technology: 略称 UMIST　編者注：以後、「工科大学」と記す) は合併し、翌日、新しく「マンチェスター大学 (University of Manchester)」が誕生した。新たに誕生するこの大学は、学生数で言えば、イギリス最大の大学となる。こうした取り組みが他に先駆けてマンチェスターで実施されるのだが、マンチェスター市民にとっては、これは特に驚くようなことでもないだろう。マンチェスターに関する書籍を出版したある編集者は、マンチェスターが特別な場所であるとの見解について、以下のようなコメントを寄せている。

　　昔からマンチェスターは急進的で強烈な街である。マンチェスターには気骨があり、数々の困難なときでも活気に満ちている。独立精神が旺盛で、この独立精神は、自らの豊かさを誇示したり、または、マンチェスター以外の都市がどう考えていようとお構いなし、という形で表されることもある。マンチェスターの市民は、「それを一番先にやったのはマンチェスターだ」と自慢することが好きである。こうした自慢に対する反論を、マンチェスターの人々が認めることはまずない。マンチェスターは、ものごとを向上させることにいつも他よりも速く取り組んできた。そのスピードはあまりに速く、横やりを入れる暇もなければ、一時的な後退に目を奪われる暇もない。マンチェスターは常に前進し、絶えず改善を図り、産業資本主義の試練としてかつて味わった感動を再び味わっている。まるで空気のように、常に改革について話すのである。　　　　　　(Peck and Ward 2002)

両校の合併は、「マンチェスターが他の街に先駆けて一番先にやったこと」の新たな例となるのであろうか。全英の大学もマンチェスターの後に続くことになるのだろうか。それとも、この合併は、偏狭な北部の独りよがりの新たな例となるのであろうか。一部の教育機関にとっては、実際的な解決策として役立つものの、その他のイギリスの高等教育機関にとっては、学ぶとこ

ろがほとんどない合併となるのであろうか。

2　歴史的背景

　工科大学の歴史は、1824年にマンチェスターに機械研修所が設立されたことにさかのぼる。ヨーロッパ大陸で技術教育に力が入れられるようになると、この機械研修所は1883年にマンチェスター技術専門学校へと改められた。同校のコースや試験は、ロンドン技術技能検定協会のものを活用し、資金については、新たに導入されたアルコール税の資金を利用した。このようにマンチェスターに優秀な技術専門学校がすでに存在したため、1903年にビクトリア大学が設立された際（編者註：1851年にオウエンズ・カレッジとして創設され、リーズとリヴァプールのカレッジ連合として1880年に王立憲章（チャーター）を受ける）、機械技術関連の学部については、ビクトリア大学にではなく、この技術専門学校に設置しようということになった。この専門学校は、1905年にはビクトリア大学の一学部、機械技術学部となり、1918年にこの機械技術学部は高等専門学校に昇格し、マンチェスター技術高等専門学校となった。さらに1955年にはチャーターを受け、大学となる。それから10年後、学位の習得を目的としないすべての研究は、マンチェスター・ポリテクニクに移され、現在のマンチェスター工科大学という名称になった。工科大学は法律上でも資金上でもビクトリア大学から独立した存在であったが、工科大学の卒業生が受ける学位は、ビクトリア大学から授与されるもので、20世紀にビクトリア大学は成長していく際に、工科大学では扱っていない、法律、医学、音楽、人文科学といった科目に力をいれた。このため、今回の合併についての論議に際しても、両校とも共存体制をとることができたのである。

3　統一計画部会

　両校を管轄する機関から合併に関する具体的な計画が承認されると、両校の教員で構成される作業部会が設立され、「統一計画部会」と呼ばれた。統一計画部会には、両校からそれぞれ3名の学者と1名の上級管理職が参加した。部会長には、工科大学の電算応用科学部長のポール・レイゼル（Paul Layzell）

教授が就任した。「なぜ両校が合併を進めるのか」という問いに対し、レイゼル教授は以下の理由を示した。(2003年9月8日の筆者とのインタビューより)

- 唯一にして最大の理由は、科学と工学技術の分野で世界レベルの研究を行うには莫大な費用がかかる。また政府は、卓越したレベルの学部に補助金を集中させる方針を明らかにしている。しかるべきレベルにあるものの最上位ではない教育機関を支援し、現状より上のレベルを目指させようという計画などないのである。こうした環境下では、両校の学者にとって、自らの研究成果を共同で蓄えることが効果的であると考える。
- 工科大学にしてみれば、ビクトリア大学との合併がなくても存続することは十分に可能である。しかし、このままだと、恐らく工科大学の資源を一部の学部に集中させる必要が出てくると思われる。そうなれば、結局、現在の状況を保つことができなくなる。
- 全体的にイギリスの高等教育の枠組みは、19世紀という時代に即したものであった。この枠組みは20世紀でもうまく機能した。しかし今やそうした枠組みに深刻なひずみが生じている。例えば工科大学の管理組織には35人のメンバーがいる。規模がかなり小さい大学としては、この組織の規模は大きすぎる。今回の合併は、両校の主要なすべての枠組みを見直す良いきっかけとなった。また、従来の学部分野の境界線について見直すきっかけともなった。
- 両校の間では、これまで長きにわたり数々の提携を成功させてきたという実績があり、この実績を今後のモデルケースとすることができると思われる。

例えば、物性物理学部は両校により共同で運営されていた。この物性物理学部は5つ星評価を受ける優れた学部である。しかし、レイゼル氏によると、どうして提携がうまくいったのかと聞かれても「首をひねるばかりである」とのことであった。実際、物性物理学部の提携に際しては、管理組織、会計システム、学生の受け入れなど、両校で別個に対応しなければならないという状況であったが、こうした数々の問題を克服し、学部の運営を成功させてきたのである。物性物理学部にとっては、合併した後のほうが、運営が簡単に

なるに違いないと考えられた。

4 統一までの過程

　二つの大学を一つにして新しい大学を誕生させる過程は、困難なものであり、数々の危険をはらむと思われる。実際、イギリスでも海外でも、二つの大学を合併させようという取り組みは、ほとんどの場合、失敗に終わっている。合併に至るまでの障害は数多くあると思われるが、以下にそれらの障害を列挙する。

　①合併する大学のそれぞれが新しい自分たちの大学の名前と伝統に誇りを持つことの困難さ
　②合併を考える二校のうち、小規模大学が大規模大学に吸収されることを懸念
　③各大学が受け入れている学生や教育内容に大きな隔たりがある場合、教育課程などの統一に際し、合意に達することができない
　④各大学の立地場所があまりにも離れているなどの地理的問題
　⑤職を失うことの懸念から組合が反対
　⑥学部の重複による問題が発生

両校の合併の場合、これらの問題は以下のようにして解消された。
(1)これまでもマンチェスタービクトリア大学は、単に「マンチェスター大学と呼ばれており、新しい大学の名称は、事実上変わらないも同然である。よって、ビクトリア大学の学生や教員にとっては「アイデンティティの喪失」に関する懸念はいっさいない。また、工科大学の学生や教員にとっても、大学の名称が失われることになるにしても、自分たちが犠牲になったという思いはあまりない。前節で示したように、工科大学はこれまでにも名称の変更を何度も繰り返してきている。さらに工科大学の教員がイギリス国内から一歩出ると、「マンチェスター大学」所属であると、海外の学者仲間から間違われることもしょっちゅうなのである。
(2)統一計画部会の責任者は、工科大学がビクトリア大学に「吸収される」との印象を与えるような表現を使わないよう慎重に配慮した。レイゼル氏によ

ると「時間がかかったものの、最終的に双方の副学長が合併という単語を使わなくなった」とのことである。両校の経営部門では、「合併」という単語の変わりに「新しい大学」という単語を使い始めた。現段階で存続している二つの大学を一つにまとめ、新たに王立憲章を得て「新しい大学」をつくるという決定は、こうした発想に刺激されたものであった。また、うまい具合に、2004年の9月に両校の副学長が退任を迎えることになっていた。新たに誕生する大学の初代副学長には、メルボルン大学の前副学長アラン・ギルバート氏が就任する予定である。外部から副学長を迎えることで、従来とは異なる新しい大学のアイデンティティを確立しやすくなるであろう。そして二つの大学を単に足したものを上回るアイデンティティが生まれると思われる。

(3)両校とも「入学するのが難しい優秀な大学」としての評価を確立している。教育については、両校とも研究に積極的に携わる教員が担当している。また、世界的なレベルの研究に携わる教員が教育を担当する場合も多い。両校とも平均的なレベルを上回る学生を教育し、一部の学生については研究者への道を開いてやることを目的としている。よって、両校の教育スタイルには矛盾するところがまったくない。

(4)工科大学のキャンパスはマンチェスター市の中心部に近いところにあるのだが、ビクトリア大学のメイン・キャンパスにはさらに近い場所となっている。よって、統一計画が立案された際にも、キャンパスの地理的な問題に直面することはなかった。

(5)両校の統一を進める主要教員は、2004年9月30日の時点で雇用されているすべての教員に対し、翌日以降の雇用の継続を約束することにより、失業を恐れて統一に反対する人々が出るという問題を回避した。しかし継続といっても、引き続き同じ仕事に従事できるかの保証はない。

(6)1903年に、ビクトリア大学が技術関連の学部をのちの工科大学に設置することを決めたとき以来、両校の学部は、互いに棲み分けを行っている。図表9-1に具体的に示した。

両校の統一計画において、統一計画部会が支持を受けることができた要因

第9章　イギリスにおける研究評価とSDの課題　197

図表9-1　統一前の両校の設置学部

区　分	マンチェスタービクトリア大学	マンチェスター工科大学
電気工学部	該当学部なし	該当学部あり
化学工学部	該当学部なし	該当学部あり
製紙技術学部	該当学部なし	該当学部あり
物性物理学部	既に提携済み	既に提携済み
物理学部	非常に規模の大きい大所帯の学部	特化した小規模学部
数学学部	幅広い分野を扱う規模の大きい学部	主にエンジニアを対象とする
ビジネス研究	大学生と同様にMBAも対象とする	主に大学生を対象とする
フランス語学部	文学なども扱う規模の大きい学部	主にビジネスでの使用が目的
生命科学部	医学を重視	自然科学を重視
電算関連学部	コンピューター科学学部（ソフト及びハードも対象）	電算応用科学部（プログラムなどの応用）
留学生用	EFL（外国語としての英語学習）	EFL（外国語としての英語学習）

は、大学の強化という観点から合併を進めたことにある。巨大企業による弱体化した小企業の乗っ取りとは話が違うのである。確かに、規模の面からすれば、ビクトリア大学は工科大学をはるかに上回る規模をしているが、学部の質の面からすれば、まさに対等な合併ということができる。

5　学部や学科の再編成

　ビクトリア大学には、人文科学や社会科学を中心に多数の学部が存在した。こうした学部は工科大学との合併によって直接的な影響を受ける学部ではないものの、再編成を機に、学部や学科のシステムの抜本的な見直しに着手した。合併後、新たに生まれる大学では、以下の四つの学群を設置し、各学群を複数の学部に分けた。

　　○新たに誕生するマンチェスター大学の学群
　　　①工学・自然科学群
　　　②人文科学群
　　　③医学・人間科学群
　　　④生命科学群

　①から③の学群は、各学群で何千人もの学生や何百人もの教員を擁する巨大な組織となる。しかし④の学群については、かなり小規模組織となった。

工科大学の生命科学部では主に自然科学を扱っていたのに対し、ビクトリア大学の生命科学部では、主に医学に関する内容を扱っていたことから、生命科学群を設置する必要があった。新しい各学群の分析や、今後、どのような組織にするのかが検討され、また、主題領域をサンプルとしていくつか抜き出し、研究成果についても検討された。

6 新しい工学・自然科学群

(1) 工科大学が設置していた機械・宇宙・製造学部と、ビクトリア大学のマンチェスター工学技術学部と、工科大学にあったマンチェスター土木工学センターを再編し、**機械・宇宙・土木工学総合学部**(School of Mechanical, Aerospace and Civil Engineering：MACE)を設置。教員は90名。

(2) ビクトリア大学の物理・天文学部と、工科大学の物理学部を合併し、**物理・天文学総合学部**(School of Physics and Astronomy)を設置。工科大学の物理学部の21名の教員と、ビクトリア大学の物理・天文学部の合計53名の教員が一学部に集まり、イギリスでも最大規模の物理学部が誕生した。さらに、技術者が66名、アカデミック関連の職員（実験担当、コンピューター担当、運営担当など）が39名、博士課程を修了した研究アシスタントや研究フェローが59名、そして秘書が18名いる。

(3) 両校の数学学部が合併し、**数学総合学部**(School of Mathematics)が設置された。両校の数学学部は、ともに国際的に高い評価を受けており、優秀な教員がそろっている。そして教員の多くはこの分野において国際的に活躍している人材である。この両学部の研究力が統一されれば相互補完され、論理学、代数・数論、演算子代数、確率、位相幾何学、力学、連続体力学とその応用、さらに数値解析など、幅広い分野をもれなくカバーすることができるようになる。ここ数年、両校の数学学部では、合同のセミナーや合同の内部レポート、4年生の数学コースやMScレベルを中心とする授業の協力など、協力体制を強めている。最近の協力体制を考えれば、合併も自然な流れであった。統一計画部会の下で、この新しい総合学部は2006年に新しい校舎にすべて一緒に入ることになっている。この総合学部の常勤の教

員の数は64名で、うち、教授は19名である。さらに、研究アシスタントと研究フェローが20名いる。10名の秘書や運営職員、4名のコンピューター／実験担当官や技術職員、そしてサービス教育理事（Director of Service Teaching）がさまざまな活動のサポートにあたる。両大学の二つの学部の学生数を合計すると、約940名になる。これは、単一専攻過程の学生と複数専攻過程の学生を両方含む数字である。

(4) **化学総合学部**（School of Chemistry）。2004年の秋から、両校の化学学部が合併されて、新たに化学総合学部となった。この総合学部は、ビクトリア大学の敷地内の、しかるべき改築を実施した校舎に入る予定である。この校舎は、物理学、製薬学・薬学、生物化学、医学といった総合学部にほど近いところにある。さらに、ジョン・ライランズ図書館やマンチェスター・コンピューター・センターなどの、大学の中央施設にも近く、立地条件が良いといえる。新たに誕生する化学総合学部には、教員が約60名、4年間の修士コースと3年間の学士コースの両方に登録している学生が550名以上、院生が約200名、さらに博士課程を修了した研究担当が約75名在籍する予定であり、イギリスでも最大規模の化学総合学部になる。サポート職員には、運営、技術、秘書、事務職員やアカデミック関連の職員も含まれる。この化学総合学部は、生物化学、合成・物理・有機化学、電算応用科学・理論化学、無機化学、物性化学、磁気共鳴・構造化学、高分子化学、放射化学、環境化学、反応力学などの分野で、研究に強みを持つようになると思われる。この総合学部が入ることになっている校舎では、2階と3階の合成化学の施設、5階の放射化学・無機化学・物性化学研究エクセレンスセンターと、7階の電算応用科学部と理論化学研究のフロアが、750万ポンドをかけて大がかりな改修がなされた。また、ポリマー・有機物性化学の大学研究センター（University Innovation Centre (UIC)）の一部として、200万ポンドをかけて1階の施設が改築されたが、この大学研究センターは、総合学部の中に拠点をおく予定であり、教員の雇用、技術サポート、校舎の改築などの費用として、425万ポンドの補助金を獲得している。

(5) **コンピューター科学総合学部**（School of Computer Science）は、ビクトリア大学

のコンピューター科学学部をそのまま引き継いだものである。この総合学部では、ソフトウェア・工学技術、コンピューター・グラフィック、人口知能、コンピューター建築、情報システムなどに関する教育や研究も実施する。また、ビジネス界や産業界と密接なつながりをもつ。

(6) **物性総合学部**(School of Materials)は、2004年以前にすでに完全に提携が済んでいる唯一の学部である。

(7) **化学工学・分析科学総合学部** (School of Chemical Engineering and Analytical Sciences)は、工科大学の化学工学学部をそのまま引き継いだものである。

(8) **電気・電子工学総合学部**(School of Electrical & Electronic Engineering)は、主に工科大学の電気・電子工学学部を引き継いだものである。イギリスの標準と比べると、この学部は規模が大きいといえる。教員が50名以上、支援職員が約50名、学生が約650名(うち、200名は院生)在籍する。研究と院生の教育という問題に関しては、同校では研究グループとサブ・グループを組織し、各グループとも専門的な指導体制を敷く。このシステムは1990年代の後半に設置されたもので、その後の展開や戦略立案を反映するために、絶えず検討・改善がはかられている。

(9) ビクトリア大学の地球科学学部と、工科大学の大気物理学グループを統一し、**地球・大気・環境科学総合学部**(School of Earth, Atmospheric and Environmental Sciences)を設置する。

7　新しい人文科学群

この学群は大学で最大規模の学群となる予定で、収入合計は年間で約1億ポンドに達することが見込まれ、学生数は13,000名、教員は860名である。

(1) **語学・言語学・文化総合学部** (School of Languages, Linguistics and Cultures)には、80名の教員、75名のPhDの学生、1,500名の学部生・修士課程(taught postgraduate)の学生が在籍する予定である。2001年の研究評価では、スペイン語、ポルトガル語、フランス語、ドイツ語のいずれもが最高評価の「5*」を、イタリア語と言語学では「5」を、そしてロシア語では「4」という評価を受けており、同総合学部の各分野の評価の高さは実証済みである。この3

年間で教員が受けた外部の研究補助金額は、合計するとおよそ2,000,000ポンドに達することからも、その高い評価が窺える。

(2) **環境・開発総合学部**(School of Environment and Development)は、同大学の中でも非常に画期的で新しい学問分野だといえる。この総合学部は、従来の地理学部及び設計・景観学部と、開発政策マネジメント研究所（Institute of Development Policy and Management：IDPM）、さらにマンチェスター建築スクール（Manchester School of Architecture）（マンチェスターメトロポリタン大学（Manchester Metropolitan University：MMU）の付属スクール）が協力し、学問分野の壁を越えた連携関係を築く。このため、独自の方法で、人間の活動の社会的・環境的な面を考慮した研究を実施することができる。環境・開発総合学部には（総定員数は125名のうち）70名を超える教員、800名以上の学部生、600名以上の大学院生（このうち、100名は研究生）が在籍する。現段階の計画としては、現在のビクトリア大学のキャンパス内に2006年までに新しい校舎を建設し、上記の4つの分野を同じ校舎に配置し、また、大学院生や教員や研究員の今後の増員に対応できるようにする。

(3) **美術、歴史、文化総合学部**(Schools of Arts, Histories and Cultures)では、考古学、美術史、古典・古代史、演劇、英米語研究、歴史、音楽、宗教学・神学など、幅広い分野を扱う。同総合学部には、約3,000名の学生が在籍し、その内2,600名は学部生で、約130名は教員及び研究支援職員である。新たに誕生するこの総合学部では、主に人類の文化、思考体系、社会といった分野に力を入れることになっている。そして、「物質・視覚・創造・遂行といった視点から文化をとらえ、さまざまな論理展開や知的考察を行う」のである。文化を研究することは、この総合学部のすべての分野にとって、大きな意義をもたらすもので、歴史的アプローチを広く採用し、総合学部内の分野の壁を越えて、多様な歴史の理解を深めていく。

(4) **ロースクール**(Law School)は、昔から常に高いレベルにあり、現在もその地位を維持している。始まりは、1872年にマンチェスター法律学校が設置されたことに遡る。現在の使命は「教育及び研究の双方において、従来からの卓越した地位を維持し、また、さらなる向上と充実を目指すことにある。

そしてイギリス国内で広く認められている、法律教育及び法律研究の卓越したレベルを誇るトップ校としての地位を固め、磐石なものとする」ことである。このスクールの功績を認めるものとして、同スクールでは、1993年の教育評価において、HEFCEから「卓越したレベル (excellent)」との評価を、そしてまた、1996年と2001年の研究評価では「5A」の評価を受けている。現在の目標は、次回の研究評価で「5*」もしくはそれに類する評価を受けることである。同校では、現在、40名以上の常勤教員が在籍している。ここに犯罪学部が加われば、その数はおよそ50名となる。

(5) **情報科学総合学部** (School of Informatics) は工科大学の電算応用科学部をそのまま引き継いだものである。工科大学の電算応用科学部は、ゴードン・ブラック (Gordon Black) 教授がビジネス界や社会や政府のニーズに応え、応用コンピューター科学を研究する必要性から、1968年に設立した学部である。応用情報テクノロジーを重視する姿勢は、今も変わらず引き継がれており、産業界や商業界のコンピューターのニーズに応える卒業生を輩出していることから、高い評価を確立している。イギリスの大学卒業生の雇用適正能力を雇用主に調査した「学習から雇用まで (From Learning to Earning)」のランキングにおいて、同学部では、2003年までの3年間、コンピューティング／ITの部門でトップに輝いている。同学部では、毎年200名以上の学生が学士号を取得して卒業する。修士課程 (taught master) には約140名の学生が在籍し、大学院生 (postgraduate research student) の数も大幅に増員しておよそ100名が在籍している。現在、常勤教員が38名在籍しており、さらに5名を募集中である。これまでの研究評価ではいずれも「4」の評価を受けており、新たに誕生するマンチェスター大学の戦略目標にのっとり、次回の研究評価では「5」もしくは「5*」の評価を受けることを目標としている。

(6) **教育総合学部** (School of Education) では、76名の教員と21名の研究員、そして57名の運営・支援職員を雇用する予定である。同校では、教育訓練に携わるほか、先端の教育研究も実施する。現在、同学部で実施している研究では、主に、教育面からみたリーダーシップ・マネジメント・政策展開、教育学及び教師育成、障害児教育、そして社会的公正及び教育の多様性、と

いった分野に力を入れている。

(7)両校の4つの「パートナー」を一つにまとめ、新しい**ビジネススクール**(Business School)をつくった。その4つの組織とは、マンチェスター・ビジネス・スクール、マンチェスター・マネジメント・スクール、マンチェスター金融・会計スクール、そしてイノベーション研究センターである(このセンターは、工学・科学・技術政策研究所(Policy Research in Engineering Science and Technology：PREST)、イノベーションと競争に関するセンター(Centre for Research on Innovation and Competition：CRIC)、組織・管理・技術変化に関する研究センター(Centre for Research on Organisations, Management and Technical Change：CROMTEC)により構成)。これらの組織を統合することにより、研究と研究をベースにした教育の斬新な融合をねらう。このスクールはイギリスで最大規模のビジネス・マネジメント・スクールとなり、180名以上の教員、60名以上の研究員、150名以上のサポート職員、2,000名以上の優秀なフルタイムの学生が在籍する予定である(内訳としては、学部生が1,100名、大学院生(taught postgraduate)が700名、大学院生(research postgraduate)200名)。こうした学生に加え、さらに多数のパートタイムの学部生や大学院生が、国際的にもレベルの高いMBAのプログラムを含め、通信教育や遠隔地プログラムを受講する。同スクールの収入はかなりの額になると思われ、授業、研究、管理者教育などをすべてあわせると、3,000万ポンドを上回ると思われる。

新たに誕生する総合学部では、「世界屈指のレベル」に達することを目指しているが、研究活動をさらに展開し(次回の研究評価では「5*」を目指す)、教育と研究の両方のプログラムで質の高い大学院生をさらに募集すれば、この目標の達成も可能である。同スクールは現在、ブースストリートにある複数の関連施設を使用しているが、物理的な面での一体感も強まるように、施設の改築を行うとしている。また同スクールでは、新たに分野領域ごとの複数のグループに分かれるべく、現在、再編を進めている最中である。上記の4つの組織の中から教員を集め、さまざまな教育プログラムを実施し、研究成果を広める役割を果たすことを目指す。現段階では、次の4つのグループに分かれることが提案されている(名称は仮称。また、具体的な構成に

ついても決定ではない)。
- 国際ビジネス・マーケティング戦略：国際ビジネス・戦略、マーケティング・顧客行動、経営学、比較ビジネス運営で構成
- 人間・組織：雇用研究・労使関係、法律、人事管理、組織心理学、運営管理、医療管理で構成
- 金融・会計：現在のマンチェスター・ビジネス・スクール (Manchester Business School：MBS)、マンチェスター金融・会計スクール (Manchester School of Accounting and Finance：MSAF)、マンチェスター・マネジメント・スクール (Manchester School of Management：MSM) の金融・会計関連のグループで構成
- イノベーション、知識、技術管理：イノベーション研究センター (Institute of Innovation Research：IIR)、技術管理、アントレプレナーシップ、インフォメーション・システムで構成

○新しいビジネス・スクールのビジョン

卓越したレベルを誇る、研究重視のスクールをつくるために、この10年間で、国際的にもトップレベルにあるビジネス・マネジメント・スクールとなることを目指す。この目標の遂行にあたり、以下を実施する。
- 各国から、非常に優れた学生や教員を集める
- 国際的な研究者やビジネスマンに非常に高く評価される研究を実施する
- 学生、大学院生、管理職向けの質の高いプログラムを幅広く提供する
- 国際的なビジネス・マネジメント・スクールのトップ校として、教員の報奨システムをトップの地位に相応しいものにする
- 最先端の魅力的な授業と、図書館、IT、会計、ケータリング、校舎などの素晴らしい学習環境を提供する
- 教育や研究において、社会科学、言語、自然・生命科学、そして工学技術を中心に、他の分野との連携を積極的にはかる

(8) **社会科学総合学部** (School of Social Sciences) は、ビクトリア大学の経済・社会科学部をそのまま引き継いだもので、ビジネス・マネジメント、行政、哲学、社会学・社会人類学、経済学といった分野を扱う。

8 新しい医学・人間科学群

　合併前のビクトリア大学にあった複数の学部が、この学群に所属し、年間の研究収入は、大学全体の研究収入の約半分に達するとされる。また、本学群は、その他の総合学部と分野を越えた強固な提携関係を築いている。学部課程(undergraduate degree)やディプロマ・プログラムの学生が約4,500名、補助金つきのプログラムの大学院生が約1,000名在籍している。

(1)**医学総合学部**（School of Medicine）はイギリスでも最大規模を誇り、1,200名の教員、2,000名の学部生、700名の大学院生が在籍する。同学部は、QAAの科目評価で、総合得点が「24点」と満点の最高評価を受けている。また、2001年の研究評価では、「5」の評価を受けており、初期治療、心臓血管医学、がん研究では「5*」の評価を受けている。

(2)**歯科学総合学部**（School of Dentistry）

(3)**製薬学・薬学総合学部**（School of Pharmacy and Pharmaceutical Sciences）

(4)**看護学・産科学・ソーシャル・ワーク学総合学部**（School of Nursing, Midwifery and Social Work）

(5)**心理学・人間コミュニケーション学総合学部**（School of Psychology and Human Communication）

9 生命科学群

　この新しい学群では(総合学部は一つのみ)、生物学と臨床科学全般を扱い、ビクトリア大学の生物化学部(2001年の研究評価では「5*」の評価)、工科大学の生体分子科学部(「5」の評価)、検眼・神経科学部の主要なグループ(「5*」の評価)、そして科学・技術・医学の歴史センター（Centre for the History of Science, Technology and Medicine：CHSTM）(「5*」の評価)から構成する予定である。この学部には約250名の教員と研究フェローが在籍し、こうした教員・研究員による研究補助金や研究契約を合計すると、年間で2,300万ポンドを超える。

10　研究施設

新たにマンチェスター大学が誕生するこの機会に、すでに世界レベルを誇る科学研究のさらなる充実が目指された。同大学では分野横断的な研究を実施できる環境づくりを目指しており、これは、新たに3つの研究施設を設けることからも伺える。

新しい研究施設のうちの一つが、光子科学研究所（Photon Science Institute：PSI）である。この施設を設置し、幅広い分野から専門家や設備を集めることで、新しいアイデアが生まれるダイナミックな環境づくりを目指す。この専用施設内では、内部のみならず外部の関係者も、さまざまな種類のレーザー光線を利用することができる。

11　考察：学部の再編成

合併後の大学に設置される新しい総合学部は、以下の3つのカテゴリーに分けることができる。まずは、両校の学部を合併してできる総合学部、次に、合併させずにコースを共存させる総合学部、そして、大学間で学部（もしくは学部の一部）を合併させることなく、従来の学部を存続させる形の総合学部である。これらのカテゴリーを順番に検討してみよう。

(1) 両校の学部を合併してできる総合学部
- A) 機械・宇宙・土木工学総合学部（MACE）は、従来の工科大学の機械・宇宙・製造学部と、ビクトリア大学のマンチェスター工学技術スクールと、工科大学にあるマンチェスター土木工学センターを再編して設立する。
- B) 物理・天文学総合学部は、ビクトリア大学の物理・天文学部と、工科大学の物理学部を合併して設置する予定である。
- C) 数学総合学部は、両校の数学学部を合併して設置する予定である。
- D) 化学総合学部は、両校の化学学部を合併して設置する予定である。
- E) 物性総合学部は、両校の合併により、すでに設置されている。
- F) 地球・大気・環境科学総合学部は、ビクトリア大学の地球科学学部と、工科大学の大気物理学グループを合併して設置する予定である。

G) 語学・言語学・文化総合学部は、主にビクトリア大学の学部から構成されるものの、工科大学の教員も加わる。
H) ビジネススクールは、両校のいずれかの研究所や付属施設など、さまざまな研究所を合併して設置する。
I) 生命科学総合学部は、ビクトリア大学の生物化学部、工科大学の生体分子科学部、そしてその他の学部のグループの一部を合併して一つの総合学部を設置する。

(2)合併させずにコースを共存させる総合学部

新しいコンピューター科学総合学部(工学・自然科学群)は、ビクトリア大学のコンピューター科学学部をそのまま引き継いだものであり、コンピューター関連の工学技術分野(例：ソフトウェア・工学技術、コンピューター・グラフィックス)に力を入れる。この総合学部は、工科大学の電算応用科学部をそのまま引き継いで設立される情報科学総合学部(人文科学群)とは、別組織ではあるものの、協力関係にある。情報科学とは比較的新しいコンセプトである。新しい総合学部のウェブ・サイトでは、「情報科学」について以下のように定義している。「情報科学にはさまざまな定義があるものの、非常に適切に要約すると、分野横断的なシステム・デザインを組み合わせながら、コンピューター・ベースのアプリケーションを発展させる学問ということになるだろう。私たちはこの学問を、人、組織、情報、そしてコンピューター技術が出会う場所と捉えている」。

(3)大学間で学部を合併しないで従来の学部を存続させる形の総合学部

新しい大学の二つの総合学部(化学工学・分析科学総合学部と電気・電子工学総合学部)は、工科大学の学部を引き継いだもので、ビクトリア大学の学部はまったく含まれていない。この他の総合学部(すなわち、(1)及び(2)で言及されていない総合学部)については、すべて、ビクトリア大学の学部を引き継ぐもので、工科大学には該当するような学部はない。これらの総合学部は、人文科学群や医学・人間科学群に分類されるものである。

上記の考察に加え、環境・開発総合学部では、マンチェスターメトロポリタン大学(MMU)の付属総合学部である、マンチェスター建築スクールとパー

トナーシップを結んでいることにも注目すべきである。1992年まで、このメトロポリタン大学はマンチェスター・ポリテクニクであった。メトロポリタン大学も、ソルフォード大学とともに、拡大マンチェスター地域を代表する高等教育機関である。

12 マンチェスター大学の合併における研究評価の意義

　両校の合併に賛成する意見の中で、もっとも目立ったものは、国際的に競争が激しくなる環境にあっては（そして、競争する上で必要となる資金がますます増加する環境にあっては）、資金を共同で蓄える必要があるというものであった。HEFCEでは、一部の大学のさらに一部の学部に公的な研究補助金を集中配分することを決定しており、HEFCEの決定は、こうした恩恵にあずかることのできないその他の大学に、これまでの戦略の見直しをせまるものであった。

　マンチェスター大学の統一計画部会長を務めたレイゼル氏は、マンチェスターという街に、世界レベルの研究大学が一つあるのは良いことだが、二つはいらないと考えている。また、レイゼル氏は、イングランド南東部にある大学の「ゴールデン・トライアングル」（オックスフォード大学、ケンブリッジ大学、ロンドン大学（インペリアル・カレッジとユニバーシティ・カレッジ・ロンドン）の3校で構成するトライアングル）を、マンチェスター大学がその一角を担う、「ゴールデン・ダイアモンド」に変えたいと考えている（2003年9月8日の筆者とのインタビューより）。この目的を達成するためには、新生・マンチェスター大学は、次回の研究評価で、これまでより高い研究成果を示さなければならない。ビクトリア大学の副学長を退任することになっている、マーチン・ハリス卿（Martin Harris）によると、新しい大学では、全体的に、従来の研究成果を30％上回る成果をあげる必要があるとのことである（2003年11月4日の複数の名誉教授との昼食懇談会での会話より）。こうしたことが次回の研究評価までに実現すれば、今回の合併や合併に伴う組織などの再編成は、間違いなく大成功ということになる。

13　改革が進む現代の英国の高等教育の視点から考えたマンチェスター大学の合併

　イギリスでは1990年代、大学生の数は増大したが、一方で大学はこの増大に対応する政府からのしかるべき補助金の増額を受けることはできなかった。このため、イギリスの大学は危機的状況に陥った。イギリスの大学の将来の競争力を悲観する声が高まった。特に、アメリカの一流大学と比べると、イギリスの大学の将来には暗いものがあり、こうした憂慮がイギリス国内で定着しはじめた。

　こうした状況の中、2003年に政府が発表した「高等教育に関する白書」(DfES 2003a) は、多くの人々から肯定的な評価を受けた。この白書では、学生の授業料を「事前に」支払うことをやめるよう提案し、資本支出と経常支出の両方の補助金を増額することを確約し、非常に歓迎された（なお、イギリスの大学とアメリカの大学の芳しくない比較については、2004年1月24日号の『エコノミスト』を参照のこと）。

　しかしながら、世界レベルの研究を一部の機関に集約しようという政府の計画については、批判が起きた。この計画が意味するものは、一部の機関を除き、高等教育機関は教育に特化しなければならなくなるということであった。白書では、研究評価を用いて「特定の結果を出すために十分な」研究者がいる学部を特定し、そうした学部に補助金を集中させるよう、HEFCE に求めている。白書の提案に対し、バース、ダラム、エクセター、エセックスなど規模の小さい大学から構成される「1994グループ」を代表して書面を記したアラスデア・スミス (Alasdair Smith) 氏は「『特定の結果を出すために十分な』研究者という発想は、科学や工学技術などの一部の分野においては、意味があることなのかもしれないが、すべての学問分野に意味があるといえるものではない。白書では、『研究』イコール『科学分野の研究』と考えているように思う」と話している (Floud 他 2003)。人文科学や社会科学などの規模の小さい学部では、「学部生や院生のためのしかるべき教育負担を実行しながら、世界クラスの研究を続けることができない理由などない」と考え、また、「大学を研

究と教育という二つのタイプに人為的に分ける理由もない」としている(Floud 他 2003)。

　しかしながら、新生・マンチェスター大学では、新たに巨大な三つの学部を設置することを決定しており、「長いものには巻かれろ」ということわざを重視したようである。こうした学部の全体的な規模をみると、「特定の結果を出すための十分な」研究者がいる学部を評価するという研究評価制度の要求に、マンチェスター大学が応えることができるようにしたことがわかる。

　2003年の白書は、大学関係者や政治家の間に激しい論争を巻き起こした(白書の発表後に行われた議論の記録については、スティーブンス（2004）の10章とエピローグを参照のこと）。2004年の1月、労働党の議員は3,000ポンドの授業料の導入に反対し、労働党内閣に対する過去最大の造反を起こしたが、結局この案は可決された。といっても、ようやくなんとか可決にこぎつけたというものであった。野党から提出された代替案も現実的なものではなかった。保守党の案は、高等教育に国家の補助金を支出し、補助金を支出するにあたり、「不必要な」コースや学部を削減するというものであった。自由民主党では、高等教育に対する国家支出の増額を賛成しているものの、財源をすべて税金でまかなうというものであった。今回のこの法案を政府が可決することができたということは、少なくともしばらくの間は、現在のイギリスの高等教育の体制は変わらないということを意味するものである。

おわりに

　ゴールデン・トライアングルはゴールデン・ダイアモンドになるのだろうか。もし、新生・マンチェスター大学が、国際的な評価や政府からの補助金の面で、オックスフォード大学、ケンブリッジ大学、ロンドン大学（インペリアル・カレッジとユニバーシティ・カレッジ・ロンドン）に匹敵し、卓越したレベルの研究を行うセンターとしての地位を確立することができるのであれば、両校の今回の統一は、大成功とみなすことができるであろう。そうなれば、その他の大学（もしくは大学内の各学部）も、競争が激しくなる環境にあって、共存できるような教育機関と協力し、生き残るために必要な最低限の規模を達成す

るための方法を模索することも可能となる。しかし、政府の補助金の大半を一部エリート教育機関に集中させるという、現在の研究評価の体制を改めるように、小規模大学が政府を説得できるのであれば、こうした統一の道を探る必要もないものと思われる。しかしながら、政府の政策に変更がなく、また、小規模大学も研究大学ではなく教育大学として特化することを忌避するのであれば、こうした大学は深刻な問題に直面する。そして、こういった問題を回避する方法の一つが、2004年にマンチェスター大学が他大学に先駆けて実施した大学の合併という戦略に他ならないのである。

ウェブ・サイト
マンチェスター大学の各学群や総合学部のウェブ・サイト
http://www.manchester.ac.uk/

インタビュー
ポール・レイゼル（Paul Layzell）教授（統一計画部会長／マンチェスター工科大学電算応用科学部元学部長）2003年9月8日
デビッド・アスピノール（David Aspinall）教授（マンチェスター工科大学電算応用科学部元学部長）2003年8月

参考文献
Brennan, J. and Shah, T. 2000 *Managing Quality in Higher Education: An International Perspective on Institutional Assessment and Change,* Buckingham, Open University Press.
Department for Education and Skills 2003a *The Future of Higher Education,* London, The Stationary Office.
—— 2003b *21st Century Skills: Realising our Potential,* London, The Stationary Office.
Floud, R. *et al* 2003 "The Higher Education White Paper: Views from Around the Sector" *Political Quarterly,* Oxford, Blackwell Publishers.
McCormick, K. 2001 *Engineers in Japan and Britain: Education, Training and Employment,* London and New York, Routledge.
Peck, J. and Ward, K. (eds.) 2002 *City of Revolution: Restructuring Manchester,* Manchester, Manchester University Press.
Scott, P. 1995 *The Meanings of Mass Higher Education,* Buckingham, Open

University Press.

Stevens, R. 2004 *University to Uni: The politics of higher education in England since 1944*, London, Politico's.

Webster, F. 1998 "What are our Universities for?" *Political Quarterly,* Oxford, Blackwell Publishers.

Wolf, A. 2002 *Does Education Matter? Myths about education and economic growth*, London, Penguin.

第10章 日本における大学評価──批判的展望──

寺﨑　昌男
（立教学院本部）

はじめに

　大学評価──多くの人がその作業の必要性を認めている。効果についても決してゼロであるわけではない。しかし、果たして現在のやり方は評価活動の対象である大学という組織の本質に適っているのか、評価のシステムや尺度に問題はないか、評価活動の主体は、この作業を行う専門的能力と資格を持っているのか──これらすべての問いに対して今のところ十分に満足できる答えを準備できないでいるのが、日本の大学評価活動である。その実態を記すには、客観的な紹介とあわせて批判的な検討が不可欠である。この論文では、現在日本で行われている大学評価について、あたう限り正確な紹介を、歴史的な背景の説明と併せて行う。しかし、同時に、そのそれぞれがどのような問題と課題を抱えているかを指摘したい。

　日本にも大学評価に関する理論的考究が徐々に生まれ（大南他編、2003）、展望的な著述も現れはじめた（山野井他、2004）。しかし、評価活動そのものの実体面での拡大と比べれば、研究はなお十分ということはできない。2004年、大学評価の研究をめざす学会も生まれたばかりである（シリーズ「大学評価を考える」編集委員会、2005）。

　筆者の目的は、言うまでもなく、大学評価の価値や意義を否定することにあるのではない。評価という活動を通して、日本の大学が自己の抱えている問題を発見し、その発見を通じて絶えざる自己革新を進める、そのような評価制度が実現することを望むことにある。言い換えれば、大学評価の目的は行政的統制や財政資源の配分にあるのではなく、大学の教育と研究を自主的

にイノベートすることにあるという確信が、本論文の前提である。

1　日本ではどのような大学評価が実施されているか

初めに日本の大学評価の種類を列挙しておこう。登場順にあげると、下記のようになる。

1) 専門団体によるアクレディテーション（「相互評価」ならびに「会員資格審査」）
2) 行政機関による設置審査を主とする評価
3) 大学のティーチング・スタッフやマネージメント・スタッフによる「自己評価」
4) 外部の評価者による「外部評価」
5) 国立の機関による「第三者評価」
6) 財源配分を伴う「プロジェクト評価」

ただし、このような分類の仕方それ自体も論争を免れないであろう。

後に述べるように、大学評価には「設置評価」（事前評価）と「アクレディテーション評価」（事後評価）の二つのタイプしかないと考える人がいる。そのような人にとっては1)と2)とが基本であって、その他の評価は両者のバリエーションにすぎないということになろう。他方、大学評価には「内部評価」と「外部評価」との二つがあるだけであったが最近になって「第三者評価」という新しい評価が加わった、と見る人もいる。これらの人々にとっては、1) 4) 5) 6)は「外部」評価として一つのものであって、区別はないということになるかも知れない。また最近では「大学人以外による評価」を「第三者評価」という人もある。

しかし評価の質を問いたい筆者は、そのようには認識しない。評価主体と目的とに即して分類し、社会的影響や大学へのインパクトを考慮して、上記の6種類を設定する。

「大学評価」というタームそのものについても、日本ではまだ正確な定義が成立していないように思われる。

個人的なあるいは集団的な教育研究活動の評価か、それとも機関そのものの評価かも区別なく用いられる場合がある。目的が政策的必要によるのか、

大学の革新にあるのかも明確に判断されていない場合がある。そして問題は、こうした曖昧な理解のもとにあるにも関わらず、現に多種多様な評価が実施され、大学に大きな影響を及ぼしている、という実態にこそある。その先には、大学のオートノミーが喪失され、さらには大学関係者の徒労だけが残るといった事態が生まれるのではないかとも危惧される。筆者もまたこの危惧を分けもつ者の一人である。本稿がそれをいくぶんでも解消するきっかけになればと願っている。

2　アクレディテーションとその問題

　日本の大学評価団体のうち最も古い歴史を持っているのは、財団法人大学基準協会である(大学基準協会、1957、2005)。2004年現在、この協会は41校の国立大学法人、23校の公立大学、243校の私立大学を正会員として構成されており、そこで行われているアクレディテーションは、最も高い知名度を持ち、行政法人・公立・私立という設置主体を越えた全大学にわたる評価作業として、普遍性を持つものと認識されている。

　日本にアクレディテーションのシステムが導入されたのは、1946 (昭和21)年であった。

　1945年8月、第二次世界大戦に敗れた日本は、連合国軍による占領下に置かれた。占領を実質的に行ったのはアメリカ軍であった。その占領は、単に軍事支配によるものではなく、日本の行政機関に対する占領軍当局の指導による「内面指導体制」と呼ばれる方式のもとに進められた。そして政治的・経済的な旧体制を打破する改革にとどまらず、文化・教育・国民意識等あらゆる側面に対する変革──すなわち社会の諸側面における民主化──を目的として進められた。その最大の重点項目の一つが教育改革であり、大学制度の改革はその重要な部分であった。このような文脈の中で、占領軍当局の中の民間情報教育局(CIdE)係官中の専門的メンバーによって紹介されたのが、大学関係協会の組織化ならびに新制大学の適格判定評価つまり「アクレディテーション」の導入であった。

　1947年7月、大学基準協会という新しい組織が、占領軍当局に強力に支持

されつつ日本の大学リーダーたちの手で結成され、1947年7月に、最初の「大学基準」がつくられた(大学基準協会、1952)。発足時の会長は、これから日本の大学は共通のアカデミック・スタンダードをもち、お互いに研究と教育の水準向上に努力し切磋琢磨することを通じて「グループの自治」を建設していくのだと宣言した(大学基準協会、前出)。

　始め、この団体は、当時の有力な大学すなわち戦前から大学であった旧制大学によって構成されていたとはいえ、民間の一任意団体であった。1959年には財団法人としての資格を獲得し、現在に至っている。

　協会は、1952年まで続いた連合軍の対日占領のもとでは、高い威信を持っていた。しかしその後50年以上の歴史をもつこの団体の歩みには、大学の行政をめぐる日本的な事情が深く影を落としている。それは、日本における大学設置認可権をどのように設定するかという問題、すなわち先にあげた①と②にまたがる問題に連なるものである。

　協会の設立当初、大学のアクレディテーション基準であった大学基準は、ほぼそのまま政府の大学設置(チャータリング)の基準と同一に扱われた。すなわち、この民間協会がつくった会員資格審査のための大学基準を、文部省は大学設置の基準として採用した。その状態が8年間続いた後、文部省は独自に大学設置基準を省令として制定し(1956年)、大学・学部・学科の新設にはこの省令による評価を受けなければならないという制度を敷いた。

　そしてその後、1959年に同協会が財団法人に組織替えしたとき、文部省と協会の間には、大学設置基準は、その大学が「大学であるための入学基準」であるのに対して、大学基準は、その大学が「本当の大学」であることを証明する、いわば「大学としての卒業基準」であるという合意が形成された。このとき、国際的な見方からすればチャータリング(設置認可)基準と水準向上ないし協会会員としての適格判定(アクレディテーション)基準とが、対比されて位置づいたということになろう。文部行政の側からいえば、それは占領下の「異常」な行政原理を克服した、「正常化」の結果とみなされた。しかし、戦後改革の原則、すなわち戦前の文部行政が持っていた強権的な教育支配をやめさせ、特に大学に関してはオートノミーの原則を維持してそれを官僚支配か

ら脱却させるという原則からすれば、文部省と協会の間のこの"妥協"は無視できない問題を残したものであった。

　ちなみに、大学基準と大学設置基準との形式・内容には多くの相似点があった。両者とも、大学の形態、規模、備えるべき教員定員や学生数、教育課程に対応すべき教員整備や校舎・教室との規模、備えるべき施設、設備の基準、敷地面積、大学卒業に必要な単位数など、定量的な部分についてほぼ同じように規定していた。ただし大学基準では、大学の多様性を認め個性に応じた大学の在り方を寛容に認めた上でアクレディテーションを行うとか、大学の入学定員を決めるには教授会の意思が尊重されねばならない、といった「定性的」な規定が盛り込まれていたし、また1893(明治26)年から国立総合大学が採用してきた「講座制」についても、その他のシステムの採用も含めて弾力的な措置を取ると規定していた。しかし大学設置基準は、こうした規定を欠いていた。大学としての「出発点」であるからには、そのような質的な規定ではなく、画一的な数量的基準を示すのが行政上の責任である、ということになっていた。

　協会のことに戻れば、省令大学設置基準が出されてから、大学基準協会の威信は大きく低下した。協会は入試制度や大学教育制度、諸種の文部省関係審議会が提案する大学改革構想に対しては、同協会に置かれたさまざまな委員会（そのほとんどは大学の学長、学部長、教授たちから構成される）が専門的立場からの意見を公表し、また日本で唯一の全大学共通の団体としてそれらの意見は政府によっても無視されなかったものの、活動は長い期間低迷した。会員であることのメリットについての初歩的なPRに大きな努力を払わなければ、協会の存続すら危ぶまれる状態が続いた。

　〈日本には大学間で競争するという慣習はなくそれを支える風土もなかった、だから大学基準協会の発足と戦後の評価システム全体が精神風土に反している〉といった批判もあった。また大学の「自治」を強調する立場からは、〈いったん大学が大学であるとして認められれば、その後どのような努力をすればいいかは各大学自身の判断に委ねられるべきで、事後評価をする必要はないのではないか〉といった意見もあり、米・英大学史の観点から〈そもそ

もアクレディテーション基準とチャータリング基準とを重ね合わせた占領下の制度自身が大学史の常識に反する〉という意見も公にされた（天城・慶伊、1977）。各大学の現場でも、設置に関する省令にパスすることを至上命題とする空気が強く、大学基準協会の活動を期待する動きは微弱なものとなっていった。

大学基準協会が低迷を脱して活動を活発化したのは、1980年代半ば以降である。

内閣に設けられた臨時教育審議会（1984-87）は、その答申のなかで大学の自助努力を強調し、特に大学評価の機会として大学自身による自己評価と専門団体による相互評価の重要性を論じた。このときから大学基準協会の役割はにわかに世論の注目を集めた。

他方、自己評価活動が、後述するように90年代に入って大学の「努力義務」となるにつれ、並行して、協会が行う評価は各大学自身が積極的に受けるべきものではないかという気運が高まった。また、1970年から始まった私立大学への国庫助成制度が軌道に乗るつれて、協会の評価を受けたか否かは補助のランキングに影響するという観測も生まれた。

このような流れの中で、協会も大学評価基準及びその在り方について国際的視点も含めて研究を重ねるようになり、現在では、1980年代前半までとはまったく異なる活発さを見せている。そして、大学基準による評価活動の目的を、かつてのように加盟判定や会員資格審査に限定するのではなく、ピア・レビュー方式に立つ相互評価をも併行して推進し、研究教育水準の自主的な向上や国際的なアクレディテーション活動に結びつけるという方針で、活動を続けている。「大学基準は『向上基準』である」という規定も同協会内部では公に承認されている。また、1996年度以降、学部ごとの「適格判定」評価を改めて、「大学」全体を評価する総合的な大学評価システムを導入し、教育評価については「インプット評価」「プロセス評価」「アウトプット評価」「アウトカム評価」といった評価対象の動態に着目した構造化を試行し、また教育評価と研究評価の区分と関連とを考察するなど、踏み込んだ理論研究も行っている（大学基準協会、2000）。

このような活動の中で、同協会は自らの活動を制度的役割から本来の大学改革推進的役割へと広げている。政府は、2003年に学校教育法を改正し、大学評価に当たる機関を政府自身が「認証」するという制度を定めた。その機関として認められたのは財団法人大学基準協会をはじめ、大学評価・学位授与機構、財団法人日弁連法務研究財団、短期大学基準協会の4機関である。加えて、私立大学協会も財団法人日本高等教育評価機構を発足させた。しかし財団法人大学基準協会はその筆頭の位置にあり、認証機関となってから2004年度からすでに認証評価活動を展開している。

3 行政機関による設置評価とその問題

　政府機関が行う大学評価を最も広義にとらえるとすれば、文部科学省(旧文部省)が大学設置審議会に委嘱して行ってきた大学設置基準適用による設置評価に限定することはできない。現在、大学評価・学位授与機構が国立大学法人を対象に行っている評価や、また新設の「国立大学法人」が6年ごとに受ける評価も「行政機関による評価」の一種に加わることになる。しかし、後二者については最後で述べることとし、ここでは本章1の冒頭で2)に挙げた設置評価(設置審査を含む)の問題だけに限ってみよう。

　先述のように、1956(昭和31)年、文部省は省令大学設置基準を制定した。以後、日本の全大学は、大学そのものを新設しようとするとき、また学部学科を設けようとするとき、すべてこの基準及びそれに沿った各専門分野の審査基準によって審査されることとなった。さらに設置を認められたA大学がb学部を設置しようとするときには、その学部に関連するA大学全体の審査もこれに加わることになった。学科と学部についても関係はまったく同じであった。

　文部省はまた、1974(昭和49)年に「大学院設置基準」も省令として制定した。大学基準協会はすでに1949年に大学院基準を設定していたのだが、大学基準があるのに大学設置基準が制定されたときと同じ事態が起きたのだった。

　この両設置基準が大学に与えた影響力は、極めて大きなものとなった。先にも述べたように、各大学は、1950年代末以後、急速に、大学基準協会のア

クレディテーションによる審査(事後審査)よりも大学設置基準による審査(事前審査、以後「設置評価」と記す)を重視する姿勢に傾いていった。大学基準協会の活動が、後に国会で「休眠状態に陥っている」と報告されるようになったのは、そのころ以後である。同時に、以上のような設置評価は、大学側に極めて大きな事務負担を要求するものになった。評価の「厳しさ」には、大学基準による評価の時代と違って、「質」の厳しさだけでなく、行政当局「窓口」の判断と大学設置審議会の審査との二つを経なければならないという手続き上の煩雑さも加わることになった。

1960年代の半ばから70年代の半ばにかけて、日本の高等教育には、高度経済成長にともなう「爆発の時代」が訪れる。中規模大学の大規模化、小規模大学のおびただしい新設がつづき、それは設置審査作業を大規模化した。他方、この間政府は、国立大学の入学定員を理工系学部を除いてほとんど拡大しなかったので、増え続けた高等教育志願者の80％以上の受け入れを私立大学に委ねた。それは、当然、私立大学の新設や拡大、学部・学科の増設に対する審査の「甘さ」をもたらした。こうした問題は外国人研究者によって早くから指摘され、戦後大学評価史の見逃せない一頁になっている(ペンペル、1978、邦訳2004)。

一方、設置評価には、大学の自治・自由に連なる問題も含まれていた。なぜなら、評価を要請する大学が、学部名、学科名、課程名、授業科目名などに工夫を凝らし新しいアイデアを盛り込もうとしても許されないという事態が、頻繁に起きたからである。とりわけ「人間科学」とか「総合文化コース」といった総合的・境界領域的な名称を学部・学科等の名前に冠したいと思っても、審査ではなかなか通らない。伝統的ディシプリンからはずれる点が問題となるだけでなく、「審査委員会で審査できる委員がいない」という答えもしばしば返ってきたと言われる。70年代80年代を通じて大学人の間にこの不満は大きく、大学設置審査の「画一性」がアカデミック・フリーダムの観点から批判されることも少なくなかった。

事情が変わってきたのは1990年代に入ってからである。1991(平成3)年、文部省は大学設置基準の大幅な改定を行った。その根拠になったのは、当時は

新設の審議会であった大学審議会（1986年、臨時教育審議会の提案で設置）の答申であった。その答申は、大学は「個性」に応じた教育目標のもとに有機的なカリキュラムを編成すべきであるとして、教育課程の弾力化、授業科目区分の廃止、単位制度の弾力化などを提言していた。そしてその後大学設置審議会は、実際の審査の過程でも、大学側の申請する学部・学科その他の名称や科目名などにはほとんど文句をつけないという方向に変わってきたのであった。

　このような設置審査の緩和は、90年代末から今世紀にかけて、政府が経済のグローバル化に対応するとして進めた「規制緩和」政策に促進されながら、さらに進んだ。学生定員1人当たりの校舎面積、校地面積に対する校舎の割合、運動場の面積などに関する規制は大幅に緩和され、また1970年代初めから制限してきた大都市地域への設置規制措置も廃止された。

　18歳人口の減少は1993年から始まったが、それは2007年以降2010年代半ばまで日本の大学にとって大きなプレッシャーになると予測される。大学審議会は、大学をめぐる状況が「競争的」なものであることを強調し（高等教育研究会、2002）、大学のサバイバルは文部省の手によってではなく大学自身の自己努力によって左右される（「護送船団」の消滅）という立場を鮮明にして、大学への社会的評価の重要性をもっぱら強調するようになった。その一方では納税者である国民への「アカウンタビリティー」実現の一環として、特に後述する「第三者評価」の重要性を説くに至っている。

　明治期以来130年間文部省が設置主体となってきた国立大学は、2004年4月からすべて「国立大学法人」に組織替えされ、文部科学省は、その所管官庁ではあるが設置者ではなくなった。6年ごとに査定される運営交付金の成果に関する評価は、文部科学大臣が組織する中央の国立大学法人評価委員会の評価に委ねられる（後述）。

　大学設置段階における行政機関による評価は、このように表面上は規制緩和の流れに大きく乗って進んでいる。しかし実質がそのように進んでいると言うことはできない。なぜなら行政機関による評価はすべて資源配分すなわち財政配分に連なるか、少なくとも財政的利害に深く関係しているからである。この問題については後に述べよう。

4 自己点検評価・外部評価とその問題

　1991年以降、「自己点検・評価」は、各大学にとって「努力義務」の一つとなった。大学設置基準が「大学は、その研究教育水準の向上を図り、当該大学の目的及び社会的使命を達成するため、当該大学における教育研究活動等の状況について自ら点検及び評価を行うことに努めなければならない」(第2条第1項)と定めたからである。その第2項には、自己点検評価活動に当たるための「適切な項目」を設定し、「適当な体制」を整えるべきであると定め、さらに1998年の改定によって、「学部評価」も加えるとともに、第3項で、「大学は、第1項の点検及び評価の結果について、当該大学の職員以外の者による検証を行うよう努めなければならない」と規定した。また、先の第1項には「その結果を公表する」ことが定められた。これらの規定によって、各大学は大学・学部について自己点検・評価活動を行う組織的体制をつくるとともに、その結果を公表し、外部者によって検証することに迫られた(後者は、本章1の4)で挙げた「外部評価」と呼ばれるようになった)。そしてこれらすべてが単なる「努力義務」ではなく法文上も「義務」となったのであった。

　こうして、自己評価と外部評価の活動は、大学基準協会の相互評価を除けば、1990年代に日本の大学が初めて経験する、互いに緊密につながる「評価活動」となった。

　ただし大学の「自己評価」という概念が日本に入ってきたのはこのときが最初ではない。すでに大学基準協会は、臨時教育審議会が大学の自己点検評価を重要だと提案した1986年より約10年早く、1977年からこのテーマに関して専門的検討を開始していた。日本私立大学連盟もさらに早くから検討を行っていた。大学設置基準改正に当たった官僚たちも、この動向を知っていたと思われる。

　しかし同設置基準が改正公布されたとき、各大学の多くの当事者たちにとって、「自己評価」は耳新しいタームであった。各地の大学で疑問が多く出された。「自己点検・評価とはそもそも何か」「それを行う際の基準のためのモデルはあるのか」。そのような点で迷う大学・学部が少なくなかった。こ

のころ、大学基準協会は『自己点検・評価の手引き』という文書を発表したが、それをモデルにして自分の大学・学部の自己評価基準として使おうとする例も多かった。

しかし、外部評価とともにこれを「努力義務」(1998年以降は義務)だとした行政解釈の影響は、極めて大きかった。実施されてから3年後には国立大学で自己点検・評価報告書を刊行する大学はほぼ100％に達し、公立大学・私立大学もその数年後には同じ水準に達した。そしてその後、外部評価を実施する大学や学部も次第に増えた。特に大学審議会が答申を出した1998年以降は、各大学とも、以上の二つの活動を行うことがあたかも一つのファッションのようになって、今日に至っている。

ただし、この二つの評価活動は、その目的に関する理解に誤りがなく、また形式化しない限り、大学・学部にとって確かな有効性をもつと言うことができる。筆者は、これまで三つの大学の自己点検・評価活動に参加した。また、国立大学2校と同6学部、私立大学の学部2学部、合わせて10ケースについて、外部評価活動を体験した。

その体験に基づいて記すと、次のような点が指摘できる。

(1) 自己点検・評価活動を行う場合、特にファカルティー内部から起きる最大の危惧は、「この活動が教員の勤務評定に結びつくのではないか」というものであった。日本の初等・中等教育界は、1950年代末、教員の勤務評定制度導入をめぐって、教職員組合と政府との間に戦後最大の紛争を経験している(勤務評定問題)。一方、大学教員の間には、学問研究の自由、教授の自由をめぐって政府との対立は比較的少なかったものの、教育・研究活動を「評価」したりされたりする経験を多くのファカルティーメンバーは持っていない。「自己」評価とはいえ、その結果が大学の管理者・経営者によって認識されることは、ファカルティーへの勤務評定・研究評定に連なるのではないかという危惧を抱く教員は少なくなかった。筆者も当初その1人であった。

(2) 学部・研究所といった部局が高度の自治性を築いてきた伝統的総合大学では、もともと自己点検や評価は各部局が自主的に行うものであり、ま

たそうあるべきものである、という意見が強かった。にもかかわらず「大学全体で評価活動を行うことは、評価の画一化と大学経営体からの統制とを強めるのではないか」という意見が出やすい。

　この場合、大学全体を展望して自己点検・評価活動を遂行するためには、学長その他中央執行部のリーダーシップが重要な要件となる。

上記の(1)及び(2)とも、アカデミック・フリーダムに関わる論題である。筆者は(1)のような反応や危惧には立教大学・桜美林大学で直面し、(2)の反応には東京大学で直面した。それらにどう対応してきたかはここで述べる余裕はない。それぞれの大学で公刊した報告書や筆者による論文を参照していただきたい(寺﨑、2002)。結論的には、問題のポイントは自己点検・評価活動の目標をどこに置くかということであった。

(3)外部評価は、評価メンバーを大学や学部自身が選任することができるという点で、アカデミック・フリーダムという観点からの問題は少ない。

　もっとも、この場合も、「自分たちの活動を外部の見も知らぬメンバーに評価されたくはない、われわれはそんなことのために教育・研究活動を行っているのではない」といった自己防衛的な意見を持つファカルティーがいないわけではない。しかし、そういう意見が大勢を占めるという例は少ないように思われる。大学・学部が密接に関係する地域社会、専門家集団、産業、社会等の意見を率直に聞くことが、むしろ大学・学部の利益になるのではないかという判断も、少子化のもとでサバイバルの危機が深まるなか、各地の大学で徐々に高まっている。筆者も、教育学の専門家として、大学全般の外部評価をはじめ、教員養成、教養教育、法学教育、文学教育、工学教育といった各種の専門教育を担当する学部の外部評価に当たったが、いかなる抵抗にも出会ったことはなかった。

自己点検評価と外部評価をめぐる状況は、上記のとおりである。問題点を指摘すれば、次のようになる。

第一に、基本的問題は、そもそもこれらの活動の目的は何か、特にファカルティーにとってそれがどう意識されているかということである。多くの場

合、「努力義務」や「義務」という行政上の位置づけが、この意識をゆがんだものにする。国立大学では、「行政当局の手前、しなければならないからする」と受け取られ、また私立大学の場合は「国庫助成金の額に影響するからする」といったことになりやすい。目的はそこにあるのではなく、自らの教育・研究活動を評価し、問題点を点検し、その問題を生みだした原因は何かを考察し、それを克服するには何をしたらよいかを洞察するために行うというのが、この二つの活動の意味である。言葉を換えれば、大学・学部の自己革新（イノベーション）のために行う調査作業すなわち self-study の作業が、「自己点検・評価」「外部評価」の使命である。

　第二に、この作業が前提するのは、一つにはそれまでにどのような努力が行われてきたかという実践であって、plan-do-see（あるいは plan-do-check-action）といわれるプロセスの中の see または check がそれに当たる。その延長線上にあるべきは、点検の上で改革課題に取り組む作業（action）である。自己点検・評価活動がアメリカでは univerisity study とか university self-study と呼ばれているのは、それがイノベーションを前提とする自主的点検作業であることを含み、大いに参照すべき意味をもっていると言うべきであろう。

　第三に、外部評価の際、自己点検評価報告書が記す目標や構成が同時に評価対象になることが多い。それには大切な意味がある。大学・学部の自己考察の目標そのものも、極めて重要な評価の対象であるからである。

　その際、各大学・学部が行った自己点検・評価の着眼点や構え等の適否も問われることになる。例えば、筆者が外部評価に参加したいくつかの大学では、学生たちによる授業評価の成果がきちんと盛り込まれた報告もできていたし、さらに進んで外部評価委員自身が学生たちにインタビューできる体制を整えていた大学・学部もあった。自己評価の方法の多様化を創造することも含めて、このような活動を強化していくならば、自己評価と外部評価という二つの作業は、「研究教育というファカルティーの本務を妨げる余計な労働」ではなく、大学教育改革の有効な手段となることができよう。

5 国立の機関による第三者評価とプロジェクト評価

　本章1に挙げた5)「国立の機関による第三者評価」と6)「財源配分を伴うプロジェクト評価」の二つが、ここで取り上げるものである。ただし、これらの呼称そのものはまだ定着したものではない。実際には、「評価機構による国立大学評価」とか「特色ある教育支援」といった通称、あるいは「国立大学法人評価」といった呼称で呼ばれている。

(1) 大学評価機構は、2000年に、それまであった国立の学位授与機構を改組し「大学評価・学位授与機構」と改称して設けられた機関である。大学及び大学共同利用研究機関の評価を行うものとされ、大学評価委員会・評価事業部・評価研究部が設置されている。その制度設計に当たっては、イギリスの大学評価が参照されたと言われる。

　　この機関がつくられるについては、先述の大学審議会答申 (1998) が大学のアカウンタビリティーを強調し第三者評価の重要性を強調したことが、大きなきっかけになった。同機関は、2000年から先ず国立大学の教養教育についての試行的評価作業を開始し、次いで法学教育、教員養成教育に関する評価に進んだ。評価に当たったのは、関連専門学会から推薦を受けたり選ばれたりした専門研究者たちであり、「教育」「研究」の両面から、国立大学関連学部等が精力的な評価活動の対象となった。その成果は新聞紙上などに公表され、文部省に対して各大学が提出する概算要求の査定に影響するものとして、注目を浴びた。2004年度までに、評価の対象領域は理学・医学・工学・人文学・経済学・農学・総合科学の各系、及び「教育サービスにおける社会貢献」に及んでいる。

(2) 先に「財源配分を伴うプロジェクト評価」と名付けた評価について記そう。

　　これは、他の評価に比べれば最も歴史が浅く、登場して2年を経たにすぎない。しかしその出現は極めて強い政治的意味を持ち、しかもこの2年間、広く話題を呼ぶとともに、その競争的性格のゆえに各大学への大きなプレッシャーとなっている評価である。

この類型の大学評価は「大学教育改革の取り組みが一層促進されるよう、各大学が取り組む教育プロジェクトの中から、国・公・私立大学を通じた競争原理に基づいて優れた取り組みを選定し、重点的な財政支援を行うことなどにより、高等教育の更なる活性化を図る」ためのものと文部科学省によって説明されている。「競争原理によって」優れた取り組みを「選定し」とあるところから察せられるように、その選定の過程で厳格な評価が行われる。すなわち、日本の大学評価の中にはっきりと位置づく新タイプの競争的評価である。

　その内容は多岐にわたっている。中身は2004年度までは、①総合的教育取組支援、②現代的課題等取組支援、③高度専門職業人養成支援、④世界的研究教育拠点形成支援と分けることができる。

　①は COL (Center of Learning) と略称されたこともあったが、現在では文部科学省の提案で「特色支援GP」（特色グッド・プラクティス）という略称で呼ばれている。各大学が行う特色ある大学教育改革の取組を支援するというのが、その名目である。②には政策課題対応、国際化推進、というような内容が含まれ、③には法科大学院等の専門職大学院形成支援、地域医療等に従事する医療人教育支援があり、さらに2005年度には「魅力ある大学院教育」「資質の高い教員養成をめざす高度・実践的な教育支援」という二つのプロジェクトも加わっている。そして最後の④は、世界的なレベルの研究と研究者育成とを重点的に支援するものであって、COE (Center of Excellence) と略称され、この類型の中では最も早く有名になった支援事業であった。

　これらの評価作業の特色は、先ずその内容が直接的に政府の政策動向を反映している点にある。政策動向は二つに分かれる。

　一つの側面は、遠山敦子文部大臣の時代に、政府の方針である行政改革と財政削減に応えるためつくられた、大学財政の縮減と重点的育成という側面である。大学財政全体の拡大をはかるのでなくその効率的な配分と全体的縮減をはかるという大方針のもとに案出された。第二の側面は、科学技術創造立国というポリシーである。それに大学の「個性化」が加わった。その総合と

して④の中のCOEと①の「特色支援GP」が先ず登場し、次いで②や③の中の諸プロジェクトが生まれたのだった。すなわち、政策動向を「反映した」という表現すら正確でなく、まさに大学を政策のめざす方向へ財政的に誘導するための装置として登場してきた、と言うほうが正確であろう。

　第二の特色は、これらが他の評価と違って、巨額の財政的裏付けを持っていることである。2006年度には総計で529億円が計上されており、うち6割に当たる367億円は④に振り向けられるものの、他は①②③及び新規登場のものに向けられる。その額は、少子化のもとで経営難にあえぐ大学及び教員にとって魅惑的な財政資源となる。

　この類型の大学評価の問題は、なお極めて大きい。

　第一に、これらの評価は、まさに現在及び将来における改革実践の質を「端的に」評価する作業である。その作業のもつ特殊性を、評価者側が認識し共有し得ているかという基本問題がある。専門家によるピア・レビューが一応保障されている①や③の場合は、その問題は少ないと言えるかもしれない。とはいえ、特に「教育評価」をめざす①の特色支援GPの場合、教育の企画・実践の評価のための基準や手段は、熟慮されていたとは言えなかった。端的に言えば、例えば教育評価における「成果主義」は正しいか、改革の「特色」と「普遍的価値」との関係はどうなるかといった問題が大きかった(寺﨑、2003)。

　第二に、これらの評価が大学社会に及ぼす多大な影響がある。特に財政資源配分に直結するところから、「支援」を受けられるか否かは実は激しい競争状態を巻き起こす。大学現場は、申請に当たって、「つくられた競争状況」のなかに否応なく投げ込まれ、大学・研究所といった機関相互の間の連携や協同といった関係が希薄にならざるを得なくなる。そのことが果たして大学にふさわしいかという問題が発生する。

　(3)　「財源配分を伴うプロジェクト評価」の最後に来るのは、2004年から出発した国立大学法人の運営交付金に対する年度ごと及び6年間に一度の「評価」である。

　この評価は主として文部科学大臣が指名し委嘱した国立大学法人評価委員会が行うが、総務省の法人評価委員会も総括的に加わるとされている。各大

学は年度ごとの「年次計画」を提出してこの評価に応えるだけでなく、6年ごとに「国立大学法人評価」を受け、その結果は運営交付金の査定に直接に影響することとなっている。すなわち国立大学法人の財政資源に致命的な影響を与える評価活動が、予定されている。

　もちろん、この評価制度は、2005年からはじめて実施されるのであるから、現在のところその質を判断することはできない。

　しかし、全体として「国立大学法人法」による法人評価及びその基本モデルになった独立行政法人の評価制度に大きな影響を受けているところから、徐々に明らかになってきた諸側面について、特に研究現場からは厳しい意見が出されている。すなわち、全体としてこの評価活動が強い行政指導のもとにおかれること、さらに達成目標を提示させしかもその「数値化」までも求めていること、従って「評価」の尺度を数値化することなど不可能な、創造的科学研究の評価にはまったく適さない種類のものになるであろうこと、などである（海部、2005）。今後実施を重ねていく間には、多くの問題指摘がなされるであろう。

　上の指摘は「研究活動」と研究機関に即してのものであるが、これに「教育活動」までが加わったとき、特に、「評価に適する数値化された達成目標」というような評価対象それ自体の設定の仕方が適切か否かが、重要論点になるものと思われる。

結　び

　以上、概観を主たる目標として、日本の大学評価の実態と問題点を記してきた。

　各類型の評価についてそれぞれの個所で多くの問題点を指摘したので、繰り返すのはやめ、全体にわたる問題を指摘しておこう。

　第一に、日本の大学評価の歴史はまだ浅い。

　伝え聞くところによれば、イギリスの大学評価の厳しさは、中世以来の国王によるチャータリング（勅許状付与）の厳しい伝統に基づくとされ、またアメリカでは20世紀前半以来のアクレディテーションの伝統が大きな遺産とし

て存在する(前田、2000)。日本にはそういう伝統はなく、最も古い大学基準協会によるアクレディテーションでも半世紀を経過したにすぎない。冒頭に述べたように、浅い歴史の上に広範囲で多種多様な評価が急展開しているという事態そのものが、まさに問題状況にほかならないと言えるであろう。

　第二に、全体として大学評価に対する中央官庁や官僚の関与は極めて大きい。

　現在のところ、本章1で挙げた1)アクレディテーションと3)自己点検・評価、4)外部評価はこれを免れていると言えるが、しかし今後登場する認証機関評価の場合も、自律的・自主的判断がどこまで保障されるかは、今のところ未知数である。官僚統制からの自由とともに財政誘導がもたらす誘惑への禁欲をどれほど実現できるかが、サバイバルの危機を増す大学側にますます問われてくると思われる。

　第三に、本論で詳しく触れることができなかったが、各類型の評価作業で実際に用いられる尺度(クライテリア)創造とその運用ならびに適用方式は、極めて重要である。

　後者についていえば、大学基準協会の相互評価や外部評価は極めて詳細・懇切であるし、また学位授与機構によっても実地検証や現場ヒアリング等は行われているものの、それにかけられる時間やエネルギーはなお十分であるとは言えない。行き届いた評価作業を行う時間的・財政的余裕や研究・教育の論理に適合した尺度の創造こそが、評価を大学のイノベーションに導く。他面、仮に評価組織そのものに対する外部評価といった措置が取られれば、それぞれの評価基準の適切性や組織の妥当性が保障されていくのではないかと思われるが、今のところその兆候は見えない。

　第四に、評価に参加し、またそれを支えるために当たる専門家・職員はまったく不足している。

　大学における専門職員の育成は今後日本の大学が取り組むべき重大課題であるが、大学評価組織の専門職員や周辺の専門家の育成も、それと並んでますます求められるに違いない。養成のための機関はあるのかという問題も大きい。特に、評価活動に当たる各大学のファカルティースタッフやピア・レ

ビュー担当者を助けたり、時には指導したりすることのできる専門職員の需要は、今後極めて高くなると思われるのである。

参考文献

天城勲・慶伊富長編 1977『大学設置基準の研究』東京大学出版会
大南正瑛・清水一彦・早田幸政編 2003『大学評価文献選集』エイデル研究所
海後宗臣・寺﨑昌男 1969『大学教育』(戦後日本の教育改革9)東京大学出版会
海部宣男「学術と大学評価」「大学評価を考える」編集委員会編 2005『21世紀の教育・研究と大学評価―もう一つの大学評価宣言』晃洋書房
高等教育研究会編 2002『大学審議会 全28答申・報告集 大学審議会14年間の活動の軌跡と大学改革』ぎょうせい
シリーズ「大学評価を考える」編集委員会編 2005『21世紀の教育・研究と大学評価―もう一つの大学評価宣言』晃洋書房刊
財団法人大学基準協会 2000『大学評価の新しい地平を切り拓く』大学基準協会
大学基準協会 1957『大学基準協会十年史』大学基準協会
寺﨑昌男 1994「大学の自己点検・評価―状況・問題点・今後―」『一般教育学会誌』16巻1号文献11
―― 1999「研究評価と学術政策」(鳥居泰彦編『学術研究の動向と大学』)、JUAA選書8、大学基準協会監修、エイデル出版
―― 1998『大学の自己変革とオートノミー』東信堂
―― 2002『大学教育の可能性』東信堂
―― 1993「東京大学における自己点検評価活動」(『一般教育学会誌』15巻1号文献11
―― 2003「教育への取組を評価するということ―どうすればそれは意味を持ちうるか」(『Between』No.200)
ペンペル、橋本鉱市訳 2004『日本の高等教育政策―決定のメカニズム』玉川大学出版部(原著は Pempel, J.T. *Patterns of Japanese Policy Making*: Experiences from Higher Education, 1978 Westview Press Inc.)
前田早苗 2000『アメリカの大学基準成立史研究』東信堂
山野井敦徳・清水一彦編 2004『大学評価の展開』東信堂

(追記)

大学基準協会については『大学基準協会55年史』が2005年5月に刊行予定となっており、通史編とともに詳細な資料編が刊行される。

第11章 イギリスにおける研究評価の改革

ガレス・ロバーツ
(オックスフォード大学)

はじめに

　研究補助金の二重支援制度の実施に対し、最近の英国政府はこれまで以上に真剣に取り組んでいる。この研究補助金の中でも各大学の自由裁量で使用できる配分型補助金は、大学側にとって主要財源として重視されており、研究評価(Research Assessment Exercise：RAE)を基に長年にわたり配分されている。英国政府は、RAEの導入でイギリスの教育機関の優位性がさらに高められると考えており、2008年に実施される制度の改定にも自信を見せている。イギリスの研究基盤の質が全体的かつ継続的に向上していることをさまざまな指標が示しているが、また、単位研究開発費あたりでも、G7の主要経済圏の中でイギリスがゆるぎない地位を占めている。この論文では、RAEの成立過程を振り返り、次回のRAEを前に少々時期が早いながらも現状を分析し、RAEが今後どのような展開をたどるかを検討する。

　学術研究の評価は、現代の科学、技術、そして技術革新にとって重要な問題である。こうした評価が実施されるに至った主な原因としては、説明責任を求める声が増大したことや、研究に力を入れ、競争力を備える起業家精神にあふれた大学が、国家の安定や繁栄に欠かせない存在であるとの認識が広まったことなどが考えられる。大規模な企業研究所が衰退するにつれ、新たな産業の製品やサービスの発想源になる存在として、大学が活用される機会が増大している。

　高等教育の研究補助金に対して、ほとんどの先進諸国では二重支援制度が

導入されており、二重支援の構成として、一つは、国が重視する総合研究のテーマを大枠で決め、それに対し補助金を申請し、この申請を同じ分野の専門家による検討(ピア・レビュー)により厳しく評価して交付する申請型補助金である。もう一つは、政府や政府の諸機関が各教育機関を比較して決める配分型補助金である。この補助金は、教育機関の主要財源となり、状況に応じて使途を決めることができるもので、大学側が最も重視する補助金である。イギリスでは、2004年に前者の方法(申請型)で大学に給付された研究補助金の合計は9億5千万ポンド、後者の方法(配分型)で給付された研究補助金の合計は13億ポンドに達する。この論文では、次回の2008年のRAEで、後者の方法の補助金を配分する際に採用される方法について、主に焦点をあてる。

　研究評価を実施するにはいくつかの目的がある。まず、補助金を給付する側としては、研究評価の実施により、自分たちが投資する研究の質を評価することができる。また、学界としても、自らの研究成果を評価し、さらに今後の研究目標に反映させることができる。さらに、必要ならば、財源モデルとすることもできる。しかしオランダなどの一部の国では、研究評価が財源モデルとして利用されることはない。これらの国では、厳正に実施される研究評価とは、各機関の研究政策の向上を支援するため、そして公的資金の説明責任を果たすために実施するものと、目的が限定されている。一方、イギリスでは、研究評価の焦点は、主に高等教育財政審議会(Funding Councils)に情報を提供することにあり、非常に質の高い研究を実施している研究機関に、透明性を備えた公正な方法で、効率的に補助金を配分することを目的としている。もちろん、与えられた予算以上の研究を各研究機関や研究者が実施したいと考えるような競争が激しい環境にあっては、こうした制度には軋轢が生じ、勝者と敗者に分かれることになる。こうした制度の利益にあずかることができないのは敗者であり、また、最も多くの批判を口にするのも敗者である。新聞や雑誌はこうした否定的な点を執拗にとりあげ、結果、RAEの評価に対する誤った印象が世間に伝えられている。しかし実際は、成功をおさめたイギリスの実例に倣おうと、各国でRAEの特徴の多くが取り入れられている。数年前に主要な関係者全員を対象にイギリスで厳正な調査[1]を実施

したところ、イギリスの大学における研究を評価する主要な手段として、同じ系統の研究分野に属し該当分野の知識を持つ専門家による検討を引き続き行うことに、圧倒的な支持が集まった。

評価に対するその他の取り組みについては、ゲンナとマーティンの記事(Genna and Martin)[2]に紹介されている。この記事では、自己評価、格付け、全面的な指標に基づくアルゴリズムといったものが紹介されている。アルゴリズムの例としては、研究成果の質ではなく量で大学を評価しているオーストラリアの事例が挙げられる。

イギリスの財政審議会(HEFCE)のためにRAEの検討を始めた際、成果指標にもとづいて研究評価を簡素化し、複雑で多大な労力を必要とする手順を省略することができると私は考えていた。評価者が研究の価値を決定する際、指標があれば便利であると私は今でも考えている。しかし、研究学界が信頼を寄せ同意する制度とは、少なくとも専門家による検討しかないとの確信にいたっている。こうしたことは、文献計量を実施しても、質の高い研究であるかどうか、一般的にはあまりよく把握できない人文科学系や社会科学系には、特に該当することである。

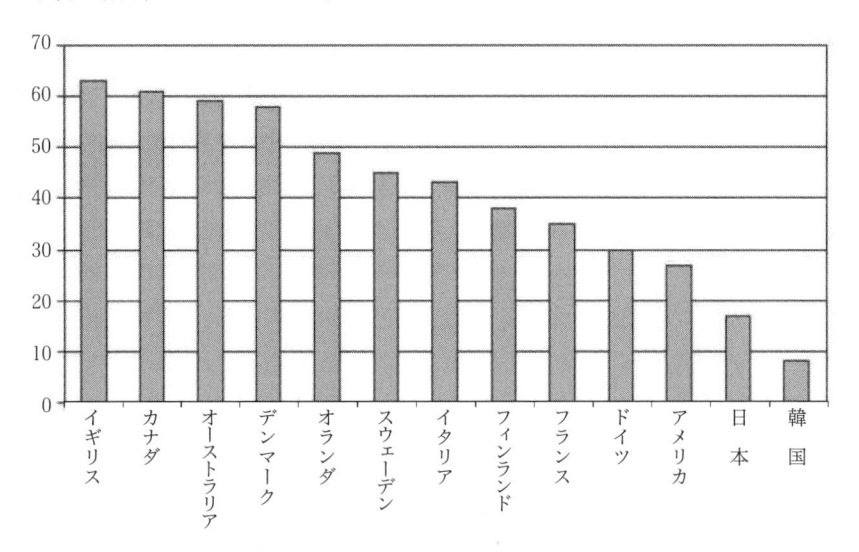

図表11-1　研究開発総費用100万ポンドあたりの論文件数

どの分野の研究評価であろうと、研究評価は、明確性(Clarity)、一貫性(Consistency)、継続性(Continuity)、信頼性(Credibility)、中立性(Neutrality)、透明性(Transparency)といった点を必ず備えたものでなければならない。また、研究の特徴や目的にあった評価方法を選ばなければならない。さらに評価を実施するための手順が、本来の目的である評価制度そのものにとって、大きな負担となることを認識しておく必要がある。具体的な例を**図表11-1**に示す。この図は、各国の研究開発総費用100万ポンドあたりの論文件数を示したものである。RAEの検討期間は、研究員一人当たり4点の論文を作成することに重点がおかれるが、恐らくこれが原因となって、イギリスが1位の座についていると考えられる。

図表11-2は、研究評価を継続することで、出版物の質が向上するといった望ましい成果があげられていることを示している。こうした情報はトムソン科学情報研究所(Thomson Institute of Scientific Information)のデータベースに基づくものである。

イギリスの大学が大きく変化した理由として、RAEの導入があることは間違いない。大学における研究が非常に重視されるようになり、方略的な発想も重視されるようになったことがあげられる。さらに姿勢の面でも大きな変

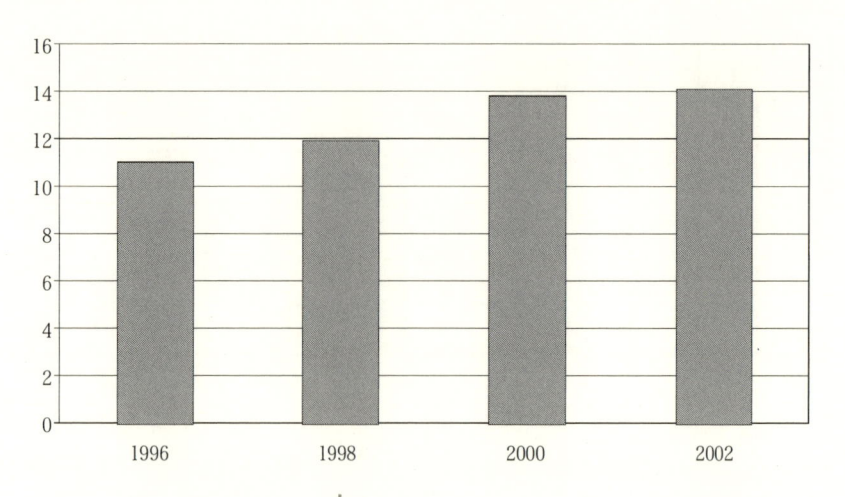

図表11-2 引用回数が多い世界の論文の上位1%にイギリスが占める割合

化が見られており、研究環境や研究者に対する配慮が高まり、活発に対応されるようになるなど、重大な動きが生まれている。研究政策の立案、大学院生に対する教育や監督、幅広い分野に基盤をもつ学際的・総合的な学部(斬新でありながらも実行可能な学部)の設立などに対し、より方略的な取り組みを実施できる体制が確立されている。また、規模の小さい学部と研究主体の大きな学部との統合に方略的に取り組む体制も確立されている。これは、新しい文化や新しい管理環境に触れることで、統合された学部の質が向上することを期待したものである。

　また、イギリスに関して忘れてはならない重要な点として、大学がRAEの補助金を包括補助金として受け取っており、その結果大学は、受給した補助金を学内で配分する際、評価どおりに配分する必要がないという事情がある。さらに人文科学系においては、こうした補助金が研究費用の90％以上を占めているが、医学部では、研究審議会、慈善団体、製薬産業などにより、研究費用の大部分がまかなわれており、RAEの依存度はあまり高くないという点も忘れてはならない。

　RAEの導入により、予期せぬ影響がいくつか生じてきている。もっとも深刻な影響は、教育よりも研究を重視する傾向が一層顕著になったことであろう。高等教育水準審査機構(Quality Assurance Agency)が実施する教育評価がこうした偏向をかなり補ってはいるものの、いまだ研究重視の傾向は現存し、RAEがもたらすこの弊害に対する改善への取り組みは続けられ、教育と研究の連携に関する調査が進められている。

1　イギリスのこれまでの研究評価

　1986年と1989年に実施された当初のRAEは、その後実施されたRAEとは対照的に、規模の小さいものであった。規模を全国に広げ、1992年の第三回目のRAEでは、主題領域内で国内的な水準の質をもつ研究(national：N)と国際的な水準の質をもつ研究(international：I)との割合に基づく評価制度が確立された。1996年と2001年のRAEでは、大学の学部を「1」から「5*」の7つの段階に分けて格付けしたが、こうした評価を経て与えられる補助金のほかに、

```
5*  ████████████████████░░░░░░
5   ██████████░░░░░░░░░░░░░░░░
4   ███░░░░░░░░░░░░░░░░░░░░░░░
3a  ░░░░░░░░░░░░░░░░░░░░░░░░░░
3b  ░░░░░░░░░░░░░░░░░░░░      
2   ░░░░░░░░░░░░░░████████████
1                              
```

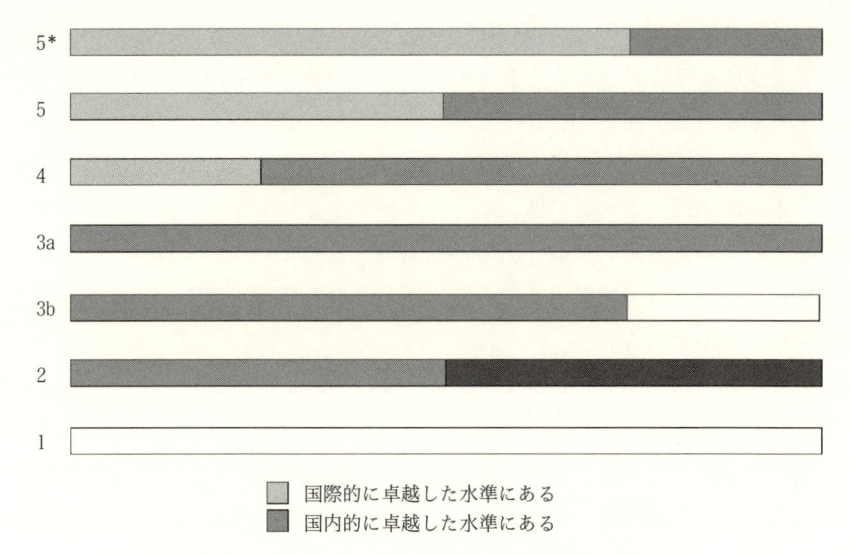

　■ 国際的に卓越した水準にある
　■ 国内的に卓越した水準にある

図表11-3　イギリスの研究評価の等級制度(2001)

各大学は市場戦略の一環としてRAEの評価を広く活用した。また、産業界も、提携先の変更を考える際に、検討要因の一つとしてRAEの評価を利用している。利用されている評価制度については**図表11-3**に示しているとおりである。その後のRAEでは補助金受給の条件が厳しくなってきており、前回のRAEでは、与えられた要件を満たす質の高い研究成果を出した研究従事者の数に応じ、「4」以上の評価を得た学部だけが補助金の給付を受けることができた。主な戦力となっている研究スタッフの数に、研究アシスタントや大学院生の数を上乗せして算出した、研究者全体の数といった量的要素を導入すると、学部や主題領域の研究能力をおよそ把握することができる。すべての科目を費用別に3つの群のいずれかに分けると、最も費用の高い科目群は、最も安い群の1.7倍を要している。2001年のRAEでは、6年にわたり約70億ポンドの補助金を配分することを決定したが、その費用はこの総合計の約1％を占めるものと推定されている。これは二重支援制度の両輪をなす、もうひとつの研究補助金(編者註：研究審議会(Resewch Councils: RCs)からの補助金)を配分する際に使用される金額をはるかに下回る。

2001年のRAEには173の機関から約5万人もの研究者が参加した。そしてRAEの補助金の約75％が29の大学に集中した。これは、RAEが補助金の配分先を厳しく選択する制度になっていることを示すものである。2001年のRAEの評価は、事実上、専門家による検討を積み重ねたものであったと言える。というのも、研究の基盤を68の主題領域や研究分野に分割し、個別に部会委員を採用してそれぞれの分野の研究を検討したからである。イギリスの研究従事者の約1％が、RAEにおいて重要な役割を果たすと算定されている。

高等教育機関は、各部会に好きなだけ応募し、評価対象として登録した研究者一人につき上限4点の研究成果を提出することができた。部会ごとに評価基準や活動方法を作成し、評価実施日の2年前に公表した。高等教育財政審議会側は、研究者の評価対象期間は人文科学系で6年、他の分野では4年であった。格付けの実施に際しては、出版物の質と数、外部からの研究収入、研究生の数、そして知識移転活動などを根拠として採用した。

前回のRAEの結果に基づき、財政審議会は、いくつかの懸案に焦点をあてて評価の手順を見直すことを決定した。懸案事項とは、大学がRAEという制度の仕組みを巧妙に理解するようになるにつれ、「ゲームのような駆け引き」が行われるようになり、RAEの本質が損なわれるのではないかというものである。また、実務に貢献している学際的な研究、共同活動、共同研究が、これまで過小評価されてきたのではないかという指摘もあった。さらには、学部の格付けに伴う、賭博にも似た補助金の格付けや、格付け制度に区別が設けられていないことが原因となり、補助金の増額に限度があることなども、問題点として指摘されている。**2**では、私の検討(ロバーツ・レビュー[1])を受けて、2008年のRAEで改定される項目についてとりあげる。こうした改定により、上記に挙げた否定的な点が改善されるものと考えている。

2　2008年の研究評価(RAE)

高等教育部門には、各教育機関を比較検討する評価制度がRAEのほかにもいくつかあるが、RAEは研究スタッフからはかなりの支持を得ている。「しかるべき公正さを備えた制度を実施するには、比較的多くの時間と労力を費

やす必要がある」との回答を審議資料によせた研究者が多かったのも当然だといえる。専門家の評価をもとに(専門家が希望すれば、量的指標を採用して評価判断を下すことができるものとする)、6年周期で評価を実施することに対しては、圧倒的な支持(〜98%)が集まった。これまでのRAEのような主題別の部会ではなく、分野別の部会を設置し、この部会が各分野の研究団体と相談し、評価基準を策定することにも強い支持が集まった。こうした「活動規則」は、書面による提出の少なくとも2年前には策定される。

これまでのRAEの本質的な特徴、すなわち該当分野の研究者の判断をもとに専門家の視点から評価するという点と、このほかにもいくつかの事務的な点が、「ロバーツ・レビュー」の後も引き続き採用されることになったものの、次回のRAEでは、わたくしが勧告したように、大きく変更される点もいくつかある。この変更点としては、部会構成と部会委員に対するガイドライン、格付け等級の廃止と格付けされた質の一覧表(クオリティ・プロファイル)の導入などがあげられる。現在、これらは順次検討されている。

3　二層構造の部会構成

15の主要部会と67の副部会を設置する予定である。主要部会では、それぞれ自分たちの傘下にある副部会の活動を監督する。中でも、質の全体的な水

工学と自然科学の研究評価部会の構成

主要部会	工 学	自然科学	数 学	その他
副部会	機 械	電 子	化 学	その他

部会委員
副部会の部会長
調整担当(すべての副部会の会合に出席する)
上級調整担当(すべての副部会の会合に出席する)

図表11-4　イギリスの2008年のRAEで採用が予定されている、二層構造の部会構成例(例：工学)

準、さまざまな種類の研究の評価、機会均等といった点に対する捉え方に差が出ないように、統一性を確保することに主眼を置く。工学を例に、こうした階層制の部会構造を**図表11-4**に示す。これまでのRAEでは、ここで示される副部会のそれぞれが、1つの単独の部会として機能していた。新しい部会構成では評価の調整役を設けるため、同じ系統の分野に属する研究の評価手順が改善され、また、同一分野の研究にしても分野横断的な研究にしても、より効率的に評価することが可能になると思われる。

部会委員長には、各分野における「卓越した研究」の特徴を反映した基準に従い、実践的で応用可能な研究が評価されるようにすることが求められる。また、アドバイザーとして専門家を迎え、申し込みが予想されるあらゆる学際的な研究の評価に備えることも求められる。さらに、従来にない形式で提出された質の高い研究成果が十分に評価されるように、そうした研究成果を提出した研究者に対し、外部の上級研究者もしくは団体からの推薦を添えることを要求したり、また、提出した研究成果がしかるべき水準にあり、自分の組織に対し多大な貢献を成す内容である旨を示すことなどを要求する必要もあるかもしれない。

今後、RAEを推進するにあたり、水準を守るためには、海外の専門家からの協力がさらに必要となるだろう。また、ビジネス界や公的部門のトップとして働きながらも、高等教育機関に研究を委託したり高等教育機関の研究を採用した経験のある人々からもさらに協力を得る必要があることにも異論はないはずである。

4　質の一覧表（クオリティ・プロファイル）

学部の研究の質を明確にするために使用されていた等級（「1」-「5*」）は廃止される予定である。その代わりに、質の一覧表（クオリティ・プロファイル）が採用される。これは、研究活動の質を4つの群に分け、それぞれの群に分類される研究活動の割合を示したものである。この改定は支持されており、これを導入することで、あまり評価が高くない学部の中で行われている「一部の卓越した」最高水準の質にある研究を把握することができるようになる。また、

研究分野の補助金のための量測定

＊格付 副部会	4＊	3＊	2＊	1＊	合計
機械工学					
電子工学					
化学工学					
その他					
合計					

図表11-5　質の一覧表の例(例：工学)

　研究成果を平均すると水準が低くなるため、これまでの制度では一切の支援を受けることができなかったであろう一部の学部(例えば、2001年のRAEで「3a」の評価を受けた学部)に、今後は補助金が給付されるようにもなる。

　ある工学部を例に、工学部の中でさらに分野を分けて格付けした一覧表を**図表11-5**に示す。

　この新しい制度の「3＊」と「4＊」という区分には、国際水準からみて卓越した水準にある研究がふり分けられ、一方、「2＊」と「1＊」という二つの区分には、国内水準からみれば卓越した水準にある研究がふり分けられる。この表は、ニュージーランドのように、RAE内で個々の評価を明確にするものではない。部会の委員長や評価者は、提出された研究成果の全体的な質の評価を考慮して一覧表を決定しなければならず、特定の「＊」の区分に、機械的に研究者や研究成果をふり分けるようなことをしてはならないと提言されている。さらに重要なことに、研究者としてのキャリアが浅い、もしくは研究を中断していたといった理由で、一時的に研究成果が限定されている場合、部会委員がその点を考慮する権限を引き続き有することになっている。また評価に際しては、大学内の研究申請グループを明示することが初めてできるようなる。この方法により、評価の申し込みに独自に大きく貢献したグループをすべて評価することができるようになるはずである。

　図表11-6は、全大学の工学部会の評価が報告される際の様式を示したもの

研究分野の大学比較

大学	応募した FTE	研究活動の割合				
		4*	3*	2*	1*	未分類
A						
B						
C						
etc						

図表11-6　質の一覧表の例（例：工学）　研究分野の大学比較

である。研究活動の割合については、少なくとも5％ごとで表示することになると思われる。また、RAEに申し込む研究者の数が特定数に達しない場合は、一覧表に記載しないものとする。こうすることで、特定の個人を評価する表とならないようにする。最も低い「1*」の水準にも満たない研究については「未分類」扱いとし、こうした研究はその学部の「平均等級点」に影響を及ぼすことになる。

図表11-7は、各新聞社が2008年のRAEの結果をどのように示すかを表したものである。一つの欄には高い評価を受けた研究がどの程度あったのかという「量」を示し、そしてもう一つの欄には個々の研究を平均するとどの程度の水準になるのかという「質」の平均を示す。これは等級制度を採用していたこれまでのRAEのように、受給される補助金額に影響を及ぼすものではない。しかし、学部側が低い評価を得るのを避けるために、RAE参加研究者数を減

研究分野の量と等級点数の平均

大　学	応募したFTE	*の合計	FTEあたりの*の平均

図表11-7　各大学の研究分野の量と等級点数の平均を示すため報道機関が利用する表

らすことを決めた結果参加できなかった研究者が失望することになるとも考えられる。

要約すると、等級制から質の一覧表に移行することで、RAEが提供する情報の質が全体的に向上すると考えられる。当事者である大学も大学以外の関係者も、主題領域の中で最も高い水準にある研究がどの程度存在するのか、そして最も高い水準にある研究はどれなのか、明確にすることができるからである。「ロバーツ・レビュー」が勧告した改定案の中で、研究者の間で最も支持を得たものは、現行の7ポイント制の等級制度を改め、はっきりと定義された共通の基準にもとづいて評価を実施する質の一覧表(これにより受給される補助金の目盛りの幅が細かくなる)を導入する案であった。

各部会や主題領域のために「*」(星印)の水準の定義や応用可能で実用的な研究がどのように評価されるのか、といった諸々の詳細や応募形式を示した小冊子が、応募締め切り日から約2年半前に発表される。

5　研究評価における指標の役割

高等教育財政審議会を通して教育機関に給付される年間の主要な補助金が増額したことと、研究審議会から給付される事業や計画のための補助金が増額したことを考慮し、最近の英国政府は、大学の研究に補助金を給付するにあたり、二重支援制度の正当性にさらに自信を深めている。政府は、RAEの導入によりイギリスの教育機関の優位性がさらに高められていると考えている。また、4で説明したRAEの新たな変更点についても、支持できるものと考えている。これらの考えは、イギリスの研究基盤が全体的に絶えず向上していることを示す指標がいくつかあるため、さらに強められている。**図表11-8**は2004年の7月に発表された政府の報告書である「科学と革新の投資構造(Science and Innovation Investment Framework 2004-2014)」[3]を元に作成したものである。科学分野に公共支出を投じた成果を簡単に示すものとして、世界の論文の発表状況を測定するという方法がある。この点では、アメリカが他国を大きく引き離し、二番手をイギリスと日本が競いあっている。しかし、この図を見ると、イギリスの投資額の平均は他国より低く、また研究に関する

投入資源 ← | → 成果／結果

GDP 単位あたりの引用

公的資金を受ける研究開発に
あてられた GDP パーセント

研究者あたりの論文

研究者あたりの引用

高等教育の研究開発にあて
られた GDP パーセント

HERD 単位あたりの引用

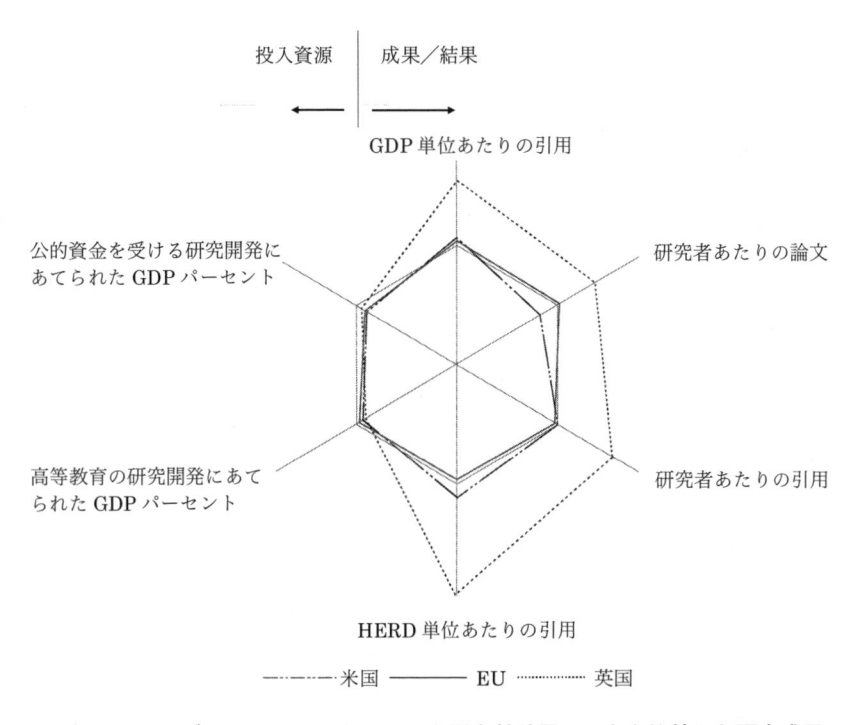

------- 米国　――― EU　……… 英国

図表11-8　イギリス、アメリカ、EU15カ国文献計量データを比較した研究成果

(参考文献の3を参照)

　訓練を受けた人材や研究技術を備えた人材が比較的少ないという状態で、イギリスは国際的にみても高い成果をあげている。また、単位研究開発費あたりでは、イギリスの研究成果はG7の主要経済国の中でも最も良い地位を占めている。

　同様の指標を使い、**図表11-9**はさまざまな科学、工学、医学分野について、イギリスとドイツと日本の国力を比較している。ほとんどの項目においてイギリスがドイツや日本を圧倒しているものの、この情報[4]を見る限り、イギリス政府は自然科学と工学の力をもっとつけるべく、何らかの措置を即座にとる必要があるだろう。

　この15年間程度でイギリスの研究評価がどのような貢献を直接的に果たしてきたのか、これを評価することはもちろん不可能である。しかし、一般的

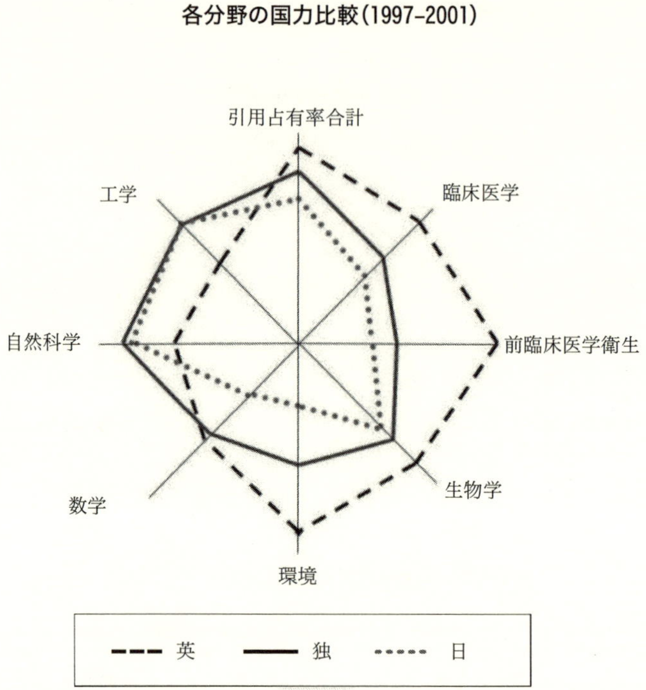
各分野の国力比較(1997-2001)
引用占有率合計
臨床医学
前臨床医学衛生
生物学
環境
数学
自然科学
工学
英
独
日

図表11-9　引用占有率合計に基づく、ドイツ、日本、イギリスの各分野の国力比較(1997-2001)　(参考文献の4を参照)

に、イギリス国内の経済成長と国際競争力の維持に、研究評価が大きく貢献してきたと考えられている。研究評価は、水準の高い研究の中でもさらに最高水準にある研究に焦点をあてることを企図しており、世界で最も頻繁に引用されている論文について、アメリカとイギリスのそれぞれが占める割合を比較すると参考になる。

図表11-10は、科学情報研究所(Institute of Scientific Information：ISI)の情報に基づき、エビデンス社(Evidence UK)が提供した結果を示している。1年間に投資された研究開発費100万ドルに対し、作成された論文数を標準化すると、イギリスがアメリカを上回っていることがわかる。また、年数の経過と+とも

GERD 単位あたり頻繁に引用される論文（1995 $M PPP）
（頻繁に引用＝分野内の年間引用回数を数えた際の上位1％）

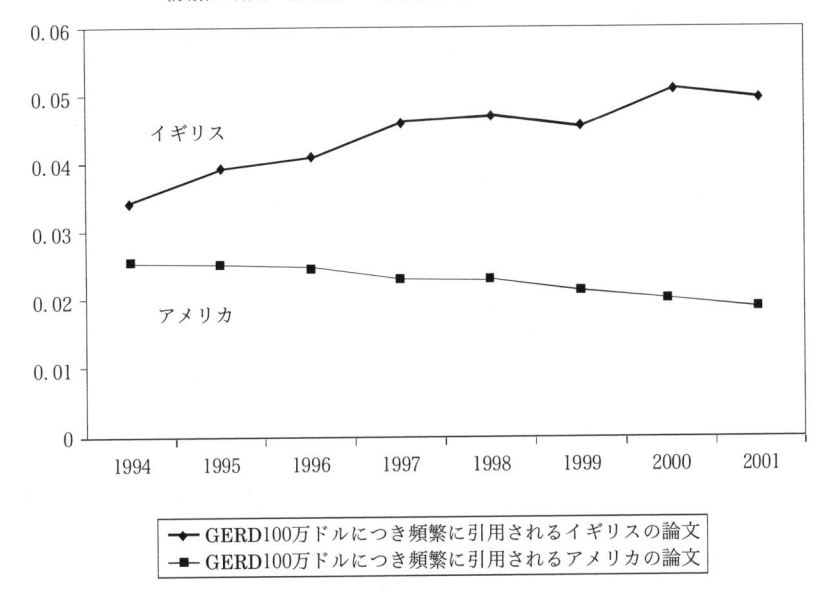

```
―◆― GERD100万ドルにつき頻繁に引用されるイギリスの論文
―■― GERD100万ドルにつき頻繁に引用されるアメリカの論文
```

図表11-10　長期にわたる（1995年のデータに標準化）、イギリスとアメリカの　R＆Dの投資単位あたりの頻繁に引用される論文の比較

にアメリカが減少傾向を示しているのに対し、イギリスは、この10年間、着実に増加している。

　文献計量の指標が研究評価でいかなる役割を果たすのか、検討してみると興味深い。これまでの資料をみると、国際的なベンチマーキング、主題領域の相対力の比較、そして動向推移の把握に、文献計量の指標が採用されている。また、周囲に与える影響を測定したり、新しい研究分野の中の「最新の傾向」を示すために、こうした指標を利用することもできる。

　さらに、研究スタッフ一人あたりの引用回数といった、二次的な指標を構築するのに使用することもできる。しかし、社会科学や人文科学系の分野では、文献計量の指標をそのまま採用することはできない。こうした分野では、ISIの文献計量の指標の適用率は、自然科学に比べてはるかに低い。例えば、ISIでは物理学や化学の場合は90％を上回るが、政治学の場合は30％を下回

り、法律学にいたっては10パーセントに満たない。また、引用に関する欠点として考えられるのは、引用する側に英語を話す者が多いことから「英語で発表された論文のほうが一般的に好まれる」との先入観が植えつけられていることである。さらに重要なのは、将来が有望視されていながらも、いまだ十分には発達していない研究は、あまり重視されないという問題がある。

これらの問題点があるにもかかわらず、2008年のRAEでは指標が採用される見通しである。財政審議会は、各分野の研究団体と協力し、全分野で中心となる指標とともに、各種の指標をつくることに同意している。こうした指標をどの程度重視するのか、そしてどのような性質のものにするのか、評価部会ごとに格差がでることが認められている。

図表11-11では、フルタイム換算(full time equivalent：FTE)の研究者1人あたりの論文発表数と、それに伴うISIの引用に基づくインパクトファクター(1

UoA18 化学1996-2000 学術論文

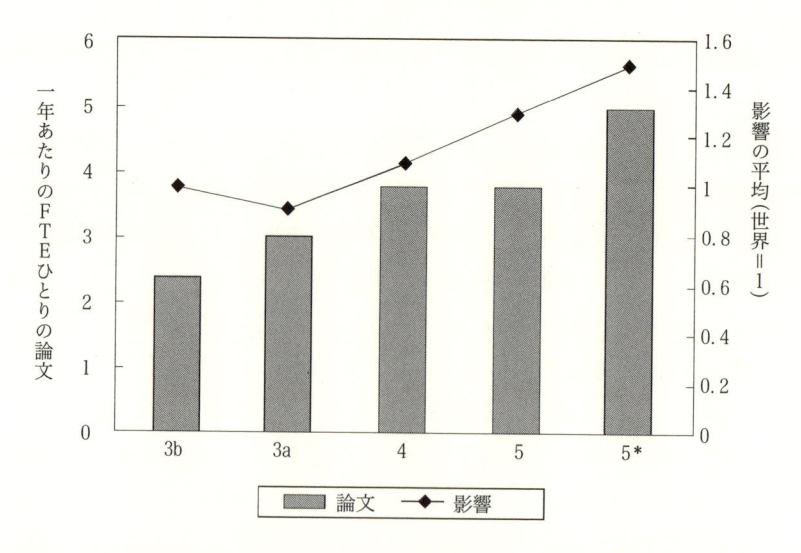

図表11-11　長期にわたる(1995年のデータに標準化)、イギリスとアメリカのR＆Dの投資単位あたりの頻繁に引用される論文の比較

(1996年から2000年に発表され、ISIのデータベースで引用された学術論文をもとに作成。)

論文あたりの被引用回数の平均値）、そして2001年のRAEで学部が受けた評価が、化学分野において強い相関関係にあることが示されている。注目すべきことに、化学分野の単独の指標として外部からの研究費を計算に入れると、さらに強い相関関係が得られる。

人文科学系の分野において、補助金を受けて集団で研究に取り組む気風が生まれてはいるものの、研究者各自のそれぞれの活動形態が大きな意義を持っている。こうした分野においては、論文発表という研究成果や引用するという行為は性質が異なるものであり、非常に意義深い講演や論文以外のさまざまな研究成果も正当な研究の一形態であるとみなされる。さらにこうした分野では、補助金収入からどの学部が高い質の研究を実施しているのかを把握することはできない。例えば、研究生や客員研究者の受け入れ及び交換状況、国際的な学術機関誌の編集、重要会議への主要メンバーとしての参加などをもとに、同じ分野の専門家による評価指標が策定されるということもありうるだろう。

英国政府は2008年の次回のRAEの一環として、指標を収集することに同意している。そして、同じ分野の専門家による検討を全面的に採用して評価した場合と比較し、情報提供という点で指標にどの程度の価値があるかを測る基準として利用する予定である。2008年のRAEは22年にわたり実施されてきた研究評価の6回目となるものであり、学界（少なくとも、科学、工学、医学といった分野の学界）は、評価の負担を軽減するために、採用される指標が妥当かどうかを判断する機会が与えられる予定である。

6 イギリスにおける研究評価の今後

図表11-12は、イギリスの研究評価を導入するための概算費用と、専門家の検討をもとに厳正なる研究評価を実施することで生じる利益を推定したグラフである。

こうした種類の競争的評価を導入すると、直接的、現実的、具体的な利点が生じる。こうした利点が広く認められ、大学内の気風の変化に大きな影響を与えたとなると、質の評価を実施するための費用を上回る利点が生じてい

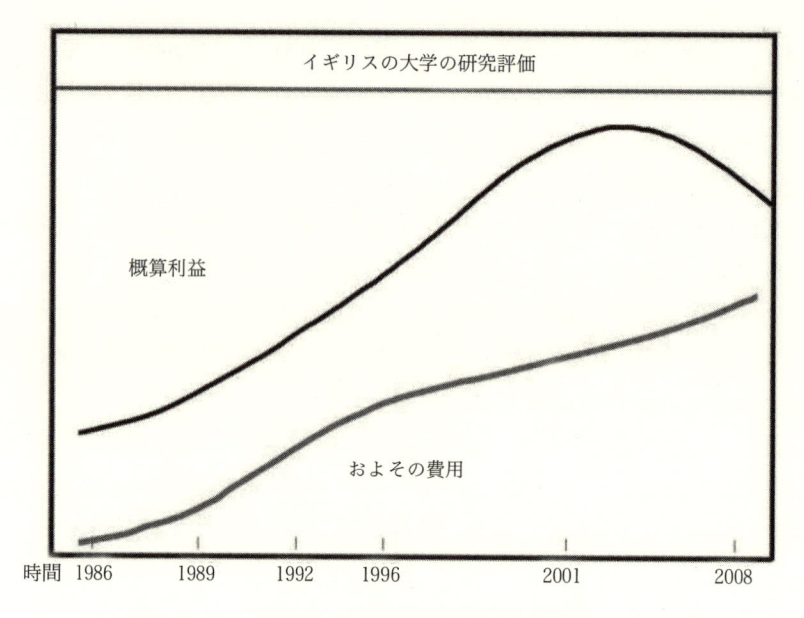

図表11-12　イギリスの RAE が1986年に導入されてからの、概算利益と費用の比較を示した表

ると考えるのも当然のことである。先ほどすでに言及したように、評価実施のための費用は、財政審議会が配分する補助金の総額の約1%にあたる。これは、二重支援制度の両輪をなす、もうひとつの研究補助金の配分決定にかかる費用の約1/4である。しかし、2008年以降の研究評価では、しかるべき指標を採用した上でその指標への依存度を高め、経費を削減することで、グラフ上の経費の曲線のはるか上に利益の曲線が示されることになるかもしれない。

　事情に通じた各分野の専門家が検討し、研究を評価する手法が、今や多くの国で認められている。ニュージーランドとイタリアの制度については、イギリスの制度と似通っている点が多くみられるものの、イギリスの制度とまったく同じものはどの国にも見当たらない。

　応用が非常に容易で、新たな商品やサービスを創造するために利用できる研究を評価することは、相変わらず困難なことである。イギリスではこの数年間、知識移転や研究活用を、教育や研究に並ぶ大学の補助金の「第三の柱」

として永続的に根づかせるべく、専用の補助金を設立しており、大学がどの程度知識移転に取り組んでいるかを評価するために新たな指標が導入されることも決定された。そういった姿勢をとることで、特許件数やスピン・アウトの件数、ライセンス収入といった分野において、活動がさらに活発になり、各国との比較一覧におけるイギリスの地位がさらに向上することを英国政府は期待している。しかし一方、こういった状況下で、他にもまだ、効率性、学生の質、高等教育に進学する機会の平等性といった各種の指標が極めて豊富にある状況で、不遜に振舞うことを覚えたイギリスの各大学の副学長は成果指標に反対の動きを見せている。

謝辞

　イギリスの研究評価の検討を実施する機会を与えていただいた、イギリス財政審議会に感謝する。また、「研究評価の検討」の資料収集に協力いただいた同僚のトム・サストリー氏に、そして本論文の図の2、8、11の情報を提供いただいたエビデンスUK社のジョナサン・アダムス氏に感謝する。

参考文献

Roberts, G.G. 2003 *Review of Research Assessment — The Report by Sir Gareth Roberts to the UK funding bodies issued for consultation May 2003,* www.ra-review.ac.uk.

Genna, A. and Martin, B.R. 2003 *Research Assessment and Fund: International Comparison,* London, Minerva.

Roberts, G.G. 2002 *SET for Success — The supply of people with science, technology, engineering and mathematics skills. The Report of Sir Gareth Robert's Review,* London, DfES.

King, D.A. 2004 "The Scientific Impact of Nations", *Nature*, Basingstoke, Macmillan.

第12章　イギリスにおける教育評価の改革

秦　由美子
(大阪大学)

はじめに

　1998年のソルボンヌ宣言[1]、続く1999年のボローニャ宣言[2]を契機として、ヨーロッパ各国において高等教育政策の転換とともに高等教育改革が急速に進展している。その影響を受けたアジア各国の高等教育機関もヨーロッパを追う形で、類似の改革を行っている。両宣言に導かれる改革目的の共通項とは、ヨーロッパ諸国の高等教育機関が、1)学士課程と大学院課程の二段階構造を導入し、さらに2)諸国間で単位互換が可能な共通の単位制度を確立したうえで、3)学生や教員の流動化を促すことである。ヨーロッパ圏域における高等教育制度の統一を図ろうとするこの動きは、アメリカの大学の世界進出の脅威に曝されるヨーロッパ諸国の高等教育機関の自己防衛に他ならない。またその動きを加速する役割を果たしたのが、欧州連合(European Union: EU)発足である。欧州連合条約(マーストリヒト条約)締結後の1993年11月にEUが発足し、その後ヨーロッパの統合的組織化が、経済面のみならず教育面においても進んだ。

　学生獲得のための「国境を越えた(transnational)」大学間競争が激化し、国際的通用性を高めるための学位の標準化が進む中で、各大学の重要課題を一つ挙げるとするならば、それは「大学評価」であろう。政府やその委託機関は、高等教育の質と水準に高い関心を寄せており、それらを保証かつ規定し、さらには評価するための制度を構築しつつある。しかしその一方で、社会から高等教育に対する要望や質の定義は多面化・多様化しており、ステークホルダーの中においてさえも高等教育の目的とその質については考え方に相違が

見られる。知識分野ごとに「高等教育」が意味する内容も異なり、望ましいとされる質の定義も学生像も多様化しつつある。高等教育に向けられる期待や要請はそれぞれの立場によって異なり、このような相違は対立関係をさえ相互に生み出す。こうした状況において、教育の質の評価(quality assessment)や高等教育の質の監査(academic quality audit)[3]に関して、全体としての合意形成は果たして可能であるのか否か。教育における国家的質保証制度とは、いったいどのような枠組みに基づくべきものであるのか等、問いは連綿として尽きることがない。

本稿では、現在日本で大きく動き出している大学評価制度やその評価を実施する認証評価機関が、果たして日本の大学にとって必要なものであるのか、必要であるとするならばどのような評価制度や評価機関が理想的であるのかを、イギリスの評価制度・評価機関を先行事例として取り上げ、考えてみたい。イギリスではすでに10数年にわたり、第三者機関による高等教育の質の評価を実施しており、その評価制度・評価機関を次の四側面から分析することで、高等教育の質の評価の在り方についてイギリスの高等教育機関の今後の方向性を探ると同時に、日本の大学がイギリスの大学評価から学ぶべき事柄を提示したい[4]。

①イギリスにおける高等教育の質の評価の歴史
②高等教育水準審査機関 (Quality Assurance Agency for Higher Education: QAA)及びその将来的方向性
③新たな教育補助金配分方法の確立
④教授・学習の質の向上 (Quality Enhancement in Teaching and Learning: QE) のための制度改革

1　高等教育機関内での高等教育の水準

イギリスでは、1992年に高等教育の一元化政策が実施され、旧ポリテクニクやカレッジが大学に昇格したのを機に大学進学者数が増加した。またそれにつれて、第一級優等学位 (first-class honours degrees) や第二級上級優等学位 (second-class honours (Upper division) degrees) を取得する学生の比率が急増した。

これら二点が主な契機となり、高等教育における質の維持と水準の向上に人々の関心が向けられるようになった。全国均一の水準を設定し、維持すべきであると主張する高等教育機関 (Higher Education Institutions: HEIs) は多いものの、いわゆる研究型大学である旧大学 (1992年以前からの大学で、ユニーヴァーシティー・カレッジも含む) では、大学間の水準格差は避けられないという立場をとっていた。

　高等教育の一元化政策の目的及び要因には、1) HEIs への補助金配分機関の統一、2) 旧ポリテクニクと大学における学科やコース内容に大きな差異が見られなくなってきたこと、そしてそれにもかかわらず、3) HEIs 内での多様性を求める声が強くなってきたこと等が挙げられる。しかし、高等教育システム内の多様性を追求した結果、水準の低下を招くことがあってはならないとの認識では HEIs と政府も一致し、そのために各 HEIs には多大な努力が求められることとなった。

　HEIs 入学者の GCE A レベルの平均点数に関する調査結果によれば、入学者の学力水準は旧大学の要求レベルに達しているというものであるが、新入生の学力水準が高等教育一元化を境に低下していると考える大学教員は、デアリング委員会[5]による調査に協力した教員の半数近くを占めている (NCIHE 1997)。また、イギリス産業連盟 (Confederation of British Industry) は、大学進学者の拡大について支持はしているものの、新大学 (1992年以降の大学) 卒業生の知識は不十分であり、また、旧大学卒業生の一般技能は社会で活用するには適切に育成されていないといった批判をした (NCIHE 1997)。これらの意見を踏まえて、デアリング委員会は、教育は世界的に認められた国際基準で判断されるものでなければならないという認識から、教育水準の維持と向上のために、高等教育の質評価 (Teaching Quality Assessment: TQA) を導入することを HEIs に要求したのである (NCIHE 1997)。

　イギリスの大学では入学時の選抜が厳しいだけではなく、卒業時にどれほどの高水準の評価を得て卒業するかが重要であったために、学士号の授与水準にはあまり関心を払っていなかった。1994年になって初めて、高等教育水準評議会 (Higher Education Quality Council: HEQC) が卒業水準プログラム

(Graduate Standards Program：GSP)を規定したのである。しかし、1996年に発表されたGSPに関する調査によれば、学位水準には大学ごとに、そして大学内においてさえも大きな格差があることが報告されている (HEQC 1997)。HEQCはさらに、現行の優等学位の成績区分は時代に適応していないとして、第二級下級優等学位(second-class honours (Lower division) degrees)も就職や進学に有利な優等学位の中に組み込み、学位制度そのものが政府により再編成された[6]。

このような教育の質に対する関心は、1986年に始まった研究評価(Research Assessment Exercise: RAE)も要因となっている。RAEは、補助金を重点傾斜配分する際の基礎となるもので、各大学に予想外の大きな影響を与えることになった。つまりそのRAEの評価結果を基に交付される補助金額は、高等教育費に割り当てられる公的補助金総額の31％(1990年代当時)に過ぎないにもかかわらず、教育よりも研究に重点を置く傾向が多くの大学において顕著になったのである。ことに研究補助金を獲得しやすい基盤を持つ研究大学においてはその傾向が著しかった。これを是正するため、1992年継続・高等教育法(Further and Higher Education Act 1992)によって全HEIs(国庫補助金を受けていないバッキンガム大学は除く)に大学の教育評価が義務づけられたと考えられる。これによって、財政審議会から国庫補助金教育経費を受けようとするHEIsは、その教育の質について定期的に監査を受けなければならないことが法律で規定されたのである。

質保証制度はいったん始動するとその機能が抑制されることはなく、むしろ全過程において肥大化する傾向にある。それに伴い、総合的質保証の枠組みにおける評価要素数も増すことは自明で、質保証は「質」の評価から「水準」や「成果」の評価へと制度の主要目的が変わる恐れが出てくるのである。高等教育の「質の高さ」を維持するためには、各HEIsが個別または集団として前もって設定した評価事項や評価基準をステークホルダーに伝達することが前提であることは当然であるが、質を高めるために機関が必要かつ実施可能なこととは、事項や基準の予測と管理に過ぎないのである。しかし、評価方法については、その簡素化や類型化が望まれる一方で、評価項目が削減される

ことはなく、質保証制度は一段と複雑化する傾向にある。

イギリスの現行制度では、教育評価にあたって「質」と「水準」がその対象となるが、両者の意味するものは異なる。「質」の評価は、高等教育プログラムやHEIs内部組織の達成目的・目標に向けられるが、「水準」の評価は、学生の卒業資格に関して各HEIsが実際にその目標を充足している程度に向けられている。評価の責任主体であるQAAは上述のように評価範囲を広げたが、広げられた評価項目群は学生重視の観点から導入された。デアリング委員会が、QAAの理事会の委員構成が学生の利益を代表するものとなっている点に注意を払っていたことは、そのことを示唆するものであろう。(QAA 1999)

2 イギリスにおける高等教育の質評価の歩み

イギリスのHEIsに属するものは、「大学」「高等教育カレッジ及びユニヴァーシティー・カレッジ」「高等教育課程を開設している継続教育カレッジ」の三種に分類され、現在イギリスには114の「大学」と55の「高等教育カレッジ」が存在している。また、約550の継続教育カレッジの中で、「高等教育課程を開設している継続教育カレッジ」は約380校である。(HEFCE 2003a)

図表12-1　教育評価制度の発展

評価制度の発展	高等教育関連機関	政府機関
第一期　高等教育界主導段階 (1980年代後期〜1990年代初頭)	・UGCやNAB (National Advisory Board for HE)が廃止 ・CVCP (教育の質評価に注目) ・AAU設立 (CVCPにより)	・LEAs (弱化・非大学への財源配分) ・NAB → PCFC (1988) 　　　　　→ CNAA (学位) ・UGC → UFC (1988)
第二期　高等教育機関と政府両者の共存段階 (1990年代初頭から中期まで)	・HEQC (AAUを吸収)設立	・UFC + PCFC → HEFCsへ ・CNAAとHE Inspectorate消失 (1990) ・RAE → HEFCs ・TQA → QAD
第三期　第三者機関導入期 (1990年代中期から2001年まで)		・QAA (QADとHEQCを吸収－1997)
第四期　質保証の緩和・転換期 (2001年から現在に至る)		・QAA → institutional audit中心のライトタッチ (2002) ・新教育評価と補助金配分方式を発表 (2003)

以下では、1980年中頃から2001年までの期間を大きく三期に区分し、さらに2001年以降をそれに続く第四期として大学教育における質保証制度の展開を期間ごとに比較してみる。

第一期：高等教育界主導段階(1980年代後期から1990年代初頭まで)

政府主導の質保証制度の導入に先駆けて、全英学長協会(Committee of Vice-Chancellors and Principals of the Universities of the United Kingdom: CVCP、現全英大学協会 (Universities UK: UUK))[7]は、諸大学の学部・学科審査を行うために独自の大学監査部 (Academic Audit Unit: AAU) を設立(1989-1992)。(秦 2001)

第二期：HEIsと政府両者の共存段階(1990年代初頭から中期まで)

CVCPは1990年から各大学における教育の質の評価(HEIs内部での自己評価)を開始しており、1992年時点ですでに27大学において終了していた。しかし、1991年に政府は白書『高等教育―新たな枠組み (*Higher Education: A New Framework*)』を公刊し、その中で質保証のための監査手続きや新たな政府機関(Agency)の創設を提案した。1992年継続・高等教育法により旧ポリテクニクとカレッジが大学に昇格して新大学となり、高等教育における二元構造が一元化された。これに伴い、全国学位授与審議会（Council for National Academic Awards: CNAA）及び高等教育視学制度（Higher Education Inspectorate)は消失し、HEQCが設立される。HEQCは政府機関ではなく、連合王国全大学と高等教育カレッジが財源を拠出し、管理・運営するもので、HEIsが自己点検・自己評価を実施するための支援機関である。最終的にはAAUもこの機関に統合される。一方、1992年に大学財政審議会(Universities Funding Council: UFC)とポリテクニク及びカレッジ財政審議会（Polytechnics & Colleges Funding Council: PCFC）が統合され、高等教育財政審議会（Higher Education Funding Councils: HEFCs)が設立される。財政審議会は政府機関であり、この設立に併せて新・旧すべての大学に対する研究評価及び教育評価が政府主導のもと開始されることになった。

財政審議会はRAEを管轄する他、同審議会の教育の質保証部門(Quality Assurance Division: QAD)が、教育の質の審査及び評価を担当した。

第三期：第三者機関導入期(1990年代中期から2001年まで)

この段階では、質保証措置の直接的な統制は、1997年に設立された第三者政府委託機関である高等教育水準審査機関(QAA)を通して行われた。QAAは、『デアリング報告書』の勧告に従い、QADとHEQCが統合されて設立された機関であり、実際の評価活動形態はHEIsとの交渉を特徴としているが、それはQAAによってすでに決定された質保証のための手続きや規制内で行われる機関相互の交渉である。同様に『デアリング報告書』の勧告に従って、高等教育学習・教授開発機関(Institute for Learning and Teaching in Higher Education: ILTHE)も設立された。

第四期：質保証の緩和・転換期(2001年から現在に至る)

この段階では、機関監査(institutional audit)中心の「ライトタッチ」と呼ばれるQAAによる質保証システムが提示され、実施される。

第一期では、質保証は各HEIsの責任と考えられ、各機関は自己評価を義務づけられていたので、政府の関与は、後期に比較して最小限のものであったといえる。

第二期では、政府が質保証制度を再編成し、各HEIsへの訪問調査の強化、評価基準の設定等が実施された。

第一期に設立されたAAUによる質の評価には二つの問題点があるとされた。第一は、AAUによる審査結果の扱いについて各HEIsとの間に妥協が見られたことである。審査結果の扱いについては、何ら規則がないため、大学は独自の判断で結果の公表の是非を決定できる。第二は、同じHEIsであるにも拘わらず、旧大学が新大学を差別し、AAUから新大学を除外していたことである。その後幾度かの機会があったにもかかわらず、旧大学側は新大学への歩み寄りを拒否し続けた。しかし、一元化後のHEIsの間に教育の質の

格差があってはならず、格差があるならばその是正も含めて、全機関での評価が不可欠であった。そのため、新・旧両大学の反目故に、政府主導の教育評価の導入となったのである。

第三期では、以下の項目を構成要素とする新しい質保証の枠組みが導入され、政府からの規制が加えられることとなった(QAA 1999)。

- 学科別標準的基準(Subject benchmarking)
- 国内統一資格枠組み(National qualifications framework)
- カリキュラム(Programme specification)
- 学習指導要領(Code of practice)

このようにイギリス高等教育の質保証制度は、第一期から第三期にかけてその評価手順と評価規定が一段と組織化及び規格化されたが、第四期に入ってシステムは大きく転換する。

3　高等教育水準審査機関(QAA)

前述のように、イギリスにおいては1997年に現行の高等教育水準審査機関(QAA)が組織され、QAAが高等教育の質と水準の維持のために中心的役割を果たすことになった。1997年8月1日にHEQCからQAAへの機能と人員の委譲が執り行われ、イングランド高等教育財政審議会(Higher Education Funding Council for Englang: HEFCE)とウェールズ高等教育財政審議会(Higher Education Funding Council for Wales: HEFCW)からは質保証に関する仕事全般が、またQADからは職員がQAAに委譲された。財政審議会は質保証の任務をQAAに委譲したものの、1992年継続・高等教育法に準拠し、依然として法的には教育の質全般に関する責任を有する。当時の最高顧問はジョン・ランドール(John Randall)で、理事会は彼と産業界や大学界の代表を含む13人の理事で構成され、1997年4月に開設された。QAAは、非営利の慈善団体であり、また有限会社でもある。QAAは、全英学長協会(CVCP)の設置した大学監査部(AAU)の機能を引き継ぎ、内部評価を中心とする機関レベルの評価活動を行っていたHEQCの教育評価活動と、1993年から外部評価を中心とする専攻別評価活動を実施しているHEFCEの教育評価部門における教育評価活動

との重複を避け、効率的に教育評価を実施するために設置された。

　発足当時のQAAの主たる仕事は、①高等教育の質の維持と向上、②財源の用途を明示する科目別調査判定の実施、③公的財源の保証、④科目別調査報告書や総覧の出版による教育の質の向上の奨励、⑤高等教育の質に関する有益かつ入手可能な情報の提供、であった(QAA 1999, QAA 2000)。

　QAAの調査では、各科目の学生の学習体験や成績に焦点が当てられ、全科目・全レベルの授業履修型(taught course)プログラムが調査された。調査方法は同分野の専門家による審査(peer review)、自己評価、学生の学習状況及び教員が設定した目標が、学生により実際にどの程度達成されたかを査定することが中心となる。調査は下記5点を前提として実施された。

①調査訪問は抽出によるのではなく、全HEIsを対象とすること
②核となる評価項目を6点挙げること
③上記6項目について4段階評価を行うこと
④評価訪問後に出される報告書は1種類に限り、公刊すること
⑤学科担当教員はその学科についての目的・目標を500語に要約し、公表すること

　上記審査項目は次のように分類され、それぞれの項目に対して13から25の質問が付される。各HEIsは質問事項に迅速に回答できるよう調査委員の訪問前にあらかじめ準備しておかなければならない。

- カリキュラムの計画、内容、構成(調査項目数：25)
- 教育、学習、評価(同：18)
- 学生の進捗及び達成状況(同：13)
- 学生支援及び学生指導(同：19)
- 学習資源(同：22)
- 質の管理及び向上(同：22)

この各六項目に対し、次の四側面が統合され、判定される(4×6の24点満点)[8]。

- 各HEIsの目的・目標に即した評価
- 学生の学習経験と達成度についての評価
- 同分野の専門家による相互評価

- 各機関の内部自己評価と外部からの訪問調査との組み合わせによる評価

評点で「1」の判定を受けた項目は1年以内にQAAによる再調査が行われ、再調査でも依然として「1」であれば、当該HEIsの教育の質は不合格(unsatisfactory)と判定が下され、公表される。「不合格」と判定された場合には、改善のために12ヵ月間の猶予期間が設けられるが、その間に改善が見られない場合には、その学科・コースへの補助金交付は停止される。このことは、当該学科の廃止・統合、あるいは閉鎖を意味することもある。

4　QAAのこれからの方向性

教育評価は、分野別評価と機関別評価からなる。評価活動は、各機関による内部評価とともにQAAが外部評価を実施する仕組みになっている。教育評価が2001年をもって全機関を一巡したことに伴い、以後のQAAによる教育評価の在り方についての検討が行われた。

イングランド高等教育財政審議会(HEFCE)、高等教育カレッジ学長会議(Standing Conference of Principals: SCOP)[9]、全英大学協会(UUK)及び高等教育水準審査機関(QAA)の4団体が骨子となる提案を行ったが、有力研究大学の長からなるラッセル・グループは、それまでの外部評価に対する準備や費用が大きな負担になっていることを理由に、従来型の外部評価の全廃を求めた。こうした批判を受けて、2001年3月22日には教育技能省の事務次官が、審査期間を短縮し、専攻レベルの訪問調査を4割削減すると同時に、最高点24点中21点以上の評価をすでに得た学科・コースにおいては外部評価を省き、内部評価のみとするなどの評価の簡素化を議会で発表した（QAA 2001, HEFCE 2002）。ランドールはこの提案では充分な教育評価が実施できないと主張して辞職したが、政府の提案を受ける形で、先の関連4団体は機関別評価に軸を置くことを前提に、訪問調査の4割削減案ではなく、5割削減を提案した。

2002年3月、教育技能省は最終的に、1) 機関別と分野別に二分された従来の評価活動を機関ごとの評価を基本とし、分野別評価は大幅に削減する、2) 各機関の提供する情報の正確さや適切さを重視する、といった2002年以降の新たな教育評価の基本的枠組みを公表した（QAA 2001）。2002年当時高等教

大臣であったマーガレット・ホッジ（Margaret Hodge）は、この機関監査(institutional audit)中心の「ライトタッチ」と呼ばれる新たな提案に反対し、認可のための署名を拒んだが、結果的にはこの新たな評価システムが導入された。

篠原によると、新たに導入された高等教育の教育評価システムは、以下の三点を中心に据えて機能することになった(篠原 2003)。

①機関別評価を基本とする。すなわち外部監査チームの訪問は6年に一度とし、評価の際は、各機関による自己点検・評価を重視する

②各機関が、すべてのステークホルダーに対して発信する情報の正確さ、多様性及び信頼性に着目する

③分野別評価については、従来のような全分野での実施を止め、機関の抱える問題点の解明に監査を集中。実際の分野別評価は、各機関の学生約10％を対象とする抽出的な監査によって行う

これらに加えて、学生調査の実施によって学生に関する情報を増し、問題点が明らかになった機関は、改善策の実施状況について詳細な再調査を実施すること等が要求された。また、監査は、4名から8名の監査人及び書記で構成される外部監査チームが、次のような評価手順で監査を実施する。まず、訪問調査の約9ヵ月前にチームは監査計画が立てられ、13週間前までにHEIsは関連必要文書をチームに提出する。訪問調査は、予備訪問(3日間)と調査訪問(5日間)からなり、調査後約22週間で正規の報告書が作成され、公表される(篠原 2003)。2003年から2005年までは過渡期であるとQAAも認識しており、分野別の監査は新たなものではなく、前回の監査で残された点の継続調査である。機関別監査は2003年2月から開始され、2005年には終了する予定である(QAA 2004)。

2002年度に発表されたQAAの使命は、次のようなことであるとされた。

①学位の水準及び高等教育の質の維持について学生や公衆の利益を保護すること

②ステークホルダーの選択に資するために、また政策策定を補強するために、学位水準や質に関する情報を伝達すること

③高等教育の質と水準の保証と管理を拡大し、十分に保証された質と水準が持つ価値を広く国内において理解してもらうこと
④イギリス、ヨーロッパ、そして世界において（イギリスの）高等教育の質と水準の高さを広く国内において理解してもらうこと

以前と比較して特徴的なことは、学生を重視する傾向が強くなった点であろう。学生や企業とHEIs側が双方向的に対話する可能性が増し、すでに学生代表をHEIsの理事会の委員に入れる例も出てきている。さらには高等教育オンブズマン制度の導入や、学生からの意見を収集・尊重し、学生支援を一層充実させる予定のHEIsもある。(QAA 2004)

高等教育の質保証は、評価システムの導入によって維持、保証そして強化される。そのため、必然的に厳しい評価規定が一般化されるのが常である。各HEIsの自己裁量を大幅に認めたとしても、評価規定の範囲や行政権が減少することはおそらくあり得ないと思われていた。ところが、2001年教育評価が一巡したイギリスにおいては、そのシステム全体への反省を踏まえて、補助金集中化のため厳しさを増すRAEとは逆に、緩やかなものに移行しつつあるのである。

5 新たな教育補助金配分方法の確立

現行の教育評価に基づく教育補助金配分基準は、1998年にHEIsに導入された。それ以前は配分基準は不明確で、教育的見地からというよりもむしろ歴史的経緯により、伝統的大学に手厚く、差別化された補助金として各HEIsに配分されていた。しかし、98年以降のシステムは主に学生数を基本とした専攻分野、修学形態、学位レベル、機関の特質等の要素別に算定配分されている。さらに1999年には、継続教育カレッジ(Further Education Colleges: FECs)にも現行システムが導入された。

図表12-2で示すように、まず、高等教育機関の財源は、公的補助金と民間資金に二分され、約6割が公的補助金により支えられている。その最大の財源は、高等教育財政審議会(HEFCs)となる。

さらに、HEFCs補助金の内訳は、**図表12-3**に示されるように教育補助金、

第12章　イギリスにおける教育評価の改革　265

図表12-2　高等教育機関の収入（2001年度）

（単位：100万ポンド）

政府補助金		
1. 教育技能省	授業料補助	£554（4%）
2. ウェールズ国民会議		
3. スコットランド政府	高等教育財政審議会	£5,692（39%）
4. 科学技術庁（研究審議会）	科学研究助成	£805（6%）
	大学院生授業料	£293（2%）
5. 他政府機関	研究収入	£572（4%）
	研究外収入	£985（7%）
合　計		£8,901
民間資金		
1. 財　団		£607（4%）
2. その他の研究収入		£450（3%）
3. 留学生授業料		£875（6%）
4. 学寮費		£968（7%）
5. その他（授業料、事業、寄付等）		£2,690（19%）
合　計		£5,590
総　額		£14,491

出典：HEFCE 2004 *Higher Education in the United Kingdom (Revised)*

図表12-3　高等教育財政審議会による国庫補助金の内訳（1997年度）

	1997年度	2004年度
教育補助金	£2,380（69.9%）	£3,286（60.3%）
研究補助金	£704（20.7%）	£1,081（19.8%）
特別補助金（special funding）	£321（9.4%）	£486（8.9%）
特別資本経費補助金（earmarked capital funding）		£584（10.7%）
予備費		£16（0.3%）
合　計　（単位：100万ポンド）	£3,405	£5,453

出典：HEFCE 1999 *Funding higher education in England in 1997-98* 及び *2004 in 2004-05*

研究補助金、その他の算定外補助金（特別補助金、特別資本経費補助金、その他）に分けられ、各 HEIs は各補助金の合計額を総額として受け取ることになる。

　現行システムも新たなシステムへの移行のために分析・調査が行われ、2003年8月には教育補助金配分方法の変更が諮問され、報告書が出された（HEFCE, 2003/42 *"developing the funding method for teaching from 2004-05"*）。その後、こ

の報告書を受けて、2004年度には新たな教育補助金配分方法が導入されたが、主な変更点は、パートタイムコース（学部生）、基礎学位（Foundation degrees）、特別HEIs、大学進学機会均等（Widening participation）用の教育補助金配分が設けられたことである。HEIsへの教育補助金配分率も上記**図表12-3**が示すように、2004年1月のHEFCE2003/42の協議に則って変更された。以下、新教育補助金制度について、HEFCEの報告書に基づき説明を加える。（HEFCE 2004）

HEIsは、HEFCE補助金及び授業料という形で教育補助金を受け取るが（教育補助金＝HEFCE補助金＋授業料）、イギリスでは、元来、第一学位を取得する学生が尊重され、大学院学生にはあまり注意が払われてこなかった。この教育補助金システムも学部学生を主体に考えられており、研究型履修コース（research course）のフルタイムの大学院生は、研究審議会（Research Councils）からの補助を受けられるが、授業型履修コース（taught course）のフルタイムの大学院生は自己負担である。

地方教育当局（Local Education Authorities: LEAs）による保護者の収入審査が行われ、授業料免除や軽減措置を受けている学生もいるが（**図表12-4**）、学士課程や高等教育課程に在籍するイギリス及びEU諸国から留学してきたフルタイム学生は、基本的には、1998年度より学費総額の4分の1に相当する1,150ポンド（98年当時は1,000ポンド）を授業料として収めることになった（EU以外の海外留学生は全額授業料を払うことになっている）。そのため学生支援策として1990年から、国の出資により設立された学生ローン会社（Student Loan Company）による収入準拠型（income contingent loans）の学生ローン（貸与奨学金）が開始された。つまり、原則的には、卒業後の4月からローンの返済が始まるが、1万5,000ポンド（2004年から）の年間所得に達しない間は、ローンの返済が猶予される。

図表12-4 授業料の減免基準

保護者の年収	減免措置
20,480ポンド未満	免除
20,480〜30,501ポンド	減額
30,502ポンド以上	全額

（篠原 2004）

HEFCEからHEIsへの補助金配分計算方法は四段階に分かれている。まず基準財源（standard resource）として第一段階では、1）学生数、2）学科関連要素、3）学生関連要素、4）機関関連要素が考慮される。1）は、フル

図表12-5　2004年度　基礎補助金額

Aグループ	医歯学系＋獣医学系	4.0	£13,936
Bグループ	実験系科目―自然科学系コース	1.7	£ 5,923
Cグループ	その他の実験系	1.3	£ 4,529
Dグループ	人文社会学系	1.0	£ 3,484

(QAA 2004)

タイム学生の数とフルタイム学生の二分の一に換算されたパートタイム学生数であり、2)は、図表12-5で示されるように、学科をAからDグループに分類し、それぞれ比重を設ける。

3)は、以下の学生関連要素を考慮に入れ、各比重を掛ける。

- 長期コースのフルタイム学生(25％増)
- パートタイム学生(10％増)
- 基礎学位コース受講学生(10％増)

4)は、以下のHEIs関連要素を考慮に入れ、各比重を掛ける。

- ロンドンにあるHEIsに在籍する学生(市内は8％増、市外は5％増)
- 特別教育機関―特別の学科のみ教育しているHEIs(通常10％増)
- 小規模HEIs(機関ごとの比重設定)
- 伝統、歴史的、建物を持つHEIs(1914以前に建造されたHEIs)(機関ごとの比重設定)

第二段階においては、予定財源(assumed resource)を、1)補助金調整と2)授業料調整面から計算する。第三段階においては、予定財源と基準財源の差を基準財源で割り、百分率を出す。第四段階においては、第三段階の百分率が許容幅範囲内にあるかどうかを判定し、その後許容幅を超えたHEIsに関しては、学生の増減あるいは補助金額の適正化を図る。

他の教育補助金として、高等教育機関への入学者数拡大を目的とした補助金が、総額2億7,300万ポンド配分されている。その内訳は図表12-6のとおりである。

HEFCsによる国庫補助金の内訳の中で教育補助金が示す割合は、1997年度においては全体の69.9％、研究補助金の割合は20.7％であった。しかし、2004年度においてはそれぞれ54.8％と18.0％と減少傾向にあるが、他方、算

図表12-6　2004年度　高等教育機関入学拡大・維持のための補助金額

（単位：100万ポンド）	目的	対象者
£37	入学者数の拡大	フルタイム学部生
£12	入学者数の拡大	パートタイム学部生
£159	中退率の抑制	フルタイム学部生
£54	中退率の抑制	パートタイム学部生
£10	支援の充実及び施設の整備	障害者

(QAA 2004)

定外補助金は、9.4％から18.1％に大幅に増加している。政府が、高等教育進学者数の増加を重視していることが理解されよう。

　教育補助金配分は、教育評価による四段階評価の結果、「1」と評価された項目に関して12ヵ月以内に改善が見られない場合には補助金停止の措置がとられるものの、RAEの結果を基に重点傾斜配分方式により配分される研究補助金に比較すると、評価と補助金の結びつきはかなり緩やかなものとなる。

6　教授・学習の質の向上
(Quality Enhancement in Teaching and Learning: QE)

　イングランド高等教育財政審議会(HEFCE)は、2003年7月に活動の指針とする四つの方略目標を掲げた。それを簡単にまとめると、**図表12-7**のとおりである(HEFCE 2003b)。

　質保証(Quality Assurance: QA)に関連しながらも、一面において、それと補完関係にある「教授・学習の質の向上(QE)」というフレーズが近年頻繁に使われ始めている。QEが重視していることとは、HEIsでの学生の教育及び学習経験を伸展・向上させることであり、その点でQEの任務は、QAやQAのための審査あるいは各機関の水準を審査するQAAのそれとは異なる。当然だが、QEには各教員の能力を高め、教授・学習や授業評価のための新たな方法を試行する役割も含まれている。

　そのQEのための共同利用機関として2006年に「高等教育教授・学習振興アカデミー(Academy for the Advancement of Learning and Teaching in Higher Education: AALT)」(通称：高等教育アカデミー)が誕生することになった(TQEC

図表12-7　高等教育財政審議会方略目標

1)	高等教育の拡大と機会平等を促進する	
2)	高等教育の教授・学習水準の向上を目指す	
	①新任教員研修—高等教育教員教授適格基準に則して研修を実施する	
	②高等教育水準審査機関(QAA)の監査による全教員の適格判定を行う	
	②教授・学習の向上を支援するHEIs共用施設である新機関創設（高等教育教授・学習振興アカデミー: Academy for the Advancement of Learning & Teaching in HE: AALT）を創設する	
	④アカデミーによる評価を2008年までに実施する	
	⑤70の卓越した教育拠点（Centres of Excellence in Teaching）を設け、優れた教育を先導的に開発する計画に沿って「教授・学習」改革を2006年までに行い、その成果の評価を2008年までの二年間で実施する	
3)	高等教育の優れた研究の維持・向上に努める	
	①2008年までに2009年から開始される評価のための評価手順を開発・実施する	
	②2008年までに研究体制の維持・強化を図る	
4)	経済・社会への高等教育の貢献を促進する	
	①2005年までに産業界とHEIs、社会とHEIsの連携協力の在り方を改善する	
	②2008年までに産・社・学連携を進めるための資金を増額する	

2003)。高等教育アカデミーは、優れた教育実践に対して報奨することで、教育の質を高めるための教授方法の改善に向けた取り組みを進めることを目的とし、教育にも重点をおこうとする「2003年 HEFCE 方略的計画（HEFCE Strategic plan 2003)」に従って開設される。

　高等教育アカデミーの開設に至るまでの詳しい経緯は次のとおりである。HEIs における QE に対する政府や高等教育関連機関の関心が高まり、2002年2月に HEFCE、UUK、SCOP は、QE のために「教育の質向上委員会 (Teaching Quality Enhancement Committee: TQEC)」を立ち上げた。2003年1月、白書『高等教育の将来』(*The Future of Higher Education*) が政府によって発表された直後の2003年5月に、TQEC は調査に基づく報告書『高等教育における教授・学習の質的向上のために：今後必要な取り組みと支援に関する委員会最終報告』(*Final Report of the TQEC on the Future Needs and Support for Quality Enhancement of Learning and Teaching in Higher Education*) を公表し、その中で高等教育アカデミーの設立を提案した。TQEC の計画は、『デアリング報告書』の勧告に従い、高等教育教職員の専門性向上を図るためにすでに設立されていた①高等教育教

職員職能開発機関 (Higher Education Staff Development Agency: HESDA)、②高等教育学習・教授開発機関 (Institute for Learning and Teaching in Higher Education: ILTHE) 及び③高等教育教授・学習支援ネットワーク (Learning and Teaching Support Network: LTSN) の三機関を統合して、新たに高等教育アカデミーを2006年に開設するというものであった。当該アカデミーは慈善団体であるが、そのことを除けば、日本の各大学が付設する大学教育センターの全国統合版に相当し、いわば全国規模の大学支援センターとみなすことができる。

TQEC の見解によると、アカデミーは、1) 高等教育における教授・学習の質向上のための取り組みを支援し、2) その支援を効果的に行うための調査を行い、3) QAA と他機関の役割分担を明確にしつつ、4) 財務や管理運営面の合理化を進める機関で、既述のように**図表12-8**の①から③の三機関を統合して開設される。三機関を統合することによって、業務の重複をなくして無駄を省き、利用者にとって利便性が高く、より効果的な事業展開が可能であるとしている。(TQEC 2003)

改めて上記各三機関の設立の経緯及び業務内容等は、以下のとおりである。
(i) 高等教育教職員職能開発機関 (HESDA) は、HEIs を会員とする公益団体で、HEIs に所属する教員及び職員の職能改善を進める機関で、全国150の機関会員を持つ。有限会社の資格を持ち、UUK と SCOP の下部組織である。UUK により創設された機構であり、HESDA が所管する全英訓練機構 (National Training Organisation: NTO) は有名である。NTO は、公的資

①高等教育教職員職能開発機関(HESDA) → 高等教育アカデミー(AALT)

②高等教育学習・教授開発機関(ILTHE) →

③高等教育教授・学習支援ネットワーク(LTSN) →

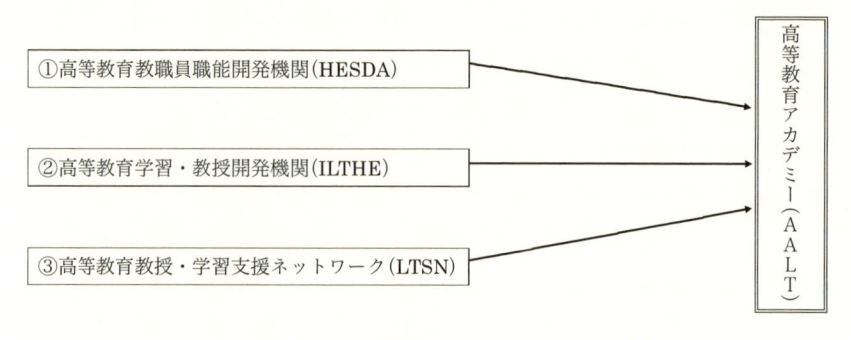

図表12-8

金の援助を受けてはいないが、契約機関へのサービス提供により、年間約130万ポンドの収入を得ている慈善団体である。
(ⅱ) 高等教育学習・教授開発機関(ILTHE)は、独立専門団体として全HEIs教員及びHEIsで学ぶ者すべてを支援する目的により、1997年の『デアリング報告書』の勧告に基づき、1999年7月に設立された。

「勧告14…(中略) 早急に、高等教育における学習・教授のための専門機関を創設するよう勧告する。当該機関の業務は、教員のための訓練プログラムの適格さを適格認定すること、学習・教授方法を研究し、それを発展させることとする」(NICHE 1997)

この機関は、高等教育における教育や学習支援に携わる人々のための専門公益団体で、その会員数は14,000を超え、教員の教授能力の向上をはかるため、教員研修プログラムや個人会員の適格性審査を実施している。教員への助言や協力と同時に、学生の学習支援もその事業目的となっている。初期活動資金(1999年には150万ポンド、2000年には50万ポンド)は、イングランド、ウェールズ、スコットランド、アイルランドの慈善団体である各高等教育財政審議会から支給され、その後HEFCEから25万ポンドの追加支給が行われた。ILTHEの年間収入は、個人会員費や適格性認定料から得た約140万ポンドである。教授・学習の特別な必要性に適ったプログラムを計画・促進する際には、HEIsの多様性を損なわず、機関の自由と自治を守ることを大前提としている。

ILTHEが実施する適格性認定の枠組みの概要は次のとおりである。
①基本的に同分野の専門家による審査を実施し、判定者は会員から選出
②教員初年時における研修、また専門教育の訓練による認定
③透明性のある認定過程、公正かつ公平な認定の実施

新大学であるロンドン・メトロポリタン (London Metropolitan) 大学の副学長であるロデリック・フラウド (Roderick Floud) がILTHEの所長となったために、旧大学からの支持を得ることができず、その結果ILTHEは会員を旧大学から集められず、彼自身が辞職に追い込まれた。この新大学は、ギルドホール (Guildhall) 大学とノース・ロンドン (North London)

大学が統合されてできた大学で、研究評価結果は低いものの、大学進学とは無縁であった学生のために広く門戸を開いており、そのための政府からの補助金額（access fund）も多い。

(ⅲ)高等教育教授・学習支援ネットワーク（LTSN）は、HEFCsが補助金を拠出しており、ILTHE内に置かれている。その役割は、授業改善に役立つ24の分野別指導実践と情報提供ネットワークの構築で、政府より5年間で約4千万ポンドの補助金がLTSNに支給されている。

　高等教育アカデミーは、1980年代の学生数急増に対応して、高等教育における教育機能の改善が求められるようになった結果、教職員の職能向上や教育・研究環境の改善を支援するための専門機関として、上述の三機関が統合して設けられた。その後の経過について若干補足すると、2003年12月には、全英企画チーム（National Co-ordination Team: NCT）が高等教育アカデミーに加わり、2004年1月には、ポール・ラムズデン（Paul Ramsden）が会長に選任された。その後2004年4月にLTSNとILTHEがアカデミーに統合され、2004年8月からアカデミーの活動が一部開始された。アカデミーの使命は次の各事項に示される。

　①学生に刺激を与え、彼らの経験を広げる教育実践や方法に関してHEIs、政府、財政審議会、その他関連団体に方略的助言を提供し、調整すること
　②カリキュラムや教育の発展を支援・促進すること
　③高等教育に関わる全教職員の職能改善を実施し、教職員の地位を高めること
従って、この新たなアカデミーの業務は、
　①方略的助言や指導を行うことによって、各HEIsの政策発展に貢献すること
　②教育実践やその実践を実施する団体を支援し、その職能を促進させること
　③各機関及び個人の専門職の初年時の適格性認定を実施するとともに、引き続き適格性認定を行い、また、職能水準を設定すること
　④有効な教授・学習に関する研究を促進すること
　⑤アカデミーの活動や会員に情報を伝達するために、HEIsの分析、研究及び評価を実施すること
　⑥訓練を実施し、学習支援者全員の職能改善を支援すること

である。

　開設されて間もないので、高等教育アカデミーは、訓練システムや規定の未整備、あるいは適格水準の未設定といった問題を抱えている。また他に、QAAとの関係が明確にされていないことも問題である。

　政府のHEIsへの補助金をどのような基準に基づいて配分するかは重要な問題である。一般的にはHEIsの種類分けによるものか、あるいは評価結果を基礎とするが、イギリスにおいては高等教育一元化後に、研究評価を通して「HEIsの間」で研究中心HEIsと教育中心HEIsに二分化することによって、まず補助金配分がなされた。そして次には、教育評価により「HEIs内」にある条件（例：パート・フルタイムコース、コースの長短、学生数等）を基に教育補助金の配分の差別化を実施しているわけである。

　次頁の**図表12-9**は、HEIsの中の大学を学部数、全体の学生数の中での学部学生と大学院生数の占める割合、単一学科専攻(single subject)学部学生数の全体に占める割合、そして研究評価担当教員(Staff selected for assessment: SS)の全体に占める割合をHEFCEの公刊した資料(HEFCE 2001)から算出し、表にした。イギリスにおいてはほぼ全大学が学部総数においては日本の大学の総合大学における学部総数を上回っている。また、SS比により大学の種類分けも可能である。例えば、SS比率が90を超える大学は世界レベルの研究大学（研究大学③）で、研究大学③に属するほぼ全大学が、研究評価においても高い評価を得ていることが理解される。

おわりに

　高等教育の質評価(TQA)は、80年代の日本の自動車産業界で始まった総合的品質管理(Total Quality Management: TQM)をもとにイギリスに移入された概念である。しかし、1990年代初頭のアメリカ合衆国ではこのTQMは「費用がかかりすぎ、官僚主義的かつ信頼性に欠く」という考え方がすでに支配的であった。例えばストラザーン(Strathern 2000)は、教育の質の「改善度を測定するということは、（半永久的に）その測定方法を改善する」ことに過ぎない、と述べ、TQAの無意味さを強調した。

図表12-9　高等教育機関の中の大学の類型化

大学名 〈教育大学—学生への門戸開放大学〉	学部数	学部学生 (％)	大学院生 (TC)[2] (％)	大学院生 (RC)[2] (％)	単一学科専攻 (％)	SS[3] (％)
TVU	12	86	14	0	99	10
Bournemouth	14	91	8	1	100	21
L&Humberside	15	89	10	1	86	21
CLancashire	16	92	7	1	83	22
South Bank	16	84	14	2	94	22
APlolytechnicU	16	91	8	1	84	23
Leeds Metropolitan	16	89	10	1	100	23
Derby	15	93	6	1	74	26
Northumbria	16	88	11	1	94	26
Wolverhampton	16	91	8	1	78	27
Greenwich	16	83	15	2	92	28
Hertfordshire	15	90	8	2	80	28
Luton	15	95	4	1	88	28
Sheffield Hallam	16	86	12	2	84	28
West of England	16	90	9	1	82	28
Sunderland	15	95	4	1	87	29
Westminster	15	80	19	1	89	29
Nottingham Trent	16	90	8	2	91	31
Teesside	17	91	8	1	87	32
Kingston	15	87	12	1	84	33
UCE	13	85	14	1	100	34
MMU	16	86	12	2	87	34
Coventry	16	92	6	2	96	35
East London	15	82	17	1	89	36
LJM	16	91	7	2	81	36
London Guildhall	14	89	10	1	63	36
Staffordshire	15	91	8	1	87	38
North London	16	90	9	1	54	41
Middlesex	16	90	9	1	65	43
Salford	17	90	8	2	90	43
Huddersfield	15	88	11	1	99	44
Portsmouth	14	90	8	2	100	44
Brighton	15	89	9	2	99	45
Plymouth	17	91	7	2	85	45
Cranfield	8	27	49	24	96	46
〈教育大学—研究大学に移行しつつある大学〉						
Oxford Brookes	16	84	14	2	76	51
De Montfort	16	86	11	3	89	52
(Open University)	15	82	16	2	3	54
Ulster	16	83	14	3	85	55
City	14	64	31	5	100	65
Brunel	14	80	15	5	70	68
Aston	10	84	11	5	66	69

〈研究大学①〉						
Belfast	18	82	12	6	83	74
Surrey	15	71	19	10	75	79
Loughborough	14	84	10	6	71	80
Exeter	14	79	15	6	80	81
GoldsmithsC	11	75	21	4	80	81
Kent	16	82	11	7	75	82
Liverpool	17	81	10	8	82	82
IOE	1	1	82	17	95	83
Queen Mary	13	83	10	7	99	83
Royal Holloway	12	84	9	7	77	83
Southampton	17	82	8	10	79	83
Royal Veterinary C	1	81	8	11	100	84
Sheffield	17	79	12	9	86	85
〈研究大学②〉						
Bristol	18	80	11	9	81	86
Birmingham	17	74	15	11	78	87
King's College	14	78	13	9	92	87
Newcastle upon Tyne	17	80	10	10	80	87
Durham	13	80	12	8	79	88
Leeds	17	81	11	8	78	88
Sussex	17	80	11	9	96	88
Bradford	12	86	9	5	71	89
East Anglia	15	79	13	8	78	89
Essex	13	77	14	9	78	89
Hull	14	77	18	5	83	89
Keele	14	78	17	5	47	89
London[1]	18	68	20	12	89	89
Nottingham	17	81	10	9	82	89
SOAS	6	61	24	15	67	89
Reading	15	69	21	10	86	89
Wye College	5	52	33	15	90	89
〈研究大学③〉						
Bath	12	73	17	10	73	90
Imperial College	11	67	13	20	90	90
Leicester	15	68	25	7	83	90
UMIST	10	75	11	14	78	90
Manchester	15	80	12	8	78	91
York	14	77	12	11	84	91
Lancaster	13	79	14	7	83	92
Oxford	16	71	9	20	74	92
St George's	3	92	4	4	100	92
UCL	16	68	17	15	88	92
BCollege	15	73	18	9	82	93
School of Pharmacy	1	70	11	19	100	93
Cambridge	16	69	5	26	81	98
LSE	8	49	40	11	96	98
Warwick	14	68	24	8	81	98
LBS	1	0	91	9	100	100
LSHTM	1	0	69	31	100	100

(1) ロンドン大学は、HEFCE から補助金を受けている17のカレッジ (Birkbeck College、Institute of Education、Goldsmiths College、Imperial College of Science、Technology and Medicine、King's College London、London Business School、London School of Economics and Political Science、London School of Hygiene and Tropical Medicine、School of Oriental and African Studies、School of Pharmacy、Queen Mary and Westfield College、Royal Holloway、Royal Academy of Music、Royal Veterinary College、St George's Hospital Medical School、University College London、Wye College)、HEFCE から補助金を受けていないヘイズロップ・カレッジ (Heythrop College)、及び本部から直接補助金を受けている4高等教育機関 (British Institute in Paris、Courtauld Institute of Art、School of Advanced Study、University Marine Biological Station, Millport)、準施設1(Institute of Cancer Research)が、ロンドン大学連合傘下にある。
(2) 学位は taught degree(講義で取得する学位)コース (taught-degree Course: TC) と research degree(教員による個別指導を中心に、フィールドワーク、実験等を通して独自の題目について研究論文を書きあげることで取得する学位)コース (research-degree course: RC)に分別されており、通常 RC のほうが学位取得が難しいとされており、今までは、大学 'University' という名称は、taught degree と research degree 両学位を共に出せる HEIs にしか許されなかった(秦 2001)。2003年1月の白書『高等教育の将来』では、学生数、学科数だけ満たしていれば、taught degree のみでも大学という名称をつけることも可能であるとしている。しかしこのことは、大学の定義を変えることを意味し、教育専門大学の出現を許すことを意味する。2002年12月6日のタイムズ高等教育版 (Times Higher Education Supplement: THES) によると、Education Secretary チャールズ・クラーク (Charles Clarke) は、研究評価の低い HEIs への研究補助金を無駄とし、「イギリスの大学は、世界でもトップレベルの研究大学と教育大学に明確な線引きをすべき」としている。その意見を反映して作成された白書を読むと、旧ポリテクニクの半数に相当する大学が、研究大学の位置から、教育中心大学へと役割転換を余儀なくされていることがわかる。政府の意図は、前ポリテクニクの約半数までを、研究大学の名称を外すこと、つまり research degree の学位授与資格を剥奪することで研究補助金の研究大学への集中化を図るものと考えられる。
(3) SS は、研究評価(RAE)の参加を許された研究者

TQA はイギリスでは、コストが非常に掛かる割に、利点が少ないことが例証された。例えば、本書の第5章ではロナルド・バーネットが、質評価制度が必要だとする一般に信じられてきた理由に対し、下記のような反証を例示している(pp.91-92)。

1) 外部主導の質評価制度が、HEIs 同士の比較評価を可能にする。

　― この主張の正当化は困難。本主張の理由も不明瞭である。仮に必要としても、比較評価を行う必要があるのか疑問。それ以上に学生が必要とすることは、機関同士の比較評価ではなく、教育課程の質が健全に保証されていることである。

2) 外部主導の質評価制度が、導入した教育機関の内部の質評価制度が強化される。

　― 確かに内部の質評価制度が強化され、改善された。しかし、質評価の手順の改善が、学生の質の改善につながっていない。

また、逆に外部主導の質評価制度の導入の持つ欠点が、同様に挙げられている(p.92)。

1) 質評価制度は、手順や制度に遵守することが不可欠となり、成果評価を高め

るための手順が重視されるばかりで、教育や学習の質の向上にはつながっていない。
2) 質評価制度の導入の結果、人間の活動の本来の姿である「教育」が歪められつつある。

確かに高等教育の質の向上に向けた政府主導の動きが、一方では個々人や高等教育機関自らの自主的活動を促し、他方、教育の質への配慮を怠っていた大学人の教育への関心を取り戻した。このことは結果的には、高等教育界が陥っていた閉塞的な状況を打開し、高等教育界全体の質の向上につながったと言える。しかし、これは大学評価結果から得られた成果ではなく、それに付随して起こった事柄、すなわち大学評価導入に危機感を持った大学側の反応によるものである。

設定する目標や目的はそれぞれの機関の使命に関わる問題であり、また教育実績がその目標や目的に合致しているかどうかの評価も、それぞれの機関の固有の問題である。高等教育の質は、各機関のエートスや使命、あるいはその歴史や文化により異なる。しかし、定量指標による評価を行えば、大学の設置形態の違いや建学の精神・理念の多様性とは相容れず、むしろその画一化の方向に向かう可能性を否定できない。つまり、各高等教育機関の多様性を論じながら、他方で、評価項目と評価指標を統一しようとすることが不可能ともいえるのである。

2001年に教育評価が一巡し、教育評価の制度面及び評価項目の妥当性といった内容面での問題が浮き彫りにされるに従い、問題点のあるHEIsを除き、イギリスの教育評価は、自己点検・自己評価を中心としながら、評価活動が約4割削減されることになった。

それに対して日本では、大学教育の目的が何であるのか明示されていない状況において、あるいはたとえ明示し得たとしてもその教育の目的が正当であるのかが検証できない状況において、果たして高等教育の質評価項目の妥当性は図られるのであろうか。日本の分野別教育評価にも大きな課題が突きつけられていると言えよう。

質の向上を望むステークホルダーの多様性に応じて、学生に望む質も多様

化する。イギリス社会では学生に対し、高等教育修了後に短期変動市場の予測不可能な社会において労働力となる要件である'adaptabilitiy(適応力)'や'trainability(訓練可能性)'を要求している。脱工業化社会やグローバリゼーションといった新たな波が、また、市場経済の圧迫による予測もつかぬ不安定就労が、教育方法のみならず、学生に対して変化への的確な対応を要求しているのである。しかしながら、この「適応力」や「訓練可能性」といった能力は、学生が高等教育機関だけで身に付け得る専門能力ではないことを我々は認識する必要がある。だとすれば、高等教育によって教授できない教育の「質を高める」ことの意義は何か。また、その質の評価は可能であるのか。イギリスのみならず、例えば日本の大学においても、「創造性に富む精神」を育てるためにはいかなる評価項目が必要となるのか。まず、客観的な評価項目が立てられないことが理解されよう。

　イギリスの大学評価に関する章を結ぶに当たり、多少とも高等教育に関する一般的問題意識を示すことにしたい。かつてイリイチは、「教育は訓練された消費者」をつくるための手段であると述べ(イリイチ 1991)、ボウルズとギンタスは、近代教育は経済的平等を促すのではなく、産業資本主義の経済要求に応じているに過ぎず、近現代の学校は、「企業が必要とする専門的及び社会的技能の供給を容易にし、将来の労働力となる生徒や学生に権威や規律に対する敬意を徐々に植えつけていく」場であると喝破したことがある(ボウルズ・ギンタス 1976)。グレイは、グローバルな自由市場資本主義やネオ・リベラリズムを、「終わりなき発展への信仰」(Gray 1997)と評したが、富の生産が依然として富の公平な再分配にはつながっていなとすれば、個人の利益追求の自由を尊重する自由競争である資本主義こそが公共の利益をもたらす、という考え方は、むしろそれは不毛な発展への信仰に過ぎない。まず日本がイギリスの評価制度から学ぶべきものがあるとするならば、イギリス高等教育制度改革のプロセスにおいて、常に既存制度の自治を尊び、政策当局側が誤りや不十分な施策を、協議や民主的個人主義に支えられた非権威主義を介して修正していく弾力性に富む対応をとる姿勢であろう。

　大学は、その名称に固執することなく、学びたいと望む者誰もが教育資源

を利用できる開かれた場として存在することを自ら求めることが、少なくとも「負の財」を生まないという点でも大学としてのより良き方向性を持つといえるのではなかろうか。さらに述べるならば、日本の高等教育改革のグランドデザインにおける「ユニヴァーサル・アクセス」の真の意味もそこにあると考えるのである。

註

1　ソルボンヌ大学創立800周年記念式典に出席したフランス、イタリア、イギリス、ドイツの教育大臣が、1998年5月25日にソルボンヌ宣言（Sorbonne Declaration）「ヨーロッパ高等教育システムの構造の調和に関する共同宣言」を採択した。この四ヵ国の共同宣言であるソルボンヌ宣言の延長上に、次の**2**に説明するボローニャ宣言がある。

2　欧州29ヵ国の教育大臣が、1999年6月19日にイタリアのボローニャに会し、署名した高等教育に関する共同宣言のことである。この宣言の主要点は、各国の高等教育システムをヨーロッパ共通基準で統一することであり、そのためには各国政府と高等教育機関が改革に専念することが必要となる。宣言では、2010年までに「ヨーロッパ高等教育圏」（European Higher Education Area）の創造を謳っている。

3　quality assessment（質の評価）―各高等教育機関による高等教育の質を評価する手順であり、高等教育財政審議会（HEFCs）の補助金を得るための必要な手続き

　quality audit（質の監査）―高等教育水準審査機関（QAA）が行う各高等教育機関の質と水準に対しての外部評価

4　本稿の一部は、『イギリス高等教育の課題と展望』（秦由美子 2001 明治図書）の内容を基に新情報を加え、発展させている。

5　デアリング委員会は、1996年5月10日に党派の枠を超えた全党の支持を受けて組成された。委員会の活動目的は、学生支援も含む連合王国の高等教育の目的、使命、制度、構造、規模、そして財源といった諸問題について、20年後を見据えて調査・分析し、方策を含む勧告を行うことにあった。その成果として公刊された『デアリング報告書』は、15の報告書と6の補章からなる1,700頁にも及ぶ大部のもので、この報告書がイギリスの教育に与えた影響は大である。

6　学位の種類
　　今まで優等学位とみなしてきた学位を、a) 卓越した独創的な高度な成績で、大学院における研究（博士レベル）に参画できる水準、b) 水準以上で、修士への進学に価する水準、c) 優等学位水準、に分類し、標準的な3年間の優等学位を4年間

	成績による学位の種類
A)顕著な水準　a)	First-class honours(第一級)
b)	Second-class honours (Upper division)(第二級上)
c)	Second-class honours (Lower division)(第二級下)
B)満足できる水準	Third-class(第三級)
普通学位	Pass(合格)

に置き換え、A)顕著な水準と、B)満足できる水準の二分類とする。

7　全英大学協会(Universities UK: UUK)は、大学の長の全国団体で、2003年6月の時点で122校が加盟しており、2000年12月に全英学長協会(Committee of Vice-Chancellors and Principals of the Universities of the United Kingdom: CVCP)が名称変更し、UUKとなった。

8

評点	評点の意味
4	当該機関の達成目標に完全に貢献しており、設定された目的にも合致している
3	当該機関の達成目標にかなり貢献しているが、改善の余地がある 設定された目的にはある程度合致している
2	当該機関の達成目標に一応貢献しているが、大幅に改善の余地がある 設定された目的にはある程度合致している
1	当該機関の達成目標・目的に合致しておらず、改善すべき欠陥がある

9　高等教育カレッジ学長会議(SCOP)は、非大学高等教育機関の長の全国組織で、2003年6月の時点で全国60の高等教育カレッジのうち40が加盟している。

参考文献

天野郁夫　1986『高等教育の日本的構造』玉川大学出版部
飯島宗一・戸田修三・西原春夫編　1990『大学設置・評価の研究』東信堂
市川昭午　1990『教育改革の理論と構造』教育開発研究所
イリイチ、I.　1991『生きる思想』桜井直文訳　藤原書店
大南正瑛・丹保憲仁編　2001『大学評価を読む』財団法人大学基準協会
篠原康正「イギリス」文部科学省編　2003『諸外国の教育の動き2002』文部科学省
―――　2004『諸外国の高等教育』文部科学省
秦由美子　2001『イギリス高等教育の課題と展望』明治図書
細井克彦・林昭・千賀康利・佐藤春吉編　1999『大学評価と大学創造』東信堂
山野井敦徳・清水一彦編　2004『大学評価の展開』東信堂
Bowles, S & Gintis H.　1976　*Schooling in Capitalist America*, London, Routledge.
DfES　2003　*The Future of higher education*, London, HMSO.
Gray, J. 1997　*Endgames: Questions in late modern political thought*, Cambridge, Polity Press.

HEFCE 1997 *Report on Quality Assessment 1995-1996,* Bristol, Higher Education Funding Council for England.
HEFCE 2001 *Profiles of Higher Education Institutions,* Bristol, HEFCE.
HEFCE 2002 *Information on Quality and Standards in Higher Education. Final Report to the Task Group,* Bristol, HEFCE.
HEFCE 2003a *Higher Education in the UK 2001,* Bristol, HEFCE.
HEFCE 2003b *Strategic Plan 2002−07,* Bristol, HEFCE.
HEFCE 2004 *Funding higher education in England: How HEFCE allocates its funds May 2004/23,* Bristol, HEFCE.
Higher Education Quality Council 1997 *The Graduate Standards Programme: Final Report,* London, HEQC.
Mackinnon, D. & Statham, J. 2003 *Education in the UK: Facts & Figures,* London, Hodder & Stoughton.
National Committee of Inquiry into Higher Education 1997 *Higher Education in the Learning Society Report of the National Committee appointed by the Prime Minister under the Chairmanship of Lord Dearing,* London, Her Majesty's Stationary Office (現 The Stationary Office Ltd.).
QAA 1999 *QAA Bulletin,* Gloucester, Quality Assurance Agency.
—— 2000 *Subject Review Handbook: October 1998 to September 2000,* Gloucester, QAA.
—— 2001 *Quality Assurance in UK Higher Education: Proposals for Consultation,* Gloucester, QAA.
—— 2004 *Strategic plan 2003−05,* Gloucester, QAA.
Robbins, Lord L. 1963 *Higher Education: Report of the Committee appointed by the Prime Minister under the Chairmanship of Lord Robbins 1961-63,* London, HMSO.
Strathern, M. (ed.) 2000 *Audit Cultures: Anthropological Studies in Accountability, Ethics and the Academy,* London, Routledge.
TQEC 2003 *Final Report of the TQEC on the Future Needs and Support for Quality Enhancement of Learning and Teaching in Higher Education,* London, HEFCE, UUK, SCOP.

補章 「イギリスの大学評価年表」ノート

篠原　康正
（文部科学省）

はじめに

「イギリスの大学評価年表」は、大学評価（研究評価）が具体化する1980年代初頭からの20年余りについて、主に『タイムズ高等教育新聞 (*The Times Higher Education Supplement*)』に掲載された関連記事から作成したものである。イギリスにおける大学評価をめぐる動きは、高等教育をめぐる政府、学界・大学、学生、産業界等々の動きと連動しているため、年表作成にあたっては、「出来事」を多面的かつ包括的に取り上げながら、イギリスの現代高等教育史における大学評価の動きを明らかにするための最初のスケッチと位置づけることとした。

年表からこの約20年間の動きをみると、これまでの大学評価の展開にとってカギとなったいくつかの出来事が指摘できる。ここではそれらを次の観点から整理し、イギリスの大学評価の課題または特徴を捉えながら、以下に年表を解説する。

- 大学評価の政策的背景—緊縮財政と社会経済への貢献
- 背景としての高等教育人口の拡大
- 評価結果に基づく研究補助金の集中化傾向—研究型機関と教育型機関の区別化
- 教育評価の計量化—パフォーマンス・インディケータの開発
- 大学評価の在り方への疑問—コストと評価そのものへの疑問

1 大学評価の政策的背景と大学の大衆化

　第一に、イギリスの大学評価は、1980年代初頭の高等教育政策、特にサッチャー政府の緊縮財政を反映した「大学補助金の削減」を直接のきっかけとして始まった。すなわち、3年間の15%補助金カットを内容とする施策で、いわゆる「1981年ショック」として、大学評価と高等教育財政に関連する議論にその後繰り返し登場する事件である。さらに2年後には、大学補助金委員会（UGC）の「大学長宛28項目質問状」(1983年11月)が公表されたが、教育科学大臣の意向を受け、その中（問11）で大学長に対し、研究補助金のより選択的な配分は適切か否かという質問がなされている。こうした議論の根底には、無制限な公的補助金はあり得ない、ならばいかに効果的に配分するか、そのために評価という手法による「選択的」（＝競争的）補助金配分が避けられないのではないかという認識が、大学界においても次第に受け入れられるようになっていった状況があった。

　大学評価（研究評価）の始まった1980年代を通じて、大学の国家、社会経済の発展への貢献という観点は、高等教育緑書『1990年代へ向けての高等教育の発展』(1985年5月)にみられるように、政府から一貫して大学に求められてきた課題である。全英学長協会（CVCP）がジャラット委員会を設置(1984年4月)するにあたっても、大学は「国家経済の発展に十分な貢献を行っているのかどうか」という問題提起が、政府からなされている[1]。ただし、それでも1980年代においては、配分の元締めであるUGCは驚くほど政治的議論から距離を置いていた、という指摘もある[2]。

　その後の大学評価の進展を後押ししたものとして、本年表では直接数値は示していないが、高等教育人口の急速な拡大という要因がある。政府は1987年4月の高等教育白書『高等教育：変化への挑戦』において、2000年の当該年齢人口の大学進学率を約20%と予測したが、予測より10年早く1991年には達成されてしまった（**図表補-1**「高等教育進学率」参照）。そして、こうした短期間の高等教育の大衆化の急激な進行により、高等教育における多様化と教育の重視という変化に直面することとなった。こうした背景が、教育評価の実施や

図表補-1 高等教育進学率(API)の変化

(%)

年度	1965	1970	1975	1980	1985	1990	1991	1995	2000
API	9	14	14	13	14	19	23	32	33

注：API (Age Participation Index) は、21歳未満でフルタイムの高等教育課程に初めて進学した者を18・19歳人口の平均で除したもの。
出典：DfEE 及び National Statistics, Trends in Education and Skill

パフォーマンス・インディケータの開発、公表の促進につながったとみることができる。同じ1987年白書はパフォーマンス・インディケータの開発、活用を提案しており、ポリテクニク及びカレッジ財政審議会（PCFC）は発足してまもなく、パフォーマンス・インディケータ検討委員会を設けている(1989年4月)。また、K. ベーカー教育科学大臣はランカスター講演(1989年1月)において、研究資金の集中化に加えて教育の質の向上を強調した。さらに、1991年5月の高等教育白書『高等教育：新しい枠組み』では、大学財政審議会（UFC）に質評価部門(quality assessment unit)などの設置が提案された。

2 研究評価と研究補助金の集中傾向

UGC は1984年（NABとともに）、研究資金のより効果的な使用を目指して、研究評価の結果に基づく補助金配分、すなわち研究費の選択的配分 (selective funding of research) の方向を打ち出した(1984年9月)。1986年5月、初の研究評価に基づく研究補助金(1986年度)が公表されたが、この時 UGC は4段階の評定を用いた(当初の研究補助金のうち評価による配分は4割程度)[3]。1989年7月、第2回の研究評価結果が公表される直前、UGC は競争的な配分比率を3分の2へ拡大するとした。

そして翌8月の第2回研究評価結果では、UFC が4段階から5段階評価を採用し、国際的及び国内的観点を初めて採用した。続く第3回評価は同様の5段階評価を採用したが、最下位の「1」の評価を受けた機関は傾斜配分係数がゼロとなり、補助金は得られないことになった。1996年12月の第4回研究評価ではさらに5段階評価から7段階評価となり、翌1997年の政府補助金配分では研究補助金の97％までがその結果により配分された（評点「1」は補助金支給なし）。

2001年12月の第5回研究評価では引き続き7段階が採用されたが、その結果を反映した2002年度の補助金配分では下位の3段階が傾斜配分係数ゼロとなり補助金を得られなかった(2002年3月)。翌2003年度では下位の4段階が傾斜配分係数ゼロとなった(2003年3月)。

　こうして、研究評価のたびに政府はその水準向上を歓迎する一方で、研究補助金は高い評価を得た機関に一層集中するようになってきた。

　2003年1月の高等教育白書『高等教育の将来』において政府は、研究型大学への一層の資金集中を打ち出した。

3　研究評価と補助金配分の在り方に対する疑問

　研究評価結果が公表されるようになってから、それに対する不満はしばしば表明されてきた。大きな関心を呼んだ事件の一つに、ロンドン大学の構成体の一つであった歯学研究大学院(Institute of Dental Surgery)が、1992年の第3回研究評価の結果を不服としてイングランド高等教育財政審議会(HEFCE)に評定理由の開示請求を行ったが、同審議会がこれを拒否したため、同大学院が高等法院に提訴した事件がある(1994年7月)。

　また、研究評価に基づく補助金の運用の在り方については、大学英語学・英文学協議会(CUE)の調査がある(1991年4月)。調査をした39学科のうち23学科までが、評価結果は直接学科の経営には反映されていないと回答した。

　研究評価の結果が公表されるたびに、各大学が高い評価を得られるように方略を立て、それにむけて人事を含む研究組織の在り方を改めるなどの、労力を費やすことに対する疑問や批判が出されている。最近の象徴的な出来事としては、LSEの女性講師が、同大学が研究評価を有利にするために自分を辞めさせたとして雇用審判委員会に訴えた事件がある(2000年4月)。

　またCBIは、研究評価事業はコストがかかりすぎると批判している（2000年1月)。

　研究評価及びその結果に基づく配分には領域的な偏りがあり、特に萌芽的、学際的な新領域が十分正しく評価されていないのではないか、という疑問が出されてきた。例えば、化学エンジニアリング協会は、現状の研究評価では

応用的分野が正しく評価されていないのではないかという疑問を投げかけ(1987年9月)、学際的な新領域、産学連携的な研究に対する評価の改善を求めた(1988年9月)。

では、大学評価は基礎的分野ではうまく受け入れられたかと言えば、大英学士院(The British Academy)は、そもそも人文科学研究の評価には長い時間が必要であり、UFCによる5年程度のサイクル評価は短すぎる、また、論文数や補助金額といった量的観点からの評価は人文科学になじまないとしてUFCの評価の在り方を批判した(1989年5月)。

4 評価における教育の軽視への不満——教育評価を反映させた補助金へ

大学評価が、資金配分と結びつく形で研究評価から開始されたことの要因として、イギリスの大学界に研究優位、すなわち学術に対する教育の軽視という雰囲気あるいは慣習があったと見ることもできる。そしてそれは、研究評価に対する当初からの不満にも表れている。第1回の研究評価結果が公表された同じ年、科学教育協会(ASE)は、UGCは高等教育では研究に比べ教育が軽視されていると批判した。大学の教員は教育活動に当てるべき時間を削って研究活動に当てているとして、UGCに対して研究と教育の両者の等しい位置づけを行うことを要望した(1986年10月)。

教育評価の結果が補助金交付に生かされるようになったのは、研究評価の開始から10年余りを経た1995年12月「教授・学習開発基金(FDTL)」の導入の決定を待つことになる。そして、1999年7月には教育の質向上基金(TQEF)が導入されている。

『デアリング報告』(1997年7月)は、高等教育の拡大と合わせて教育の一層の重視を打ち出した。また政府は、2003年1月の高等教育白書『高等教育の将来』で、先述のように研究型大学への一層の資金集中について言及するとともに、他方で「優れた教育拠点」の指定、支援を打ち出した。

5 パフォーマンス・インディケータ(教育実績指標)の開発

こうして、教育の評価は、高等教育機関の教育的な実績評価をみるパ

フォーマンス・インディケータの開発につながっていった。

すでに1980年代から研究評価の開始と並行して、特定の指標により統計的な処理を用いて各機関の実績評価を行う指標 (performance indicators) の開発が議論されてきたが、CVCP が設けたジャラット委員会は、その報告書 (1985年4月) において、大学評価の総合的な基準としてパフォーマンス・インディケータの枠組みを公表した。同報告書のインディケータの枠組みでは、その後の研究評価と教育評価に発展していく要素がともに提案され、「UGC、CVCP によっても積極的に受け止められ」た[4]。また、翌年の研究評価では、そのうちのいくつかの「研究評価」にかかわる指標が取り出され、利用されることとなった。しかしながら、ブリストル大学などは、UGC のパフォーマンス・インディケータ開発の有効性を疑う報告を行っている (1986年5月)。さらに、人文社会科学常設会議 (SCASS) は、1988年4月、自らがその限界を認めているパフォーマンス・インディケータの導入を進めているとして UGC と CVCP を批判した。

1999年12月、イングランド高等教育財政審議会 (HEFCE) は初めて高等教育機関の実績・成果に関する指標「パフォーマンス・インディケータ」を公表し、以後、毎年その結果が公表されている。

6　教育評価の統合、及び大学評価の HEFCs と QAA の二輪体制

1991年5月の高等教育白書は、高等教育の拡大にともなう教育の質の維持、向上が課題となるなか、大学による質の審査 (quality audit)、及び補助金配分機関による教育の質の評価 (quality assessment) を行う仕組みを示した。その後、高等教育財政審議会が教育の質の評価のためのパイロットスタディを始めた (1992年)。1994年1月には、高等教育評価協議会 (HEQC) と HEFCE が審査と評価の役割分担について『質の保証に関する共同声明』を公表した。

他方、二つの機関が実施する教育評価を統一することが模索され、CVCPは、単一評価機関に関する考えを HEFCE に伝え (1995年4月)、政府もその提案をほぼ受け入れることとなった (1995年9月)。1996年1月から、単一教育評価機関検討委員会が検討に入り、同年12月に単一評価機関の設置を正式に勧

告した。こうして1997年3月、単一評価機関として高等教育水準審査機関 (QAA) が発足し、同年10月には、内部評価と外部評価の有機的な連携を目指して、高等教育財政審議会による質の評価とHEQCの審査の統合による新たな評価システムの構築を提案した。QAAは1993年から始まった高等教育財政審議会による質の評価（教育評価）を引き継いだが、約60分野について約2,500の報告書を作成し、2002年に事業を終えた(2002年7月)。

ところで、この評価事業の終了を見越してQAAの今後の事業の在り方が検討されており、例えば、政府が大学に授業料の裁量を認める方向を打ち出すと、QAAはアカウンタビリティを保証する観点から一層の審査の必要を表明した。これに対し、議会下院教育雇用専門委員会が教育評価 (TQA) の負担軽減を勧告(2001年3月)したり、同月、総選挙を前に、ブランケット教育雇用大臣が教育評価活動の4割カットを表明したりといった動きもあり、さらにラッセル・グループもQAA体制に強い不満を表明した (2001年6月)。こうしたなか、QAA及びHEFCEは全英大学協会(UUK)等ともに、分野別教育評価を大幅に削減する提案を行ったため、この削減に反対していた当時のQAA機関長J.ランドルは大幅削減を理由に辞職した(2001年8月)。翌2002年3月、QAAは機関評価を主として扱うこととし、分野別評価を大幅に削減する新たな教育評価の枠組みを示した。

また、研究評価については、2001年の第5回評価のあと次回の研究評価の在り方が検討され、2003年5月HEFCsは、研究型機関と非研究型機関とで異なる評価方法を用い、6年サイクルで評価を行うこと等、全体として評価活動の負担軽減を目指す新しい枠組みを提案した。

このように大学評価は、近年の負担軽減問題に見られるように、研究評価の開始から約20年近くを経て見直しの時期に入っていると言える。

7 評価と研究型機関・教育型機関の区別化の促進

第1回研究評価は大学セクターのみを対象に行われた。1988年教育改革法により、ポリテクニクは地方の機関から独立して高等教育法人となり、大学セクターのUFCに対応して、ポリテクニク等の非大学高等教育部門への補

助金配分を行うポリテクニク・カレッジ財政審議会（PCFC）が置かれた。しかし、PCFCの1990年補助金配分計画には、競争的資金はほとんどなかった（1989年8月）。

1997年の『デアリング報告』は、研究評価について、「高等教育財政審議会は、各高等教育機関が、各学科に研究評価を受けさせるか否か、それとも、教育を支える研究や学問を支援するために、評価を受けずに低い補助金（額は低くなるが評価に左右されないため安定して受けられる）をとるか否かという方略的な決定を行えるようにする」と勧告した(勧告34)。

また、2003年1月には高等教育白書『高等教育の将来』において、研究型大学・機関への補助金の傾斜的配分を強化する方針が示された。これを受け、2003年5月の高等教育財政審議会の次回の研究評価の枠組みに関する協議文書は、各機関における研究の比重の相違により、一つは従来型の評価結果により補助金の配分が決まる(競争的な)研究水準評価(RQA)、もう一つは研究能力評価(RCA)で、判定は合否のみとし、パフォーマンス・インディケータなどを用いて評価活動をできるだけ簡略化し、合格機関は研究者数に基づいて一定の補助金を受けられるようにすること、などを提案した。

大学評価の結果は、イギリスの高等教育における「大学部門」と「非大学部門」(旧ポリテクニク)の伝統を反映するものとなっている。研究評価は「大学部門」のみを対象として出発し、1992年継続・高等教育法以後の二元的制度の解消後の1996年研究評価及び2001年評価においても、「非大学部門」出身の「新大学」の善戦は報道されるものの、旧大学が圧倒的な優位を占めている。**図表補-2**は、研究協議会(RC)の交付金と財政審議会(HEFCs)の研究補助金の交付状況の相関関係を示し、旧大学が優位にあることがわかる。また、上述の次回研究評価の枠組みにおいて提案されたRQA(研究型向け)とRCA(教育重点型向け)について、全大学の3分の1に当たる大学がRCAを受けるが、メディアは、その多くが旧ポリテクニクの新大学になると予想している。

このため、このような政府による研究型大学と教育型大学への選別化の方向に対して、全英大学協会(UUK)をはじめとする関係者の間で不満が高まっている。

補章　「イギリスの大学評価年表」ノート　291

図表補-2　研究協議会交付金と財政審議会研究補助金の交付状況の相関

研究協議会交付金１千万ポンド以上の大学	財政審議会補助金のうち研究補助金割合	研究協議会交付金百万ポンド未満の大学	財政審議会補助金のうち研究補助金割合
Uni. of Birmingham	32(%)	Anglia Poly. Univ.	0(%)
Uni. of Bristol	36	Uni. of Central Lancashire	2
Uni. of Cambridge	46	Coventry Uni.	4
Imperial College	52	Uni. of Derby	2
King's College London	36	Uni. of East London	4
Uni. of Leeds	30	Uni. of Greenwich	6
Uni. of Leicester	30	Uni. of Hertfordshire	4
Uni. of Liverpool	28	Univ. of Huddersfield	2
Uni. of Manchester	32	Kingston Uni.	2
Uni. of Nottingham	34	Leeds Metropolitan Uni.	2
Uni. of Oxford	46	Liverpool John Moores Uni.	2
Uni. of Sheffield	36	London Guildhall Uni.	0
Uni. of Southampton	36	Uni. of Luton	0
Uni. College London	52	Manchester Metropolitan Uni.	4
		Middlesex Uni.	4
		Uni. of North London	2
		Univ. of Northumbria	4
		Nottingham Trent Uni.	4
		Oxford Brookes Uni.	6
		Uni. of Portsmouth	8
		Sheffild Hallam Uni.	6
		South Bank Uni.	4
		Staffordshire Univ.	2
		Uni. of Sunderland	2
		Uni. of Teesside	0
		Uni. of the West of England	4
		Uni. of Westminster	4
		Uni. of Wolverhampton	0

注：『欧米主要国における大学の設置形態と管理・財務システム』(国立学校財務センター研究報告第７号、2002年)、第２部イギリス(村田他)、p.101から転載。
出典：HESA *Resources of Higher Education Institutions 1999/2000* (2001)
　　　HEFCE *Performance indicators in higher education* 01/69 (2001)

8　イギリスの大学評価の検討課題──年表から──

　最後に、イギリスの大学評価の特徴を考えるうえで、今後、検討しなければならない二つの点を挙げることとしたい。

研究評価が教育評価に先行した理由

まず一つに、研究評価がなぜ教育評価に先行したのかを明らかにすること。これは、大学評価には、大学の研究をイギリスの社会経済により直接的に貢献できる方向に導こうというねらいがあったということや、教育は計量的な評価になじまず、研究実績に比べて教育の実績評価の明示的な比較は一層困難であることなどが考えられる。

研究資金の二元的配分制度との関係

次に、高等教育における公的研究資金は、主に研究協議会（Research Councils）によるものと高等教育財政審議会の補助金によるものとがあり、二元的制度がとられているが、これが大学評価、特に研究評価の流れとどのように関係してきたのかを明らかにすること。

おわりに

イギリスの大学評価の動きを年表として整理するなかで浮かび上がってきた特徴や課題は、その多くが依然進行中のものであり、今後の大学評価の在り方と課題そのものでもある。

今回は、大学評価に関わる個々の事項がさまざまな社会的、政治的、政策的な動きと連動していることから、多面的かつ包括的な視点で取り上げたが、今後は前述のような「研究評価が教育評価に先行した理由」や「研究資金の二元的制度との関係」といった視点を軸にしながら整理することによって、またその際、イギリスの動向を日本における大学評価の動向と比較することで、何がイギリス的な特徴で、何が大学評価そのものに内包される性質の課題なのかという分析も可能となるであろう。

註
1 安原義仁「イギリスにおける大学評価基準の開発」1991『IDE 現代の高等教育』No.330、47頁
2 M. Shattock, 1994, *The UGC and the Management of British Universities* (Open University Press, p.132.

3 黒田則博 1997「イギリスの学術政策と学術研究体制」(学術政策研究会『主要国の学術研究体制に関する調査研究』61頁)
4 安原、前掲書、49頁

主要参考文献
The Times Higher Education Supplement, 各年版
M.Shattock, *UGC and Mangement of British Universities*
安原義仁「イギリスにおける大学評価基準の開発」1991『IDE 民主教育協会』No.330、12月号
村田直樹 1999『英国高等教育改革の諸側面』
国立学校財務センター 2002『欧米主要国における大学の設置形態と管理・財政システム』(研究報告第7号)
文部科学省『諸外国の教育の動き』各年版
本間・高橋編 2000『諸外国の教育改革』ぎょうせい

イギリスの大学評価年表掲載の略語一覧

ABRC	Advisory Board for the Research Councils	研究協議会助言委員会
ASE	Association for Science Education	科学教育協会
CBI	Confederation of British Industry	英国産業連盟
CIHE	Council for Industry and Higher Education	産業・高等教育協力委員会
CNAA	Council for National Academic Awards	全国学位授与機構
CUE	Council for University English	大学英語学・英文学協議会
CVCP	Committee of Vice-Chancellors and Principals	全国副学長委員会
ERG	Education Reform Group	教育改革検討グループ
HEFC(E)	Higher Education Funding Councils /Council for England	高等教育財政審議会
HEQC	Higher Education Quality Council	高等教育評価協議会
HMI	Her Majesty's Inspectorate	勅任視学局
LSE	London School of Economics and Political Science	ロンドン・スクール・オブ・エコノミックス
NAB	National Advisory Body for Public Sector Higher Education	公営高等教育助言機関
NATFHE	National Association of Teachers in Further and Higher Education	継続・高等教育教員協会
PCFC	Polytechnics and Colleges Funding Council	ポリテクニク・カレッジ財政審議会
SCASSS	tanding Conference of Arts & Social Sciences	人文社会科学常設会議
THES	Times Higher Education Supplement	タイムズ高等教育新聞
UFC	Universities Funding Council	大学補助金審議会
UGC	University Grants Committee	大学補助金委員会

イギリスの大学評価年表(1980〜2003年)

年・月	事　項
1980.11	政府：大学補助金3.5％(実額ベース)削減
1981.07	政府：高等教育補助金大幅カットを決定(向こう3年間で15％削減)
1982.02	政府：NAB設置(公営高等教育部門に関する教育科学大臣の助言機関として暫定的に設置、85年2月に恒久化)
1982.12	THES：大学評価(Peer Review)第1回結果公表(専攻別大学評価始まる、複数の専攻について、1年おきのペースで)
1983.05	『レバーヒューム報告』(Excellence in Diversity)公表(向こう20年間の高等教育政策を提言。この中で教育研究水準審査機関の設置を提案)
1983.08	THES：大学評価(Peer Review)第2回結果公表
1983.09	CVCP：レイノルズ(Prof. P. Reynolds)委員会設置(大学の教育研究水準(academic standards)の維持、向上を調査検討)
1983.11	UGC：大学長宛28項目質問状(問11：研究費の選択的配分を問う〈大学の将来のあり方に関する「大討論」開始〉)
1984.01	THES：大学評価(Peer Review)第3回結果公表
1984.04	政府：リンドップ(Sir N. Lindop)学位審査検討委員会設置(非大学高等教育部門(the public sector)における学位審査機構の検討)
1984.04	『レイノズル委員会第1報告』公表(大学間の水準標準化、評価の公正等の観点から学外試験委員〈exteral examiner〉の学位認定過程への積極的な参加を提案)
1984.04	CVCP：大学の管理運営の効率化をテーマに「ジャラット(Sir A. Jarratt)委員会」を発足
1984.09	UGC：『1990年代の高等教育戦略』公表(より選択的な研究費配分提案〈UGC及びNABからの2つの提言〉)
1985.01	政府：公財政白書が高等教育の効率性向上を強調
1985.02	THES：大学評価(Peer Review)第4回結果公表
1985.04	『ジャラット報告』公表(カウンシルの役割等を強調するほか、総合的なパフォーマンス・インディケータ(Performance Indicators：大学評価基準)の開発を提案)
1985.04	『リンドップ報告』公表(非大学公営部門のうち一定の機関に、大学と同様の自治や学位授与権を付与することを提案)
1985.05	UGC：「80年代後半の高等教育に関する学長(VCs)への手紙」を送付(研究補助金配分の選択性を強調)
1985.05	政府：高等教育緑書『1990年代へ向けての高等教育の発展』公表(研究補助金の選択的配分を強調)
1985.07	政府：UGCのあり方を検討する「クローアム(Lord Croham)委員会」設置
1985.12	THES：大学評価(Peer Review)第5回結果公表
1986	内閣府(Cabinet Office)：科学技術評価室(Science and Technology Assessment Office)を設置
1986.05	UGC：研究評価に基づく初の研究補助金配分(1986年度)を公表(評価に基づく配分は補助金の4割程度。評定は4段階で翌週公表)
1986.05	K.ジョセフ(Sir K. Joseph)教育科学大臣辞任、後任にK.ベーカー(K. Baker)(大学への政府の干渉拡大、産業への一層の接近、市場論が盛んに)

年・月	事　項
1986.05	ブリストル大学：パフォーマンス・インディケーター(PIs)報告(UGCの主張するインプット・アウトプットモデルの有効性に疑問)
1986.10	科学教育協会(ASE)：教育を研究と同等に評価することを主張(UGCの教育評価に関する発言に関連して)
1986.12	政府：『公財政支出R&Dに関する年報』公表(研究協議会〈RC〉による、より選択的配分の必要性を強調)
1987.01	THES：大学評価(Peer Review)第6回結果公表
1987.02	クローアム委員会：『UGC改革に関する報告』公表(UGCの改組、独立性、効率性・経済性、責任の所在を強調)
1987.04	政府：高等教育白書『高等教育：変化への挑戦』公表(ベーカー高等教育政策の方針。その中でパフォーマンス・インディケータの開発・活用を提案)
1987.05	UGC：『Oxburgh Report』公表(地球科学学科の3層区分を提案。ABRCの高等教育機関3分類提案へ)
1987.06	第3次サッチャー内閣発足
1987.07	THES：大学評価(Peer Rview)第7回結果公表
1987.07	研究協議会助言委員会(ABRC)：『研究基盤戦略』公表(助成のより選択的、集中的配分、産業のニーズへの対応を主張、研究重点型など高等教育機関の3分類を提案)
1987.07	政府：研究開発白書(Civil Research and Development)を公表(ABRCと時を同じくして、一層の選択的配分、集中化の重要性を指摘)
1987.09	化学エンジニアリング協会：UGCに対抗して、独自の当該分野研究評価基準を策定
1988.01	勅任視学局(HM Inspectorate)：マンチェスターポリテクニク法学部の教授法を批判
1988.01	教育改革検討グループ(Education Reform Group)：ABRCの資金集中案やUGCの選択的配分を批判
1988.04	人文社会科学常設会議(SCASS)：UGCとCVCPが自ら限界を認めているパフォーマンス・インディケータの導入を進めていると批判
1988.07.08	オックスフォード大：人文学系(Oxford Board of Literae Humaniores)が大学本部に対し、次回研究評価に参加しないよう要望
1988.07.29	1988年教育改革法成立(非大学高等教育部門の独立法人化、UGCの廃止UFC及びPCFCの設置、大学教員のテニュア等)
1988.08	政府：UFC及びPCFCの委員任命公表(産業界の声反映)
1988.08	全英法学部長会議：UGCの研究評価を批判
1988.09	化学エンジニアリング協会：次回研究評価において学際的・産学連携研究の評価を要望
1988.10	CVCP：教育水準部(academic standards unit)を設置(教育科学省(DES)の研究評価並の教育評価案に対抗)
1988.11	ポリテクニク・カレッジ財政審議会(PCFC)：初会合
1988.12	K.ベーカー大臣：PCFCに対して、「質と効率性」向上に関しCNAA及びHMIに協力するよう要請
1989.01	K.ベーカー大臣ランカスター講演：「今後25年間の高等教育」(高等教育の大衆化と教育の質向上(教員評価)、研究の集中化を強調)
1989.03	UGC：11大学が研究の選択性(selectivity)に進歩がみられないとする報告を公表

年・月	事項
1989.04.01	大学財政審議会（UFC）発足（UGC同年3月、70年の幕閉じる）
1989.04.01	82のポリテクニク及び高等教育カレッジ法人化
1989.04.07	産業・高等教育協力委員会（CIHE）：高等教育優秀教員賞（Partnership Awards）の発表
1989.04.14	全国学位授与機構（CNAA）：ポリテクニクの評価に参加しない旨重ねて表明（評価に関わるデータをPCFCに提供しない）
1989.04.21	UFC：各大学に大学発展計画の策定、提出を求める
1989.04.21	PCFC：「教育の質検討委員会」及び「パフォーマンス・インディケータ検討委員会」設置
1989.05	大英学士院（British Academy）：人文科学研究の評価には長い時間が必要などとして、UFCの評価を批判
1989.06.02	UGC：17大学について、社会学、社会政策、ケルト研究の閉鎖を提案
1989.06.09	UFC：配分原理（フォーミュラーVS市場原理）について議論
1989.06.09	CVCP：「大学共通会計報告形式」発表、1990年4月から採用
1989.06.30	ベーカー大臣：ABRCの研究審議会の統合案に難色、UFCとRCの二元的配分を支持
1989.07	UFC：研究補助金の競争的配分率を2分の1から3分2へ拡大提案
1989.07	研究協議会助言委員会（ABRC）：5つのRCの統合を提案
1989.08.01	PCFC：1990年度補助金配分計画（競争的資金はほとんどなし）
1989.08.02	UFC：第2回研究評価結果公表（5段階評価。前回は4段階。国際的及び国内的観点採用）
1989.09	UFC：研究評価の結果に基づき気象学に研究補助金を計画
1989.12	UFC：『1989年度研究評価報告書』公表
1989.12	UFC：「大学長へfundingに関する手紙」（配分における研究評価や定員計画の一層の利用を表明）
1990.10	CVCP：学務監査室（Academic Audit Unit）を協会内に設置、1991年春から教育監査活動開始
1990.11.02	K.クラーク（Kenneth Clarke）教育科学大臣の就任（J.マクレガーの後任）
1990.11.28	J.メジャー（John Major）保守党政権誕生（クラーク教育科学大臣留任）
1991.04	人文社会科学常設会議（SCASS）：大学及びポリテクニク共通の教育評価機関としてCentral Advisory Council for Higher Educationを提案
1991.04	大学英語学・英文学協議会（Council for University English）の調査：39学科のうち23までが、1989年研究評価結果を財政に反映していないと回答
1991.05	政府：高等教育白書『高等教育：新しい枠組み』公表（大学による評価委員会（quality audit unit）及び財政審議会に評価部門設置（quality assessment unit）を提案）
1991.07	AUT：教育のみの教員雇用の動きに反対
1992	同年春、HEFCE、教育の質の評価（Quality Assessment）のためのパイロットスタディを開始。CVCPの学務監査室はHEQCへ発展

年・月	事　項
1992.03	1992年継続・高等教育法成立(第70条：教育の質評価の義務づけ、UFC から HEFC へ)
1992.12	UFC：第3回研究評価結果の公表(89年評価と同様の5段階評価。最低評価には補助金なし)
1993.02	HEFCE：教育評価(subject review)開始(法学、歴史、化学及び機械工学。92年春に試験的取り組み開始)
1993.05	政府：科学技術白書『我らの潜在能力の実現』を公表(研究協議会による助成において、社会・経済のニーズに応じた研究を強調)
1993.06	HEFCE：初の教育評価結果の公表(29学科のうち Excellent は6つ)
1994	HEFCE：1996年研究評価の計画公表し、図書館学・コミュニケーション・メディア研究の評価委員会設置を提案
1994.01	HEQC 及び HEFCE：「質の保証に関する共同声明」発表(HEQC〈audit〉と HEFCE〈assessemnt〉の役割分担明示)
1994.07	ロンドン大学歯学研究大学院(Institute of Dental Surgery)：RAE 評価理由の開示請求に対する UFC／HEFCE の拒否について、高等法院に提訴
1994.10	ウォルバーハンプトン (Wolverhampton) 大学：イギリスで初めて BS5750 (International & European Quality Standard) を獲得
1994.11	HEFCE：1995年4月以降の新しい教育評価の枠組み公表(自己評価の重視、6評価領域・4段階評価の採用等)
1995.04	CVCP：単一評価機関に関する考えを HEFCE への手紙の中で提案
1995.09	政府：CVCP の教育評価の単一機関に関する提案をほぼ受け入(1996年初めから検討委員会による検討へ)
1995.12	HEFCE：教育評価結果の高い学科を対象に「教授・学習開発基金(FDTL)」の設置へ
1996.01	単一教育評価機関検討委員会 (Joint Planning Group for Quality Assurance in Higher Education)の発足(HEQC 及び HEFCs の業務内容の重複問題などから)
1996.02	政府：デアリング(Ron Dearning)を長とする「高等教育制度検討委員会」の設置公表(同年5月、スコットランドの同等機関とともに正式に設置)
1996.05	THES：大学番付(University League Tables)1996の公表
1996.09	単一教育評価機関検討委員会：新しい高等教育評価機関の設置に関する最終報告案公表(同年12月、単一機関設置を正式勧告)
1996.11	HEQC：「質の保証に関するガイダンス」改訂版発表
1996.12	HEFCs：第4回研究評価結果の公表(192機関参加、7段階評価)
1997	この年、テムズ・バレー大学の大学運営の問題が焦点に
1997.02	HEFCE：1997年度政府高等教育補助金配分決定(研究補助金の97％が RAE 結果を反映〈前年は94％〉。CVCP、選択的配分強まっていることをやむなしとする)
1997.03	単一評価機関として高等教育水準審査機関(QAA)の発足(有限保証責任会社、同年7月公益団体として登録)
1997.07	高等教育制度検討委員会：『学習社会における高等教育の将来 (いわゆる「デアリング報告」』公表(QAA の水準確保、情報提供機能強化、及び一律的研究評価の見直し(参加しない機関に低額でも安定的補助金措置)などを勧告)
1998.01	リーズ大学：コミュニケーション・メディア研究、教育評価 (Quality Assurance and Enhancement)で旧大学として初めて不合格(Not Approved)と判定される。

年・月	事　項
1998.02.16	議会下院教育雇用専門委員会：高等教育財政(授業料)に関する報告書公表
1998.02.25	政府：『21世紀への高等教育-「デアリング報告」の勧告に対する回答』公表(QAAの役割についてデアリング勧告支持)
1998.07	1998年教員・高等教育法成立(授業料導入)
1998.10	QAA：『質の保証：新しい高等教育評価』公表(内部評価と外部評価の有機的連携を目指し、HEFCsとHEQCの事業統合案。同年3月に協議文書公表。)
1998.12	RAEの2001年各評価委員会委員長を公表
1999.05	HEFCE：『戦略プラン』公表(高い評価単位における参加教員数の増加を提案)
1999.06	2001年にはRAEで教育研究を独立評価単位としないことを公表
1999.06	高等教育教授・学習開発機関(ILT)が発足(高等教育における教育水準の向上を目指す職能団体)
1999.07	HEFCE：教育の質向上基金(Teaching Quality Enhancement Fund)を1999年から3年間(～2001年度)実施
1999.12	HEFCE：初の高等教育機関の成果に関する指標「パフォーマンス・インディケータ」の公表
2000.01	CBI：RAEは費用がかかりすぎ、産業界との連携を促進していない等として根本的な変更を求める
2000.04	雇用審判委員会：LSEがRAEのために女性講師を辞めさせたのは違法と判断
2000.04	HEFCE：研究評価の高い機関(5又は5a)はRAEを省くことができるとする考えを示す
2000.05	NATFHE：RAEの廃止を要求(RAEは現状を維持するだけ)
2000.06	リバプール大学：看護学が教育評価で4番目の不合格(Not approved)となる
2000.08	HEFCEの委託調査結果：高等教育機関は評価活動を含むアカウンタビリティのためにコストかけ過ぎ
2000.10	HEFCE：高等教育機関の成果に関する指標「パフォーマンス・インディケータ」(第2回)の公表
2001.01	J.ランドルQAA機関長：授業料の大学裁量が認められた場合、より厳しい監査の必要を表明
2001.03.13	議会下院教育雇用専門委員会：教育評価(TQA)のあり方を批判(教育評価の負担軽減を勧告)
2001.03.21	D.ブランケット教育技能大臣：教育評価活動4割カットを表明(評価の高い機関を次回の外部評価対象から外す)
2001.03.23	ロンドン・スクール・オブ・エコノミックス(LSE)：教育評価から撤退する考えを表明
2001.06	ブレア労働党：総選挙勝利、教育は依然最優先課題(ブランケット教育雇用大臣からモリス教育技能大臣へ)
2001.06	ラッセルグループ：QAAに代わる質の保証体制を提案へ(有力大学はQAA体制に強い不満)
2001.07	HEFCE、QAA、UUK、SCP：新しい質の評価体制に関する協議文書の公表(分野別TQAの大幅削減を提案)
2001.08	J.ランドル(John Randall)：QAA機関長(1997年7月～)辞職。(分野別TQAの削減に反対等を理由に)

年・月	事　項
2001.12	HEFCE：第5回研究評価結果発表（最高評価を得た分野に属する研究者の割合は前回の31％から55％に増）
2002	この年、傾斜配分強化に不満の声高まる。／THES記事：RAE結果の高いところほど学生数が少ない
2002.01	Bradford College：教員養成課程が過去最も悪いTQAの評価を受ける
2002.03.08	HEFCE：2002年度政府補助金決定（2001年RAEの結果反映、3b以下〈下位3段階〉は傾斜配分係数ゼロ、UUKは不満を表明）
2002.03.20	QAA：新しい教育評価の枠組みを公表（機関評価を主とし、分野別TQA大幅削減）
2002.04	議会下院科学技術特別委員会：研究評価に関する第2報告書を公表（評価対象研究者の拡大、コストの明確化、学際研究の振興、教育の重視等を勧告、6年サイクルを支持。）
2002.07.26	HEFCE：教育の質向上基金（Teaching Quality Enhancement Fund）を2002年から3年間（～2004年度）実施
2002.07.29	QAA：1993年から2001年の教育評価活動の最後の報告書を公表（約60分野、約2,500の報告書作成。）
2003	RAEに基づく一層の資金集中は、新興・萌芽的分野にダメージとなるとする議論起こる。／研究補助金二元制度へ批判。
2003.01	政府：高等教育白書『高等教育の将来』を公表（研究補助金の一層の傾斜配分（「5**」又は「6*」）を提案、優れた教育拠点の指定を提案）
2003.03	政府：2003年度高等教育補助金配分額公表（7段階評価のうち、下位4段階は傾斜配分係数ゼロで配分無し）
2003.05.02	RAE評価委員会委員長34名：研究補助金の一層の集中となる「5**」の設定に反対
2003.05.16	英国学士院（Royal Society）：高等教育白書が提案する一層の研究資金集中を批判
2003.05.29	HEFCs：今後の研究評価の新たな枠組みに関する協議文書を公表（6年サイクル、研究型機関と非研究型機関とで評価方法を変える、評定を3段階整理など評価活動の負担軽減を提案。）
2003.08	HEFCE：207の評価単位（学科）を「6*」に指定する提案を公表
2003.10	全英大学協会（UUK）：政府の研究資金集中に対抗する調査報告を公表（大規模研究機関への資金集中は必ずしも良い研究成果を生まない）
2004.02	QAA：1993年から2001年の教育評価の総括報告書を公表（学外試験審査員の報告書は厳格さに欠けるとして批判）

あとがき

編者　秦　由美子

　古くは「アイデンティティー」「ポストモダン」という言辞が、また近年では、「グローバリゼーション」「アカウンタビリティー」「質の保証」「評価」「効率性」等の言葉が、多くの国々やさまざまな分野で頻繁に使用されている。それらの言辞は、個々の歴史的・文化的経験と密接に結びつき、文化状況に固有のものとして生み出されたはずであった。それにもかかわらず、その個別的言辞をあたかも普遍的なものとして、詮議することなく人々は受け入れている。ブルデュー（ブルデュー、P.(稲賀繁美訳) 1993『話すということ』藤原書店）風にいえば、それらの言辞を生み出す「場所の威信」が、それらの言葉の整合性に関する人々の批判を封じている。日本においても「質の保証」「評価」という概念が欧米から移入され、その概念を学習社会と結びつけて強化する欧米のモデルに倣った試みが行われようとしている。翻って、欧米諸国が考える「学習社会」とは何であるかを考えた場合に、消費社会の一側面に他ならないのではないか。なぜならば「学習社会」とは、一生涯学び続ける生涯学習社会を指すが、生涯学習論の基本概念は、教育投資を物的資本への投資と考える「人的資本」論に依拠しており、それは他でもない国家の繁栄は個人の技術力、能力、資質、労働力の集約であるとする国民国家型産業資本主義に通底する。イギリスでは特に、政府による高等教育進学の不利益享受者に門戸を開く計画の一環として、入学機会均等室(Office for Fair Access: OFFA)設置が提案され、当該当局を通じての多額の補助金援助が若者に対して行われることになっているが、生涯学習に向かう学習社会とは、イギリスの文脈においては、抑圧され続けた社会階層を、高等教育を介してサッチャー政権時の緊縮型財政を部分的に修正した新資本主義体制に結びつける一手段とも考えられないわけ

ではない。

　一方、日本において「教育投資」という言葉が日本で使用され始めたのは1960年代であった。1962年11月に文部省が教育白書『日本の成長と教育』を発表したが、この白書は、1961年に教育投資論を唱導したアメリカの経済学者シュルツ (T.W. Schulz) の考えをそのままとったもので、その中で教育投資という概念が公に提示されたということである(教育の戦後史編集委員会 1986『教育の戦後史Ⅲ：高度経済成長下の教育』三一書房)。1961年に発足したOECD (経済協力開発機構) は同年10月、「経済成長と教育投資に関する政策会議」を開催した。その時代から今日まで資本主義とその経済体制はさまざまな変化を遂げたが、自由市場資本主義の資本収益とは、基本的には賃金圧縮と人員整理により人件費を削減して最大化された利潤に他ならず、短期的事業計画と臨時雇用を拡大することによって労働者には不安定就労を強いる結果となっている。

　教育分野にとどまらず、多様な分野において評価が導入されつつある。例えば、日本では2001年3月に行政機関が行う政策評価に関する法律案が国会に提出され、同年6月に公布された。翌2002年4月1日から施行されているが、イギリスの教育評価と同様、この政策評価も欧米諸国を中心に制度確立に向けて多年の学問的、行政的研究が進められてきたにも拘わらず、満足な評価手法は確立されていないという(丹羽宇一郎 2004「政策評価制度のこれまでの成果と課題」政策評価フォーラム発表基調講演原稿)。また、政策評価は、少なくとも海外においては数年間の試行期間を経て導入に至っているが、日本においてはそれもなくスタートした。そのことを「強制された自己評価」であると、独立行政法人評価分科会臨時委員は述べている(稲継裕昭大阪市立大学教授)。また、この政策評価の結果は、1) 予算要求の正当化に利用され、2) 既存の計画の拡充に繋がっていく可能性が大きいということであるが (丹羽2004)、教育評価結果は逆に、教育に配分される予算の削減理由として利用される可能性が大きい。

　2004年4月から大学は、教育研究、組織運営及び施設設備の総合的状況、専門職大学院を置くにあたっては、当該専門職大学院の教育課程、教員組織

その他教育研究活動の状況について、文部科学大臣の認証を受けたもの（認証評価機関）による評価（認証評価）を 7 年以内毎に受けるように義務付けられている。これまでの大学評価・学位授与機構と政府の在り方に鑑みると、複数の認証評価機関の中で、大学基準協会などではなく、大学評価・学位授与機構が際立って大きな実質的力を持ち、おそらく他機関を圧倒するようになるであろう。そして、恐らく認証評価機関の間での権威付けが起こるであろうと推察される。しかし、評価の中立性を保つという観点からも、一つの機関に権力が集中することは避けられるべきである。その為にも、大学評価に関して日本では最も長い歴史を持ち、かつ独立機関である大学基準協会には、「評価制度を評価する」メタ評価機関としての役割を担ってほしいとも願うのである。

　最後になったが、今回の出版に際しては、皆様より多大なご協力をいただいたことを報告させていただきたい。特に日本人研究者の方々には、非常に多忙な折に貴重な時間を割いていただかなければならなかったにもかかわらず、本書への寄稿を快くお引き受けいただいたことに対して、改めて深くお礼を申し上げたい。第 7 章『イギリスにおける研究評価の問題点』に関しては、篠宮圭爾氏が翻訳及び校正を鋭意担当した。また、天野郁夫氏、厚東洋輔氏、塚原修一氏、鈴木慎一氏、山成数明氏そして石田悦治氏には非常に貴重なアドヴァイスをいただいた。この場を借りてお礼を申し上げたい。そして、本書の刊行に尽力をいただいた下田勝司氏に厚く謝意を表する。

　平成17年3月

トニー・クラーク(Tony Clark)
1940年生まれ。オックスフォード大学・ペンブルックカレッジで修士号(物理学)取得。

1965年より69年まで教育科学省・科学局。72年より74年まで大学補助金委員会(UGC)委員長。74年より76年まで教育科学省・継続高等教育局。76年より82年まで教育科学省・財務局。82年より87年まで教育科学省・国際関係部長。87年より89年まで教育科学省・財務局長。89年より95年まで教育省・高等教育局長。95年より2002年まで教育雇用省・高等教育局長。2000年4月には中曽根文部大臣が議長を務める沖縄で開催されたG8教育国際サミットに参加し、高等教育の分野での日本とイギリスの協力を約束。

川島啓二(かわしま　けいじ)
1954年生まれ。京都大学大学院教育学研究科博士後期課程学修認定退学。芦屋大学助教授、国立教育研究所教育経営研究部高等教育研究室長を経て、現在、国立教育政策研究所高等教育研究部総括研究官。
[主要著作]
『地方教育行政の民主性・効率性に関する総合的研究』(共著)1995　多賀出版
『地方政府における教育政策形成・実施過程の総合的研究』(共著)1995　多賀出版
『欧米諸国の大学における複数専攻及び複数学位の取得システムに関する調査研究』(編著)2000　文部科学省委嘱研究報告書

イアン・マクネイ(Ian McNay)
グリニッジ大学・高等教育・マネジメント学部・名誉教授。
大学職員から放送大学(Open University)の教員となり、その後アングリア・ポリテクニク大学の教授となり、その後グリニッジ大学・教授となる。
[主要著作]
Ian McNay ed. 2000 *Higher Education and its Communities*, SRHE/OU Press.
その他論文多数。

塚原修一(つかはら　しゅういち)
1950年生まれ。1972年東京工業大学工学部卒業。
国立教育研究所研究員、教育制度研究室長などを経て現在、国立教育政策研究所高等教育研究部長。
[主要著作]
『日本の研究者養成』1996　玉川大学出版部
『[通史]日本の科学技術　国際期』(分担執筆)1999　学陽書房

「教育政策と評価のダイナミズム」2003　教育社会学研究72集
「企業内大学」2004　高等教育研究7集

ロナルド・バーネット(Ronald Barnett)
　1947年生まれ。59年ロンドン大学卒業。教育学博士(ロンドン大学)。
　72年より78年までノースロンドン・ポリテクニク、78年より90年までイギリス学位授与審議会に勤務。90年よりロンドン大学・教育研究所にレクチャラーとなり、その後リーダー(Reader)となり、教育研究所・部長(Dean)を務める。
　高等教育制度検討委員会(National Committee of Inquiry into Higher Education: 通称デアリング委員会)でチームを率い、『バーネット報告書』を公刊。他に高等教育質審議会(Higher Education Quality Council)、スコットランド高等教育学長委員会 (Committee of Scottish Higher Education Principals)、学長常任協議会 (Standing Conference of Principals)の顧問。
　[主要著作]
　The Idea of Higher Education 1990 SRHE/OUP.(National Prize 獲得)
　Improving Higher Education: Total Quality Care 1992 SRHE/OUP.
　The Limits of Competence 1994 SRHE/OUP.(National Prize 獲得)
　Higher Education: A Critical Business 1997 SRHE/OUP.
　Realising Universities 2000 SRHE/OUP.
　Beyond All Reason: Living with Ideology in the University 2003 SRHE/OUP.
　Engaging the Curriculum 2004 SRHE/OUP.

米澤彰純(よねざわ　あきよし)
　大学評価・学位授与機構助教授。
　1965年生まれ。1993年東京大学大学院教育学研究科中途退学。
　東京大学助手、広島大学助教授を経て現職。
　[主要著作]
　『大学評価の動向と課題』(編著)2000　広島大学大学教育研究センター
　Akiyoshi Yonezawa and Frans Kaiser eds. 2003 *System-Level and Strategic Indicators for Monitoring Higher Education in the Twenty-First Century* UNESCO-CEPES.
　米澤彰純・木村出　2004「高等教育グローバル市場の発展―アジア・太平洋諸国の高等教育政策から得た示唆とODAの役割」国際協力銀行ワーキングペーパーNo.18
　A.I.フローインスティン著　米澤彰純・福留東土訳　2002　『大学評価ハンドブック』　玉川大学出版部

アール・キンモンス（Earl Kinmonth）
1968年ウィスコンシン州立大学・経営学部卒業。
74年同大学大学院近代日本史博士号取得。
74年から75年までウィスコンシン州立大学・工学部・助手。
75年から77年までコーネル大学・助教授。
77年から89年までカリフォルニア州立大学・教授。
89年から2000年までシェフィールド大学・教授。
99年から大正大学人間学部社会学科・教授。

[主要著作]
『立身出世の社会史―サムライからサラリーマンまで』広田照幸他訳　1995　玉川大学出版部
The Self-Made Man in Meiji Japanese Thought 1981 University of California Press.
蛭田道春編、"Lifelong Learning in the United Kingdom: A Brief History and Discussion of Recent Trends Under 'New Labour'."、『新生涯学習概論』2000　日常出版
天野郁夫編　"日本の工学教育とその報酬"『変動する社会の教育制度』1990　教育開発研究所

清成忠男（きよなり　ただお）
1933年生まれ。1956年東京大学経済学部卒業。
1973年法政大学経済学部教授。1996年法政大学総長・理事長、現在に至る。
2003年大学基準協会会長。

[主要著作]
『地域主義の時代』1978　東洋経済新報社
『経済活力の源泉』1984　東洋経済新報社
『地域産業政策』1986　東京大学出版会
『ベンチャー・中小企業優位の時代』1996　東洋経済新報社
『21世紀・私立大学の挑戦』2001　法政大学出版局
『大淘汰時代の大学自立・活性化戦略』2003　東洋経済新報社

ロバート・アスピノール（Robert Aspinall）
1962年生まれ。84年マンチェスター大学で修士号取得（政治理論）。
93年エセックス大学で修士号取得（現代日本学）。
97年オックスフォード大学で博士号取得（日本学）。

[主要著作]
Teachers' Unions and the Politics of Education in Japan 2001 State University of New

York.

Patrick Heenan ed. 1998 "The Education System" *Regional Handbooks of Economic Development: Prospects into the 21st Century* Fitzroy Dearborn.

Roger Goodman and David Phillips eds. 2003 "Japanese Nationalism and the Reform of English Language Teaching" in *Can the Japanese Change Their Education System?* in the series Oxford Studies in Comparative Education.

Yumiko Hada, Jerry Eades, & Roger Goodman eds. 2005 "University Entrance in Japan" in *Japanese Higher Education: Perspectives on Change and Reform* Trans Pacific Press.

寺﨑昌男(てらさき　まさお)

1932年福岡県に生まれる。1964年東京大学大学院教育学研究科修了。教育学博士。野間教育研究所所員を経て、立教大学文学部、東京大学教育学部（教育学部長も歴任）、立教大学学校・社会教育講座各教授、1998年より桜美林大学大学院教授、大学教育研究所所長を経て、現在立教学院本部調査役、東京大学名誉教授、桜美林大学名誉教授。立教大学時代に全学共通カリキュラム運営センター部長。

[主要著作]

『大学教育』(共著)1969　東京大学出版会

『日本における大学自治制度の成立』1979　評論社

『プロムナード東京大学史』1992　東京大学出版会

『大学の自己変革とオートノミー』1998　東信堂

『大学教育の創造―歴史、システム、カリキュラム』1999　東信堂

ガレス・ロバーツ卿(Sir Gareth Roberts)

ダラム大学、オックスフォード大学で教授を務める。2001年1月からは、オックスフォード大学で最大規模の大学院であるウルフソン・カレッジの学長を務める。また、ブレーズノース・カレッジの名誉フェロー、サイード・ビジネススクールの科学政策客員教授。また、ビジネス・アンド・サイエンス・パークの運営委員会議長。1991年から2001年には、シェフィールド大学で副学長を務め、また、同時期には、全英学長協会（Committee of Vice Chancellors and Principals）の会長。さらに、防衛科学諮問委員会（Defense Scientific Advisory Council）の会長および、首相の科学技術諮問会議（Advisory Council on Science and Technology）のメンバー。1997年には、ナイトの称号を授与。

[主要著作]

SET for Success: the supply of people with science, technology, engineering and mathematics skills 2002.

篠原康正(しのはら　やすまさ)
　1956年生まれ。
　東京大学大学院教育学研究科博士課程中退。
　現在，文部科学省生涯学習政策局調査企画課外国調査官。
　[主要著作]
　『諸外国の教育改革』(共著)2000　ぎょうせい
　『諸外国の高等教育』(共著)2004　国立印刷局
　『諸外国の教育の動き2003』(共著)2004　国立印刷局

索　引

【ア行】

アカウンタビリティー　　　221, 226
アクレディテーション（accreditation）
　　　36, 105-107, 109-111, 114, 120,
　　　122, 124, 189, 214-220, 229, 230
　　　　　　　　　　　　➡ 適格認定
アンソニー・クロスランド
　（Anthony Crosland）　　　　7
イングランド高等教育財政審議会　9, 15,
　　　22, 24, 41, 108, 119, 129, 260, 262, 268
　　　　　　　　　　　　➡ HEFCE
ウェールズ高等教育財政審議会　23, 260
　　　　　　　　　　　　➡ HEFCW
王立協会　　　　　　　　24, 134, 152
オックスフォード大学　　15, 24, 139, 140,
　　　　　　　　　　　154, 166, 208, 210
オックスブリッジ　　　　　　148

【カ行】

学位資格　　　　　　　　　　7, 11
学位授与権　　　　　　7, 9, 11, 110, 116
学術（大学）監査部　　　　8, 258, 260
　　　　　　　　　　　　➡ AAU
ガレス・ロバーツ報告書　　　　5
機関監査　　　　　　　　　259, 263
旧大学（1992年以前からの大学）　9, 15,
　　　20-22, 41, 43, 54, 60, 147-151,
　　　161, 165, 255, 259, 271, 290, 298
教育の質向上委員会　　　　　269
　　　　　　　　　　　　➡ TQEC

教育の質保証部門　　　　　　259
　　　　　　　　　　　　➡ QAD
教育補助金　　　15, 254, 264, 268, 273
教授・学習の質の向上　　254, 268, 277
　　　　　　　　　　　　➡ QE
行政評価　　　　　116, 117, 214, 219
継続教育　　　　　　　　　　7, 53
継続教育カレッジ　　12, 15, 25, 257, 264
　　　　　　　　　　　　➡ FECs
継続・高等教育法　22, 23, 25, 256, 258, 260
研究従事者　　　16, 43-45, 48, 139, 238, 239
　　　　　　　　　　　　➡ RAS
研究審議会　　　17, 19, 20-22, 46, 133, 145,
　　　162, 167, 173, 237, 238, 244, 265, 266
　　　　　　　　　　　　➡ RCs
研究評価　　　　5, 6, 15, 17-19, 41, 43,
　　　46, 47, 58, 63-68, 71, 72, 74-79, 108,
　　　110, 111, 127, 135, 140, 143, 156,
　　　191, 200, 202, 203, 205, 208-211, 218,
　　　233-240, 244-247, 249-251, 256, 258,
　　　272, 273, 276, 283-290, 292, 295-300
　　　　　　　　　　　　➡ RAE
研究補助金　　5, 8-9, 15, 20, 22, 23, 41, 44,
　　　46, 54, 134, 148, 151, 152, 154-156,
　　　158, 162, 168, 174, 178, 201, 205, 208,
　　　233, 234, 238, 250, 256, 265, 267, 268, 276
ケンブリッジ大学　　　154, 166, 208, 210
高等教育アカデミー　　269, 270, 272, 273
　　　　　　　　　　　　➡ AALT
高等教育学習・教授開発機関　259, 270, 271
　　　　　　　　　　　　➡ ILTHE

高等教育カレッジ学長会議　262, 281
　　　　　　　　　　　　　　➡ SCOP
高等教育機関　9-12, 15, 16, 18, 20, 23, 25,
　　27, 34, 41-46, 48, 49, 54, 56, 57, 84, 108,
　　116, 192, 208, 209, 239, 241, 253-255,
　　257, 264, 265, 267, 268, 274, 276-280
　　　　　　　　　　　　　　➡ HEIs
高等教育教授・学習支援ネットワーク
　　　　　　　　　　　　　270, 272
　　　　　　　　　　　　　　➡ LTSN
高等教育教授・学習振興アカデミー
　　　　　　　　　　　　　268, 269
　　　　　　　　　　　　　　➡ AALT
高等教育教職員職能開発機関　　269
　　　　　　　　　　　　　　➡ HESDA
高等教育財政審議会　　5, 6, 9, 15,
　　17, 18, 21-25, 41, 42, 53, 108, 119, 129,
　　145, 234, 239, 244, 248, 260, 262, 264, 265,
　　268, 269, 271, 279, 286, 288-290, 292, 294
　　　　　　　　　　　　　　➡ HEFCs
高等教育システム　　28, 30, 34, 37,
　　　　　　　　39, 44, 115, 255, 279
高等教育水準審査機関　10, 89, 237,
　　254, 259, 260, 262, 269, 279, 289, 298
　　　　　　　　　　　　　　➡ QAA
高等教育水準評議会　　10, 65, 255
　　　　　　　　　　　　　　➡ HEQC
高等教育の質評価　46, 255, 257, 273, 277
　　　　　　　　　　　　　　➡ TQA
国立大学法人　　29, 34, 71, 120, 121,
　　　　　　　215, 219, 221, 228, 229
国立大学法人評価委員会　29, 120, 228

【サ行】

自己点検・評価　27, 28, 30, 31, 38, 111,
　　113, 118, 119, 125, 222-225, 230, 263

質の一覧表　　　　　　　240-244
質の監査　　　　　7, 10, 254, 280
質の評価　　　　　9-12, 56, 64, 90,
　　　242, 249, 254, 259, 276-279
質保証　　6, 38, 106, 108, 122, 124, 125, 183,
　　　185, 188, 189, 254, 256-260, 264, 268
　　　　　　　　　　　　　　➡ QA
新大学（1992年以降大学に昇格した旧ポリ
　　テクニク）　9, 15, 20-22, 25, 42, 48, 60,
　　　139, 147, 148, 165, 255, 258, 259, 271
政策評価　　63, 64, 70, 119, 120, 302
全英学長協会　8, 24, 153, 258, 260, 280, 284
　　　　　　　　　　　　　　➡ CVCP
全英大学協会　　　　25, 258, 262,
　　　　　　　280, 289, 290, 300
　　　　　　　　　　　　　　➡ UUK
総合的品質管理　　　　　　　273
　　　　　　　　　　　　　　➡ TQM
相互評価　　17, 114, 115, 183-184,
　　　214, 215, 218, 222, 230, 261
シェフィールド大学　24, 137, 138, 143
ジャラット報告書　　　　　　8, 110
ジョン・ランドール（John Randall）260, 262
スコットランド高等教育財政審議会　21, 23
　　　　　　　　　　　　　　➡ SHEFC
ステークホルダー　　30, 128, 158, 160,
　　　170, 171, 253, 256, 263, 277
（全国）学位授与審議会　　　　7, 258
　　　　　　　　　　　　　　➡ CNAA
卒業水準プログラム　　　　　　255
　　　　　　　　　　　　　　➡ GSP

【タ行】

大学改革・大学評価　　　　　27, 32
大学基準協会　31, 105, 111, 113-115, 119,
　　　183-185, 188, 215-220, 222, 223, 230

索引　311

大学教員連盟	141, 175
	➡ AUT
大学協会	31, 35, 105, 107, 114, 119
大学財政審議会	8, 42, 258, 285, 291, 298
	➡ UFC
大学審議会	28, 29, 36, 106, 111, 118, 122, 123, 221, 223, 226
大学審議会答申	28, 29, 36, 106, 111, 119, 122, 123, 221, 223, 226
大学設置・学校法人審議会	183
大学設置基準	27, 30, 32, 64, 68, 110, 114, 183, 216, 217, 219-222
大学設置審議会	39, 219-221
大学評価・学位授与機構	28, 29, 31, 70, 105-107, 114, 117, 119-121, 125, 126, 185, 188, 219, 226
大学補助金委員会	7, 15, 22, 41, 284, 294
	➡ UGC
第三者評価	6, 28, 31, 36, 64, 68, 70, 105, 113, 117-121, 185, 214, 221, 226
タイムズ高等教育版(新聞)	276, 283, 294
	➡ THES
地方教育当局	7, 266
	➡ LEAs
チャールズ・クラーク(Charles Clarke)	86
中央教育審議会	31, 34, 106, 122, 185
デアリング報告書	259, 269, 271, 279, 287, 290, 298, 299
適格認定	8, 271
	➡アクレディテーション
同僚評価	63, 69, 71-75, 79
	➡ピア・レビュー

【ナ行】

二重支援	46, 145, 162, 167, 173, 180, 233, 234, 238, 244, 250
認証評価	27-29, 31, 37-39, 64, 68, 106, 114, 117, 122-124, 254

【ハ行】

バッキンガム大学	15, 20, 256
ハワード・ニュービー(Howard Newby)	16, 20, 42
ピア・レビュー(peer review)	5, 10, 17, 19, 31, 36, 48, 50, 228, 230, 234
	➡同僚評価
評価単位	16, 44, 174, 178
	➡ UoA
分野別評価	89, 109, 185, 262, 263, 289
ポール・ラムズデン(Paul Ramsden)	272
ポリテクニク及びカレッジ財政審議会	8, 42, 258, 285, 297
	➡ PCFC

【マ行】

マーガレット・サッチャー(Margaret Thatcher)	8, 42, 110, 147, 148, 151, 171, 182, 279
マーガレット・ホッジ(Margaret Hodge)	263
マンチェスター大学	192, 195, 197, 202, 206, 208, 210
文部(科学)省	35, 68-71, 75, 77, 113, 115-118, 120, 122, 185, 216, 217, 219-222, 227

【ヤ行】

ユニヴァーサル・アクセス	280
ヨーロッパ高等教育圏	47, 279

【ラ行】

ラッセル・グループ　　　　　　262

臨時教育審議会　　　30, 32, 68, 111,
　　　　　　　　　　115, 218, 221, 222
ロデリック・フラウド (Roderick Floud)
　　　　　　　　　　　　　　　　271
ロンドン大学　　　　166, 178, 208,
　　　　　　　　　　210, 276, 286, 298
ロンドン・メトロポリタン大学　138, 271

【欧字】

AALT (Academy for the Advancement of Learning and Teaching in Higher Education)　　　　　　　269, 270
　　➡高等教育アカデミー
AAU (Academic Audit Unit)
　　　　　　　　　　8, 9, 257-260
　　➡学術(大学)監査部
AUT (Association of University Teachers)　　　　　　　141, 160, 175
　　➡大学教員連盟
CNAA (Council for National Academic Awards)　　　　　7-9, 257, 258
　　➡(全国)学位授与審議会
CVCP (Committee of Vice-Chancellors and Principals of the Universities of the United Kingdom)　　8, 9, 25, 26,
　　　257, 258, 260, 280, 284, 288, 294, 295
　　➡全英学長協会
FECs (Further Education Colleges)　264
　　➡継続教育カレッジ
FTE (full time equivalent)　　20, 243
GSP (Graduate Standards Program)　256
　　➡卒業水準プログラム

HEFCs (Higher Education Funding Councils)　22, 41, 145, 257, 258, 264,
　　　267, 272, 279, 288-290, 298-300
　　➡高等教育財政審議会
HEFCE (Higher Education Funding Council for England)　9-11, 15, 16,
　　　20, 22, 23, 41, 42, 44, 48, 119,
　　　129-132, 134, 136-138, 143, 147, 149,
　　　152, 153, 155, 159, 160, 162, 163, 169,
　　　171, 173, 177, 180, 202, 208, 209, 235,
　　　260, 262, 266, 268, 269, 271, 273, 276
　　➡イングランド高等教育財政審議会
HEFCW (Higher Education Funding Council for Wales)　　　　23, 260
　　➡ウェールズ高等教育財政審議会
HEIs (Higher Education Institutions)
　　　15, 59, 255-259, 261-273, 276-277
　　➡高等教育機関
HEQC (Higher Education Quality Council)　　　　　　10, 37, 255-260,
　　　　　　　　288, 289, 294, 297-299
　　➡高等教育水準評議会
HESDA (Higher Education Staff Development Agency)　　　　　　270
　　➡高等教育教職員職能開発機関
HMI (Her Majesty's Inspectorate)　7-10
ILTHE (Institute for Learning and Teaching in Higher Education)　259,
　　　　　　　　　　　　　　270-272
　　➡高等教育学習・教授開発機関
LEAs (Local Education Authorities)
　　　　　　　　　　　　7, 257, 266
　　➡地方教育当局
LTSN (Learning and Teaching Support Network)　　　　　　　270, 272
　　➡高等教育教授・学習支援ネットワーク

索　引

PCFC (Polytechnics & Colleges Funding Council)　8, 22, 42, 257, 258, 285, 290, 294, 296, 297
　➡ポリテクニク及びカレッジ財政審議会
QA (Quality Assurance)　268
　➡質保証
QAA (Quality Assurance Agency for Higher Education)　10-12, 89, 92, 108, 122, 123, 205, 254, 257, 259-264, 267-270, 273, 279, 288, 289, 298-300
　➡高等教育水準審査機関
QAD (Quality Assurance Division)　257, 259, 260
　➡教育の質保証部門
QE (Quality Enhancement in Teaching and Learning)　254, 268, 269
　➡教授・学習の質の向上
RAE (Research Assessment Exercise)　5, 6, 8, 9, 15-17, 19, 41-44, 46-48, 50, 53-60, 76, 77, 108, 127, 179, 191, 233, 244, 248-250, 256, 257, 259, 264, 268, 276
　➡研究評価
RAS (Research Active Staff)　18, 20
　➡研究従事者
RCs (Research Councils)　17, 238
　➡研究評議会
SCOP (Standing Conference of Principals)　22, 262, 267-270, 280
　➡高等教育カレッジ学長会議
SHEFC (Scottish Higher Education Funding Council)　23
　➡スコットランド高等教育財政審議会

SS (Staff Selected for assessment)　273, 274, 276
THES (Times Higher Education Supplement)　145, 160, 276
　➡タイムズ高等教育版(新聞)
TQA (Teaching Quality Assessment)　46, 47, 255, 257, 273, 276
　➡高等教育の質評価
TQEC (Teaching Quality Enhancement Committee)　269-270
　➡教育の質向上委員会
TQM (Total Quality Management)　273
　➡総合的品質管理
UFC (Universities Funding Council)　8, 22, 42, 257, 258, 285, 287, 289, 296-298
　➡大学財政審議会
UGC (University Grants Committee)　7-10, 15, 22, 41-43, 257, 284-285, 287, 288, 294-297
　➡大学補助金委員会
UMIST (the University of Manchester, Institute of Science and Technology)　192
UoA (Unit of Assessment)　16, 17, 19, 44, 48, 49, 54
　➡評価単位
UUK (Universities UK)　25, 153, 258, 262, 269, 270, 280, 289, 290, 299, 300
　➡全英大学協会

[編者紹介]

秦　由美子（はだ　ゆみこ）
お茶の水女子大学・文教育学部卒業。
アメリカ大使館勤務。アメリカ国務省より Award 受賞。
オックスフォード大学大学院修了（比較教育学専攻）。
オックスフォード大学助手を経て、滋賀大学講師。
同大学助教授を経て、現在、大阪大学助教授。

[主要著作]

『変わりゆくイギリスの大学』2001　学文社
『イギリス高等教育の課題と展望』2001　明治図書
Yumiko Hada, Jerry Eades, & Roger Goodman eds. 2005 *The 'Big Bang' in Japanese Higher Education: The 2004 Reforms and the Dynamics of Change,* Trans Pacific Press.
高木英明、井口千鶴、秦由美子（訳）1997『アメリカの高等教育―質的低下克服への道』教育開発研究所　Ashworth, Kenneth H. *American Higher Education in Decline,* 1979（原著年）

新時代を切り拓く大学評価――日本とイギリス――　　＊定価はカバーに表示してあります

2005年5月31日　　初　版第1刷発行　　　　　　　　〔検印省略〕

編者ⓒ秦由美子／発行者　下田勝司　　　　　　　印刷／製本 中央精版印刷

東京都文京区向丘1-20-6　　郵便振替00110-6-37828　　　　発　行　所
〒113-0023　TEL（03）3818-5521　FAX（03）3818-5514　　株式会社 東信堂
Published by TOSHINDO PUBLISHING CO., LTD.
1-20-6, Mukougaoka, Bunkyo-ku, Tokyo, 113-0023, Japan
E-mail : tk203444@fsinet.or.jp　http://www.toshindo-pub.com/

ISBN4-88713-598-X　C3037　　　ⓒ Yumiko HADA

――― 東信堂 ―――

大学の自己変革とオートノミー ―点検から創造へ	寺﨑昌男	二五〇〇円
大学教育の創造 ―歴史・システム・カリキュラム	寺﨑昌男	二五〇〇円
大学教育の可能性 ―教養教育・評価・実践	寺﨑昌男	二五〇〇円
大学の授業	宇佐美寛	二五〇〇円
大学授業の病理 ―FD批判	宇佐美寛	二五〇〇円
作文の論理 ―〈わかる文章〉の仕組み	宇佐美寛編著	一九〇〇円
大学の指導法 ―学生の自己発見のために	京都大学高等教育教授システム開発センター編	二八〇〇円
大学授業研究の構想 ―過去から未来へ	児玉・別府・川島編	二四〇〇円
戦後オーストラリアの高等教育改革研究	杉本和弘	五八〇〇円
学生の学びを支援する大学教育	溝上慎一編	二四〇〇円
私立大学の財務と進学者	丸山文裕	三五〇〇円
私立大学の経営と教育	丸山文裕	三六〇〇円
公設民営大学設立事情	高橋寛人編著	二八〇〇円
校長の資格・養成と大学院の役割	小島弘道編	六八〇〇円
短大ファーストステージ論	舘昭夫編著	二〇〇〇円
短大からコミュニティ・カレッジへ ―飛躍する世界の短期高等教育と日本の課題	舘昭編著	二五〇〇円
〔シリーズ大学改革ドキュメント・監修寺﨑昌男・絹川正吉〕		
立教大学〈全カリ〉のすべて ―リベラル・アーツの再構築	全カリの記録編集委員会編	二一〇〇円
ICUへリベラル・アーツ〉のすべて	絹川正吉編著	二三八一円
〔講座「21世紀の大学・高等教育を考える」〕		
大学改革の現在〔第1巻〕	有本章編著	三二〇〇円
大学評価の展開〔第2巻〕	山野井敦徳編著	三二〇〇円
学士課程教育の改革〔第3巻〕	清水一彦編著	三二〇〇円
大学院の改革〔第4巻〕	絹川正吉編著 舘昭編著 江原武一編著 馬越徹編著	三二〇〇円

〒113-0023 東京都文京区向丘1-20-6
☎03(3818)5521 FAX 03(3818)5514 振替 00110-6-37828
E-mail:tk203444@fsinet.or.jp

※定価：表示価格（本体）＋税

東信堂

比較・国際教育学〔補正版〕	石附 実編	三五〇〇円
比較教育学の理論と方法	J・シュリーバー編著 馬越徹・今井重孝監訳	二八〇〇円
教育改革への提言集1〜3	日本教育制度学会編	各二八〇〇円
世界の公教育と宗教	江原武一編著	五四二九円
世界の外国語教育政策 ―日本の外国語教育の再構築にむけて	大谷泰照他 林桂子他編著	六五七一円
アメリカ教育史の中の女性たち 〔ジェンダー・高等教育・フェミニズム〕	坂本辰朗	三八〇〇円
アメリカ大学史とジェンダー	坂本辰朗	五四〇〇円
アメリカの女性大学・危機の構造	坂本辰朗	二四〇〇円
アメリカの才能教育―多様な学習ニーズに応える特別支援	松村暢隆	二五〇〇円
教育は「国家」を救えるか―選択の自由・質・均等 〔現代アメリカ教育1巻〕	今村令子	三五〇〇円
永遠の「双子の目標」―多文化共生の社会と教育 〔現代アメリカ教育2巻〕	今村令子	二八〇〇円
アメリカのバイリンガル教育―新しい社会の構築をめざして	末藤美津子	三三〇〇円
ボストン公共放送局と市民教育 ―マサチューセッツ州産業エリートと大学の連携	赤堀正宜	四七〇〇円
ドイツの教育	小林・関口・浪田他編著	二八〇〇円
現代英国の宗教教育と人格教育(PSE)	柴沼晶子 新井浅浩他編著	五二〇〇円
21世紀にはばたくカナダの教育〔カナダの教育2〕	天野正治 結城忠 別府昭郎編著	四六〇〇円
21世紀を展望するフランス教育改革	小林順子他編	八六四〇円
フィリピンの公教育と宗教―成立と展開過程	市川 誠	五六〇〇円
社会主義中国における少数民族教育―「民族平等」理念の展開	小川佳万	四六〇〇円
中国の職業教育拡大政策―背景・実現過程・帰結	劉 文君	五〇四八円
東南アジア諸国の国民統合と教育―多民族社会における葛藤	村田翼夫編著	四四〇〇円
オーストラリア・ニュージーランドの教育	石附 健実編 笹森	二八〇〇円

〒113-0023 東京都文京区向丘1-20-6
☎03(3818)5521 FAX 03(3818)5514 振替 00110-6-37828
E-mail:tk203444@fsinet.or.jp

※定価：表示価格(本体)＋税

東信堂

グローバル化と知的様式——社会科学方法論についての七つのエッセー	J・ガルトゥング／矢澤修次郎・大重光太郎訳	二八〇〇円
現代資本制社会はマルクスを超えたか——マルクスと現代の社会理論	A・スウィンジウッド／矢澤修次郎・井上孝夫訳	四〇七八円
階級・ジェンダー・再生産——現代資本主義社会の存在メカニズム	橋本健二	三二〇〇円
現代日本の階級構造——理論・方法・計量分析	橋本健二	四五〇〇円
「伝統的ジェンダー観」の神話を超えて——アメリカ駐在員夫人の意識変容	山田礼子	三八〇〇円
現代社会と権威主義——フランクフルト学派権威論の再構成	保坂稔	三六〇〇円
共生社会とマイノリティへの支援——日本人ムスリマの社会的対応から	寺田貴美代	三六〇〇円
社会福祉とコミュニティ——共生・共同・ネットワーク	園田恭一編	三八〇〇円
現代環境問題論——理論と方法の再定置のために	井上孝夫	二二〇〇円
日本の環境保護運動	長谷敷夫	二五〇〇円
環境と国土の価値構造	桑子敏雄編	三五〇〇円
環境のための教育——批判的カリキュラム理論と環境教育	J・フィエン／石川聡子他訳	二二〇〇円
イギリスにおける住居管理——オクタヴィア・ヒルからサッチャーへ	中島明子	七四五三円
情報・メディア・教育の社会学——カルチュラル・スタディーズしてみませんか	井口博充	二二〇〇円
BBCイギリス放送協会(第二版)——パブリック・サービス放送の伝統	蓑葉信弘	二五〇〇円
サウンド・バイト：思考と感性が止まるとき——メディアの病理に教育は何ができるか	小田玲子	二五〇〇円
ホームレス ウーマン——知ってますか、わたしたちのこと	E・リーボウ／吉川徹・轟里香訳	三二〇〇円
タリーズ コーナー——黒人下層階級のエスノグラフィー	E・リーボウ／吉川徹監訳・松河美樹訳	二三〇〇円

〒113-0023　東京都文京区向丘1-20-6　☎03(3818)5521　FAX 03(3818)5514　振替 00110-6-37828
E-mail:tk203444@fsinet.or.jp
※定価：表示価格(本体)＋税